新编普通高等教育法学重点课程系列教材
江苏省高等学校重点教材

法理学入门

主　编　龚廷泰
副主编　孙文恺　张　镭

南京师范大学出版社

图书在版编目(CIP)数据

法理学入门 / 龚廷泰主编. 一南京：南京师范大学出版社，2022.11
新编普通高等教育法学重点课程系列教材/ 方乐主编
ISBN 978-7-5651-5456-0

Ⅰ.①法… Ⅱ.①龚… Ⅲ.①法理学一高等学校一教材
Ⅳ.①D90

中国版本图书馆 CIP 数据核字(2022)第 161288 号

丛 书 名　新编普通高等教育法学重点课程系列教材
书　　名　法理学入门
主　　编　龚廷泰
责任编辑　董蕙敏
出版发行　南京师范大学出版社
地　　址　江苏省南京市玄武区后宰门西村 9 号(邮编:210016)
电　　话　(025)83598919(总编办)　83598412(营销部)　83373872(邮购部)
网　　址　http://press.njnu.edu.cn
电子信箱　nspzbb@njnu.edu.cn
印　　刷　南京迅驰彩色印刷有限公司
照　　排　南京月叶图文制作有限公司
装帧设计　有品堂_刘　俊
开　　本　787 毫米×1092 毫米　1/16
印　　张　15
字　　数　302千字
版　　次　2022 年 11 月第 1 版　2022 年 11 月第 1 次印刷
书　　号　ISBN 978-7-5651-5456-0
定　　价　68.00 元

出 版 人　张志刚

前　言

Preface

《法理学入门》是南京师范大学法学院理论法学教研室长期从事“法理学”教学与研究工作的同仁，在总结我院本科教学与研究经验的基础上编写而成的。

20多年来，南京师范大学法学院为入学新生在第一学期开设“法学专业导论”的课程；在本科生接受两年法学专业教育而具备了一定法学知识的基础上，法学院在第五学期为大学三年级学生开设“法理学”课程。多年的本科教学实践经验表明，这种课程设计模式不仅达到了法学专业本科人才的预期培养目标，也在一定程度上反映了法学专业人才培养的基本规律。稍有遗憾的是，教研室同仁一直通过暑期研讨会商的形式，形成该课程的教学大纲与知识框架，而缺少一本能够集中反映“法学专业导论”内容与性质的辅助性教材。有鉴于此，本教研室在龚廷泰教授带领下着手新编《法理学入门》，在2014年获得南京师范大学重点教材（新编）立项，并于同年被列入江苏省高等学校重点教材立项建设项目。作为一份迟交但用心的作业，本教材就是教研室同仁当初共同策划，之后随当代中国特色社会主义法治国家建设步伐不断前进而进行研究的学术产品。

近年来，在新时代中国特色社会主义建设的宏伟蓝图下，中国特色社会主义法律体系逐渐完善、成熟。2020年11月，习近平法治思想的提出，更为当代中国的法律体系建设和法学研究提供了理论指引和根本遵循，马克思主义理论研究和建设工程重点教材《法理学》也在我院法学专业教学中全面使用。在此背景下，针对法学本科一年级新生，编写一本帮助他们了解法学基本知识，并有助于衔接马克思主义理论和建设工程（简称“马工程”）《法理学》的教材就显得非常必要了。这也恰恰是本教材编写的动因与基本目标。

法学是什么？其发展历程、不同派别、基本范畴、研究方法是什么？当代中国的法学教育与世界各国，尤其是法治水平相对发达国家的法学教育发展状况如何？法学专业学生怎样规划自己未来的法律职业？……对于法学专业新生而言，这些问题都亟待一一给予回应。有鉴于此，本教材所包含的六章内容大体上试图回答上述问题。第一章采纳当代中国法学界的通说，概述法学是什么，以及法学与法理学、法学与其他人文社会科学（如哲学、政治学、经济学、社会学、历史学等不同学科）之间的关系问题。第二章对法学在西方的产生、发展作了大致叙述，主要说明传统中国和现代中国法学的发展状况，尤其对当代中国法学的发展作了基本概括与描述。第三章重点讲述法学教育和法律职业，以及二者之间的紧密联系：法学教育服务法律职业，法律职业促进法学教育；该章在讲述了中西方法学教育的历史发展与现实状况后，对法律职业的概念、技能、准入和职业伦理等问题进行了较为详细的介绍。第四章与第五章则重点讲述了法学的基本范畴，包括法的概念与要素、法的渊源与效力、法律部门与法律体系、法律创制与法律实施、法律关系与法律责任、法律传统与法治国家等内容。第六章主要讲述法律方法、法学文献检索与论文写作。我们衷心希望大学新生能够通过本书一窥法学大厦之“奥”，并进而萌生、激发法学专业学生从事法学研究、投身法律实践、参与当代中国法治国家建设的热情与动力。

当今世界正经历百年未有之大变局。中国人民在应对沧桑巨变的世界格局中贡献了自己的智慧与力量：改革开放以来，特别是深化社会主义市场经济体制改革以来，中国的法治建设取得了长足进步。1997 年召开的中国共产党第十五次全国代表大会将“依法治国”确立为治国基本方略，将“建设社会主义法治国家”确定为社会主义现代化的重要目标。1999 年，宪法修正案明确将“依法治国，建设社会主义法治国家”载入宪法。2002 年召开的中国共产党第十六次全国代表大会，将社会主义民主更加完善，社会主义法制更加完备，依法治国基本方略得到全面落实，作为全面建设小康社会的重要目标。2007 年召开的党的第十七次全国代表大会，明确提出全面落实依法治国基本方略，加快建设社会主义法治国家。2011 年，时任全国人大常委会委员长吴邦国宣布中国特色社会主义法律体系已经形成。2014 年召开的党的十八届四中全会，通过了《中共中央关于全面推进依法治国若干重大问题的决定》，提出了“建设中国特色社会主义法治体系，建设社会主义法治国家”的总目标。2020 年通过的《中华人民共和国民法典》标志着中国特色社会主义法律体系逐步完善。2020 年 11 月，在中央全面依法治国工作会议上，党中央正式明确提出“习近平法治思想”。

新时代中国人民正昂首阔步行进在中国特色社会主义法治道路上。为实现建设中国特色社会主义法治体系、建设社会主义法治国家的全面依法治国总目标，当前中国法学界、法律界与全国人民正在为形成完备的法律规范体系、高效的法治实施体系、严密的法治监督体系、有力的法治保障体系和形成完善的党内法规体系而不懈奋斗。因此，深刻理解中国特色社会主义法律体系，精研中国特色社会主义法治理论，乃是当代中国法学专业大学生的基本功和必修课。我们也真诚希望：本教材能够为初入法学之门的大学生了解中国法治和世界法学发展概况、掌握法学基本知识提供导引。

目　录

Contents

第一章　法学的内涵与外延

法学是什么？是什么性质的一种科学？法学的学科体系在内部构造上有怎样的结构？法学研究体系与法律部门体系存在怎样的关系？法学与自然科学，特别是哲学、历史学、经济学、伦理学、政治学等社会科学存在怎样的关系？这一系列问题都是法学研究首先要面对的问题。当然，法学在当代中国面临怎样的独特道路，也是当代中国法律界必须面对且不断探索的重大理论与实践问题。

第一节　法学的规定性

一、法学的概念与研究对象

（一）法学的含义与性质

1. 法学的含义

法学是一门以法（或法律）这一社会现象及其产生、发展与运行规律为研究对象的社会科学。作为一个普遍性的概念，科学用于指称人类的一种专门性研究活动和知识体系，而不局限于以自然科学为唯一的存在方式与判断标准。以包容性较强的“科学”定义为链接，辅之以人类历史几千年发展的厚度，法学经过世界各国人民的法律实践与古今中外法学家的理性概括已形成了较为系统、完整的知识体系。在形成不同的研究方法、体现不同法学流派的同时，法学也表现出其特有的科学性、规范性特征，从而与其他不同学科区别开来。同时，在法学知识谱系的历史演进过程中，因各国社会生活条件、时代背景、文化传统和地理环境的差异，形成了不同法学的研究方法、学术范式和不同的法学流派，构成了人类法学知识宝库的多样化理论体系。

在不同语境中，法学含义的表达方式也随特定语言的历史传统、现实需要和文化差异等各种因素而存在一些变化。例如，《中国大百科全书·法学》（修订版）强调“法学是一门以法为研究对象的社会科学”① 的社会科学属性；同时指出，法学在一些国家被认为是一门人文学科或职业专业。《布莱克法律词典》对

---

① 《中国大百科全书·法学》(修订版)，中国大百科全书出版社 2006 年版，第 1 页。

“jurisprudence”的含义作出更为多元的解释：(1) 18世纪，它是指关于自然法、市民法和万民法首要原则的研究；(2) 晚近时期，它主要是指关于特定法律体系之一般或基本要素的研究，以与对特殊、具体之法律制度的细节研究相呼应；(3) 对法律体系的整体性研究；(4) 对司法先例的整体性考量；(5) 在德语语境中，意味着整体法律知识；(6) 法律的体系、整体或分支；以及(7) 判例法。从如此众多的“jurisprudence”含义中，我们甚至能从中一窥法学发展的历史因素。在英语世界，《元照英美法词典》指出，“jurisprudence”一词可以被翻译成法学、法理学、法律哲学、法律体系：有时用来指代法律知识或技能；有时指法理学、法哲学或概括意义上的法学；有时还用来指一套法律或法律制度……英语世界中的“jurisprudence”逐渐从实践向理论方面转向，“并且理论上的含义更为常见”①。

2. 法学的性质

当前人们对法学的“科学”性质已形成共识，否则法学研究也就失去了基本意义。早在罗马人那里，法律已经完全变成科学的主题。然而，问题的关键并不在于法学是否“科学”，而在于“科学”到底是什么。

毋庸置辩，科学精神的滥觞催生了法律科学。1826年，英国法学家约翰·奥斯丁（John Austin）开始在伦敦大学开设法理学讲座，其1832年出版的《法理学的范围》一书明确将法学的研究对象界定为“实际存在的由人制定的法”（positive laws，一般翻译为“实在法”）。法（理）学研究范围的界定，使法学成为一门可以按“科学”方法进行研究的独立学科。

作为一门独立学科出现后，关于法学“科学”内涵的争论似乎就没有停止过。在大陆法系国家，尤其是在德国，以科学方法研究法律现象催生了对法律现象进行呆板研究的“概念法学”。德国历史法学派创始人“萨维尼曾经在所有人眼中，将法律提升至科学性的位阶”②，但萨维尼同样提出了一个重要的问题：人们一旦对法律展开研究，我们又能够在何种程度上保持法律的“科学”性质？例如，在德国一段时期内比较流行的“概念法学”是不是一种“科学”的方法？对此问题，德国法学家鲁道夫·冯·耶林针对当时德国法学界的状况，将其维也纳就职演说命名为《法学是一门科学吗?》，并取得了巨大成功。从一般现象出发，当一个国家的法学家进入另一个国家时，或者当一部新法典产生的时候，法学家的部分知识就失去了意义。耶林认为这种法律研究中的实证主义要素是法学的死敌！那么，法学在何种角度看才是科学的？“法学就是在法律事物中的科学意识。这种意识，必须往法哲学的面向

① 《元照英美法词典》(缩印版)，北京大学出版社2013年版，第755页。

② [德]鲁道夫·冯·耶林：《法学是一门科学吗?》，李君韬译，法律出版社2010年版，编者前言第4页。

发展，以便探求现实世界法律之起源与效力所赖以成立之最终基础；它必须在法律史的面向上，追溯自己曾经走过的所有道路，……它也必须在教义学的面向上，将所有我们借着对法律之认识与掌握，而获致之暂时性的高点与终点，汇集于经验与事实，并且基于实际使用之目的安排这些素材，进行科学式的铺陈。”①

法学的“科学”内涵随着科学发展、时代进步等诸多因素而不断变化。一般而言，关于“法学是什么样的科学”这个问题，近现代法学家们主要集中在法学是实证科学、法学是人文科学、法学是社会科学、法学是形式科学等不同主张。（1）将法学视为实证科学的观点主张，自然科学为人类的一切科学乃至一切知识必须仿效的榜样，自然科学的理论和方法同样可以用来研究人类社会中的法律现象，而且只有运用自然科学的原理和方法来研究法律现象才能获得可靠的、实证的、精确的知识；法学须向自然科学看齐，并将其建成像自然科学那样的实证科学。（2）将法学视为人文科学的观点主张视法学为一种文化现象。例如，德国哲学家李凯尔特认为，以文化为研究对象的人文科学包括宗教、法学、史学、哲学等范畴；英国学术界的通行做法是将法学归入人文科学之列，指出人文科学应该包括现代与古典语言、语言学、文学、历史学、哲学、考古学、法学、艺术史、艺术批评、艺术理论、艺术实践以及具有人文主义内容和运用人文主义方法的其他社会科学。由于人文科学的古代与近现代意义大不相同，所以法学的人文科学定位亦存在较大争议。（3）形式主义法学对法学的科学性理解主要有两个方面：一方面，在研究对象上，法学仅仅研究实在法本身，而不研究法律与社会、经济、政治、道德等现象的关系。例如，凯尔森认为，法律科学只探讨法律实际上“是”什么而不探讨法律“应当”是什么的问题；另一方面，在方法论上，作为一门科学的法学应当以形式科学为榜样——形式科学主要包括逻辑学、数学，其主要任务是建立由各种形式命题构成的形式系统，在法学方面则表现为法律的系统性、自治性、适用的客观性等特征。前文提及德国的“概念法学”乃至现在流行的“法律教义学”，大抵属于此类范畴。

将法学定位为社会科学的观点在中外学术界，尤其是中国学术界，占有重要地位。例如，美国学术界倾向于将法学归入社会科学，认为社会科学通常包括人类学、经济学、历史学、政治学、心理学及社会学，其他包含在此范畴的有犯罪学、教育学、地理学、法学、精神医学、统计学，哲学或宗教有时亦列入此范畴。《牛津法律大辞典》认为，社会科学一般包括人类学、犯罪学、经济学、历史学、法学、政治学和社会学……包括法学界在内的整个中国学术界几乎一致认为，法学属于社会科学范畴。将法学定位为“社会科学”的最大难题，根源于“社会科学”在其产生和

---

① [德]鲁道夫·冯·耶林：《法学是一门科学吗?》，李君韬译，法律出版社 2010 年版，第 92 页。

发展过程中就是一个争论较多、意见分歧的范畴。由于时空条件的不同、哲学基础的差异，中西方学者对社会科学的理解存在较大差异：(1) 实证主义的社会科学观认为，社会科学与自然科学同属实证科学，二者虽然研究对象不同，但研究模式、认识论和方法论是相同的，以法国社会学家奥古斯特·孔德作为代表；(2) 人文主义的社会科学观认为，社会科学就是人文科学（或称历史科学、文化科学、精神科学)，是一门以人或社会为研究对象的科学；(3) 独立的社会科学观认为，社会科学是一门独立的科学，不同于自然科学、人文科学等其他科学。《大美百科全书》将社会科学列为四大科学之一，中国学术界也多持此种观点。由于对何谓社会科学这一根本问题存在较大争议，将法学归为社会科学没有实质意义。实际上，那些主张社会科学是独立科学的人，对社会科学的理解和研究往往不自觉地向实证主义靠拢，难以同实证主义划清界限。

综上所述，在法学是一种"科学"的大背景下，法学到底是怎样一种"科学"仍然存在较大争议。虽然当代中国学界主要将法学定位为社会科学，但社会科学定义的开放性也使这种定位存在相应缺陷。可以想见，关于法学性质的争议，随着人类社会研究自然现象和社会现象范围、能力与方法的不断变化，将不断持续下去。

（二）法学的研究对象

从研究内容的角度分析法学的研究对象，也是法学的重要问题之一。

法学以法律现象为研究对象，它研究、考察法的产生、发展及其运行规律，研究各种法律规范、法律制度的性质、特点及其相互关系，研究法的内部联系和调整机制，研究法与其他社会现象的联系、区别及相互作用。法学以人类的法律活动为研究对象，这也就意味着法学研究的对象必须关注法律活动的主体——人。从现实的角度看，法律现象不仅包括立法、执法、司法、守法等具体法律运行过程，还包括对法律的基本概念、原则、原理等理论问题进行分析。法学研究的对象以法为中心，其他法律现象都与法有着千丝万缕的联系。

法律现象并非仅仅是法学的研究对象。以青少年犯罪为例，它既可以是法学的研究对象，也可以是教育学、社会学、犯罪学等不同学科的研究主题。我们一方面需要把握法学研究对象具有复杂性甚至跨学科的性质，另一方面还需要掌握法学研究的特殊性。与其他学科相比，法学研究的特殊性主要体现在：第一，法学将法律现象作为其专门研究对象，而其他社会科学或人文科学仅将法律现象作为其研究的部分内容；第二，法学对法律现象的研究是从法律或者合法性的角度切入，判断国家立法机关、行政机关等制定的法律、行政法规、地方性法规的合法性，人们的行为是否符合法律的要求，法院的判决是否具有正当的法律依据等，从而以法学学科所特有的标准进行分析、考察。其他学科即便研究法律现象，也以其学科本身的立场为出发点，如哲学可能会从经济基础与作为上层建筑的法之间的关系、理论与实践之间的关系等角度分析法律现象；社会学则可能会从法律实施的社会效果的角度分析相关法律现象……它们大多不像法学这样，主要从合法性的角度对法律现象进行专门研究。

当然，法律现象的研究也并非铁板一块，而是存在诸多不同的层次。例如，我们既可以对法律现象进行纯粹的理论分析，也可以从实践角度考察法律现象的实际运行；既可以从法律规则的角度研究法律现象的运行，也可以从法律规则背后赖以存在的原则、原理的角度对法律现象进行研判。

二、法学的产生与发展

（一）法学产生的条件

法律是一种非常古老的社会现象。在法学出现的很久以前，法律就已经成为人们日常生活中不可或缺的社会控制、社会组织手段。法或法律现象的出现，为人们分析、理解法律现象提供了前提；社会中关于法律现象的思想、观点经过不断累积，也就出现了法学——法学是在法发展到一定阶段时才产生的。由此可以看出，首先，法学的产生需要法律现象相关材料的积累。其次，社会分工的高度发展——出现专门的法学家阶层——是法学出现的另一重要条件。关于法学产生的规律，恩格斯在《论住宅问题》中有过比较经典的表述，“在社会发展的某个很早阶段，产生了这样一种需要：把每天重复着的产品生产、分配和交换用一个共同的规则约束起来，借以使个人服从生产和交换的共同条件。这个规则首先表现为习惯，不久便成了法律。随着法律的产生，就必然产生出以维护法律为职责的机关——公共权力，即国家。……随着立法进一步发展为复杂和广泛的整体，出现了新的社会分工的必要性：一个职业法学家阶层形成了，同时也就产生了法学”①。

由于社会经济、政治文化条件的不同，法学在中国与西方走过了不同的发展道路。

经典著作

唯物主义历史观从下述原理出发：生产以及随生产而来的产品交换是一切社会制度的基础；在每个历史地出现的社会中，产品分配以及和它相伴随的社会之划分为阶级或等级，是由生产什么、怎样生产以及怎样交换产品来决定的。所以，一切社会变迁和政治变革的终极原因，不应当到人们的头脑中，到人们对永恒的真理和

① 《马克思恩格斯选集》第3卷，人民出版社2012年版，第260—261页。

正义的日益增进的认识中去寻找，而应当到生产方式和交换方式的变更中去寻找；不应当到有关时代的哲学中去寻找，而应当到有关时代的经济中去寻找。

——恩格斯：《反杜林论》，《马克思恩格斯选集》第3卷，人民出版社2012年版，第654—655页。

（二）西方法学的发展

早在古希腊时期，西方的法学研究就已经取得了很高的成就。古罗马共和国时期，已经出现了不同的法学派别，编撰了大量法学著作，出现了职业法学家阶层，而且职业法学家阶层在法律实施、发展过程中发挥着重要作用，古罗马时期以盖尤斯、乌尔比安、帕比尼安等五大法学家为代表的职业法学家阶层为重要代表。在中世纪的欧洲，法学成为神学的附庸。12世纪至16世纪，随着罗马法的复兴，出现了以研究和恢复罗马法为核心的新的法学，其中以意大利的注释法学派为重要代表。17世纪至18世纪资产阶级革命时期，代表新兴的资产阶级政治、经济要求的思想家们提出了许多重要的法律思想、理论和学说，出现了以自然法学派、分析法学派、社会法学派三大法学流派为主导的不同法学派别与法学家。三大法学流派是现代西方影响较大、占统治地位的法学流派，其理论是西方学者在探索真理过程中留下的足迹，对我们认识人类法的发展历程、规律及本质，具有重要的意义。以三大法学流派为主导的法学派别与法学家，为法学研究积累了大量的资料，提供了不少有价值的、可供借鉴的理论观点。

自然法学派历史悠久，甚至在古希腊时期已初露端倪，17世纪至18世纪的古典自然法学使该学派达到一个新的高度。这个时期的自然法学充分体现了自然法、自然权利与社会契约等人本主义法律观，崇尚自由、平等，主张天赋人权，强调自然法普遍永恒，且高于人定法，人定法符合自然法时才具备法律的品格。近代古典自然法学的代表人物大多是近代启蒙运动时期的著名思想家，如荷兰的格老秀斯、斯宾诺莎，英国的霍布斯、洛克，法国的孟德斯鸠、卢梭，现代新自然法学的代表人物则有富勒、罗尔斯和德沃金等。

分析法学派是19世纪产生于英国的学派，它以实证主义哲学为基础，反对形而上学的思辨方式，反对超越现行法律制度进行法学研究的各种观点，并试图将价值因素排除在法理学科学研究的范围之外；分析法学派把法理学的任务限定在剖析实在法律制度的范围内。分析法学派的早期代表人物有英国哲学家、法学家杰里米·边沁、约翰·奥斯丁；20世纪的新分析法学派代表人物则有汉斯·凯尔森、H. L. A. 哈特等人。

社会法学派起源于19世纪后半期的德国，其在德国的主要代表人物是埃利希。该学派在20世纪的美国达到鼎盛，其在美国的代表人物是罗斯科·庞德。社会法学派强调法律现实的各个方面，反对分析法学派仅仅以逻辑方法对法律进行形式研究，他们对于法律的来源、性质和作用的论述，着重于宣扬法的社会性。

除三大法学派外，当代西方法学界的发展呈现出百舸争流之态势。其他法学流派，如19世纪的历史法学派、哲理法学派，20世纪的经济分析法学派等也产生了较大影响。到20世纪末，尤其是以美国为主的西方法学界，还出现了批判法学、法律与文学运动为代表的后现代法学思潮等。

（三）中国法学的发展

汉语中"法学"作为一个专门用语最早出现于南北朝时期。《南齐书·孔稚珪传》中有"寻古之名流，多有法学。故释之、定国，声光汉台；元常、文惠，绩映魏阁"①。唐代大诗人白居易在《策林四·论刑法之弊》中有"伏惟陛下：悬法学为上科，则应之者必俊乂也；升法直为清列，则授之者必贤良也"②。"法学"一词虽然出现较早，但是"自唐代以后，'法学'一词就极少出现，代之而起的是'律学'"③。

当代中国法学界普遍认为，现代含义的汉语"法学"一词是从日本传入的。"法学"一词传入中国的宏观背景，是晚清政府迫于西方列强船坚炮利的压力，被动打开国门、接触西学，乃至清末修订法律大臣沈家本主持开展一系列法律改革的活动。"19世纪末20世纪初，无论是在司法官员和知识分子的论文中，还是在法律学堂课程、讲义，以及政府官员的奏章中'法学'一词都已被广泛使用。"④"法学"一词传入中国的重要途径之一，是清末开始的大规模翻译外国法律文献的活动，其中1904年成立的修订法律馆尤为重要。此外，中国近代大量留日学生的活动，也为"法学"一词引入中国提供了相应的条件。

现代"法学"概念在中国的传播，改变了中国法学发展历程的叙事方式。虽然曾经存在过中国到底有无"法学"的争论，但这种争论也仅仅是在到底应该怎样理解"法学"之内涵的层面上展开的，学者们对中国自古以来存在大量研究法律现象的现象一直给予极大关注。春秋战国时期，法学在中国就有了长足的发展，出现了法家、儒家、道家、墨家等许多直接或间接探讨法律问题的学派；其中管子、商鞅、韩非子、李悝、李斯、慎到、申不害等法家代表的思想对后世产生了巨大影响。在西汉中期以后的两千多年的封建社会中，虽然儒家的法律思想在国家治理中一直占据统治地位，但法家的学说、观点与政治主张也被大量融入儒家的学说之中。法学

---

① （梁）肖子显编：《南齐书》，中华书局1972年版，第837页。

② 《白居易集》（第四册），顾学颉校点，中华书局1979年版，第1357页。

③ 何勤华：《中国法学史》（第一卷），法律出版社2006年版，第16页。

④ 何勤华：《中国法学史》（第一卷），法律出版社2006年版，第4页。

形式上的衰微，实则隐身于“儒法合流”的汹涌暗流之中。这种法学研究思路，与中国法律制度发展的独特性，为中华法系的形成、发展作了重要的理论铺垫与逻辑支撑。鸦片战争以后，法学领域开始逐渐接触大量西方的法律思想，中华法系和传统中国的法学研究方法逐步瓦解。

从 19 世纪 40 年代初到 1949 年，中国近代法学发展步履维艰。这一时期内，先有清王朝为了维护统治签署丧权辱国的各种条约，以及清王朝为延续统治而开始被动的变法修律展开自救；中间有 1911 年“辛亥革命”推翻清王朝的统治，1912 年建立共和政体的中华民国，开始主动建构近代民族国家的法律体系与法律理论；再到 1927 年南京国民政府取得形式上的全国统一，逐步推动近代民族国家法律体系与法律科学的系统化发展。中国近代法学各学科如法理学、法史学、宪法学、行政法学、民商法学、刑法学、民事诉讼法学、刑事诉讼法学、国际法学等学科体系初步形成。

（四）马克思主义法学及其中国化

1. 马克思主义法学

马克思和恩格斯是马克思主义法学的创始人。作为法学专业毕业生，马克思一生都关注法律问题，且康德法学和黑格尔派的理性主义法学构成了马克思法学研究的理论起点。在后来的研究中，马克思开始自觉从理想主义转向现实本身寻找法的本质。1843 年，马克思撰写的《黑格尔法哲学批判》初步指明了历史唯物主义法学的基本方向，《1844 年经济学哲学手稿》已经孕育着马克思主义法学的世界观。1845 年到 1846 年，马克思和恩格斯在《德意志意识形态》中，较为完整系统地表达了他们的历史唯物主义法律观。1848 发表的《共产党宣言》，成为历史唯物主义法学的纲领性文件而公布于世。在《资本论》及其手稿中，马克思全面系统地分析了法现象存在的经济基础，认为法的关系是一种反映着经济关系的意志关系，这种法的关系或意志关系的内容是由经济关系本身决定的。马克思主义的历史唯物主义法律观在《资本论》中得到进一步论证和集中体现。在马克思逝世后，恩格斯根据新的历史条件，在《家庭、私有制和国家的起源》《路德维希·费尔巴哈和德国古典哲学的终结》等著述中进一步推进了马克思主义法学的发展。1894 年，列宁在《什么是“人民之友”以及他们如何攻击社会民主党人?》等著作中深刻阐述了历史唯物主义法律思想的基本原理，揭示了俄国社会法权关系变动的规律性及其内在特征，进而丰富、发展了马克思主义历史唯物主义社会哲学与法哲学的理论体系。

与以往的法学相比，马克思主义法学具有鲜明的特征。这些特征可大致概括为：（1）马克思主义法学坚持历史唯物主义的立场。马克思主义法学认为，不是国家和法决定市民社会，而是市民社会决定国家和法，法律归根结底是由社会的物质生活条件决定的。（2）马克思主义法学认为，法律具有阶级性和意识形态性。在阶级社会中，法律的内容和程序直接或者间接地体现了统治阶级的利益，法律不仅体现了统治阶级的内在价值观，并为其提供了合法性。(3) 马克思主义法学致力于实现人的全面解放。马克思主义第一次站在“现实的人”的立场上探求人类自由解放的道路，以科学的理论为最终建立一个没有压迫、没有剥削、人人平等、人人自由的“自由人的联合体”指明了方向。如何通过无产阶级法律革命，建立无产阶级统治进而实现人的解放，是马克思毕生关注的一个问题。

2. 当代中国法学的发展

当代中国法学的产生和发展，就是马克思主义法学中国化的历史进程。

毛泽东思想是马克思主义中国化的第一项伟大成果。作为马克思主义国家学说在中国的发展，毛泽东的人民民主专政理论是其人民民主法制思想的政治基础。建立一个依靠人民、为了人民的社会主义法律制度是以毛泽东为主要代表的第一代中国共产党人追求的重要目标。毛泽东亲自主持制定了新中国的第一部宪法，并明确指出：“一个团体要有一个章程，一个国家也要有一个章程，宪法就是一个总章程，是根本大法。用宪法这样一个根本大法的形式，把人民民主和社会主义原则固定下来，使全国人民有一条清楚的轨道，使全国人民感到有一条清楚的明确的和正确的道路可走，就可以提高全国人民的积极性。”① “1954 年宪法”确定的国家制度，在基本制度层面上体现了中国特色社会主义的雏形。毛泽东主张将群众路线贯彻于立法和法律实施过程中，主张司法为民，提倡人民调解制度等。以毛泽东为核心的第一代中国共产党人，为新中国的法制建设与法学发展奠定了政治与思想基础。

党的十一届三中全会以来，以邓小平为主要代表的中国共产党人，解放思想，实事求是，实行改革开放，开辟了中国特色社会主义道路，创立了邓小平理论，实现了马克思主义中国化的第二次历史性飞跃。邓小平理论中包含的民主法治思想，为改革开放以来新中国的法学发展指明了方向。诸如，经济建设与法制建设两手都要抓、都要硬：搞四个现代化一定要有两手，所谓两手，即一手抓建设，一手抓法制；在全国坚决实行有法可依，有法必依，执法必严，违法必究，法律面前人人平等的原则；民主和法制两个方面都应该加强，没有广泛的民主不行，没有健全的法制也不行。邓小平深刻总结了新中国成立三十年间的经验教训，并得出结论：“制度好可以使坏人无法任意横行，制度不好可以使好人无法充分做好事，甚至会走向反面。”“制度问题，关系到党和国家是否改变颜色，必须引起全党的高度重视。”②

---

① 《毛泽东著作选读》(下册)，人民出版社 1986 年版，第 710—711 页。

② 中共中央文献研究室编：《邓小平思想年编：1975—1997》，中央文献出版社 2011 年版，第 325 页。

“为了保障人民民主，必须加强法制。必须使民主制度化、法律化，使这种制度和法律不因领导人的改变而改变，不因领导人的看法和注意力的改变而改变。”① 邓小平民主法治思想是马克思主义法学中国化的重要成果，为改革开放以来中国法学的发展指明了方向。

20 世纪末至 21 世纪初，以江泽民为主要代表的中国共产党人在建设中国特色社会主义实践中形成的“三个代表”重要思想，包含着丰富的法律思想与法治理论，其中最具标志性的是“依法治国，建设社会主义法制国家”的理论。1996 年 2 月，江泽民提出“依法治国，建设社会主义法制国家”。1997 年 9 月，江泽民在党的十五大报告中明确提出“依法治国，建设社会主义法治国家”，指出依法治国是党领导人民治理国家的基本方略、发展社会主义市场经济的客观需要、社会文明进步的重要标志、国家长治久安的重要保障，强调建设社会主义法治国家是建设社会主义现代化的重要目标，并提出了建设中国特色社会主义法律体系的重大任务。江泽民指出，党的领导是人民当家作主和依法治国的根本保证，人民当家作主是社会主义民主政治的本质要求，依法治国是党领导人民治理国家的基本方略。同时，坚持依法治国，还必须与坚持以德治国相结合。

重要文献

发展民主必须同健全法制紧密结合，实行依法治国。依法治国，就是广大人民群众在党的领导下，依照宪法和法律规定，通过各种途径和形式管理国家事务，管理经济文化事业，管理社会事务，保证国家各项工作都依法进行，逐步实现社会主义民主的制度化、法律化，使这种制度和法律不因领导人的改变而改变，不因领导人看法和注意力的改变而改变。依法治国，是党领导人民治理国家的基本方略，是发展社会主义市场经济的客观需要，是社会文明进步的重要标志，是国家长治久安的重要保障。党领导人民制定宪法和法律，并在宪法和法律范围内活动。依法治国把坚持党的领导、发扬人民民主和严格依法办事统一起来，从制度和法律上保证党的基本路线和基本方针的贯彻实施，保证党始终发挥总揽全局、协调各方的领导核心作用。

——江泽民：《高举邓小平理论伟大旗帜，把建设有中国特色社会主义事业全面推向二十一世纪——在中国共产党第十五次全国代表大会上的报告（1997 年 9 月 12 日）》，《江泽民文选》第 2 卷，人民出版社 2006 年版，第 28—29 页。

党的十六大以来，以胡锦涛为主要代表的中国共产党人形成的科学发展观为法学发展提供了新的方向。胡锦涛指出：“社会和谐是中国特色社会主义的本质属性”

① 《邓小平文选》第 2 卷，人民出版社 1994 年版，第 146 页。

“构建社会主义和谐社会是贯穿中国特色社会主义事业全过程的长期历史任务，是在发展的基础上正确处理各种社会矛盾的历史过程和社会结果。”“要按照民主法治、公平正义、诚信友爱、充满活力、安定有序、人与自然和谐相处的总要求和共同建设、共同享有的原则，着力解决人民最关心、最直接、最现实的利益问题，努力形成全体人民各尽其能、各得其所而又和谐相处的局面，为发展提供良好社会环境。”① 依法执政、依宪治国、依宪执政，是科学发展观中标志性的法治理论。以胡锦涛同志为代表的中国共产党人进一步发展了依法治国理论，系统阐述了“依法执政”理论，强调指出：“依法执政是新的历史条件下马克思主义政党执政的基本方式。依法执政，就是坚持依法治国、建设社会主义法治国家，领导立法，带头守法，保证执法，不断推进国家经济、政治、文化、社会生活的法制化、规范化，以法治的理念、法治的体制、法治的程序保证党领导人民有效治理国家。”依法执政基本方式的确立和依宪治国、依宪执政法治理念的树立，是对依法执政和依法治国关系的深刻认识，是对依法执政科学内涵的深刻阐释，是中国共产党依法执政意识的升华、依法治国理论的重大创新。

党的十八大以来，以习近平同志为主要代表的中国共产党人，顺应时代发展，从理论和实践结合上系统回答了新时代坚持和发展什么样的中国特色社会主义，怎样坚持和发展中国特色社会主义这个重大时代课题，创立了习近平新时代中国特色社会主义思想。2020 年 11 月召开的中央全面依法治国工作会议进一步明确提出了“习近平法治思想”。习近平法治思想是习近平新时代中国特色社会主义思想的重要组成部分，是对中国特色社会主义法治建设经验和成就的科学总结，是马克思主义法治理论中国化最新成果，是引领新时代法治中国建设取得更大成就的思想旗帜。习近平法治思想，坚持马克思主义立场观点方法，植根于中华优秀传统法律文化，借鉴了人类法治文明有益成果，在理论上有许多重大突破、重大创新、重大发展，为新时代推进全面依法治国提供了根本遵循和行动指南。习近平法治思想的核心要义是“十一个坚持”，即坚持党对全面依法治国的领导；坚持以人民为中心；坚持中国特色社会主义法治道路；坚持依宪治国、依宪执政；坚持在法治轨道上推进国家治理体系和治理能力现代化；坚持建设中国特色社会主义法治体系；坚持依法治国、依法执政、依法行政共同推进，法治国家、法治政府、法治社会一体建设；坚持全面推进科学立法、严格执法、公正司法、全民守法；坚持统筹推进国内法治和涉外法治；坚持建设德才兼备的高素质法治工作队伍；坚持抓住领导干部这个“关键少

---

① 胡锦涛：《高举中国特色社会主义伟大旗帜，为夺取全面建设小康社会新胜利而奋斗——在中国共产党第十七次全国代表大会上的报告（2007 年 10 月 15 日）》，《胡锦涛文选》第 2 卷，人民出版社 2016 年版，第 625、626 页。

数”。“十一个坚持”深刻阐明了中国特色社会主义法治的本质特征、政治方向、发展道路、价值功能、基本原则、中国特色、世界意义等根本性问题，系统阐述了什么是法治、什么是中国特色社会主义法治、为什么要实行全面依法治国、如何推进全面依法治国、如何在法治轨道上推进国家治理体系和治理能力现代化等战略性问题，集中体现出马克思主义法治理论和中国特色社会主义法治理论在新时代的创新发展。

三、法理学的性质与研究对象及特殊地位

（一）法理学的含义及研究对象

在当代中国法学教育课程体系与法学研究中，法理学都是我国法学体系中的一门重要的理论法学学科。从整体上看，法理学是从总体上研究法和法律现象的一般规律，研究法的产生、本质、特征、作用、形式、发展、实施等基本知识、概念和原理，研究法的创制和实施的一般理论，研究法律运行的外在环境，并着重研究我国社会主义法和法治的基本问题的理论学科。

法理学的研究对象是一般法，是法和全部法律现象及其规律性。一般法首先是指法的整个领域或者说整个法律现实，包括所有部门法在内的整个法律领域，以及现行法从制定到实施的全部过程。一般法还可以指古今中外一切的法。法理学要对古今中外一切类型的法律制度及其各个发展阶段的情况进行综合研究，它的研究结论应能解释法的一切现象。

法理学要概括出各个部门法及其运行的共同规律、共同特征、共同范畴，从而为部门法学的研究提供必要的理论基础、进行必要的理论总结，为法治建设提供理论服务。任何国家的法理学都必然是以本国的现行法律为主要研究对象，我国的法理学也以研究我国的法律理论和法治实践为主，其研究起点、重心和归宿都是完善有中国特色的社会主义法治体系，建设有中国特色的社会主义法治国家。

（二）法理学在法学体系中的地位

法理学在法学体系中占有特殊的地位，它是法学的一般理论、基础理论和方法论。

1. 法学的一般理论

法理学以“一般法”，亦即整体法律现象为研究对象。首先，“一般法”是指包括宪法、行政法、民法、经济法、刑法、诉讼法、国际法等在内的整个法律领域，以及现行法从制定到实施的全部过程。法理学的材料来源是通过对所有部门法材料进行高度抽象概括来获得的，因此法理学既要概括出各个部门法及其运行的共同范畴、共同规律和共同特征，又要为部门法研究提供法学的立场、观点和方法。其次，

"一般法"是指古今中外的一切法。法理学应该对古今中外不同类型的法律制度及其各个发展阶段进行综合研究，其结论应该能够解释法的所有现象。正因如此，法理学也可以被称为"法的一般理论"。

2. 法学的基础理论

法理学的研究对象是"一般法"，但又不是一般法的全部，而是研究一般法中的普遍问题和根本问题。法理学肩负着探讨法的普遍原理的任务，它与部门法学之间是"一般"与"特殊"的关系，它为部门法学、法史学提供思想指导。正因如此，它所处理的问题往往集中于法的一般思想而非具体知识；法理学中的论题往往是法学研究与法律实践中的根本问题，例如，法是什么？它如何产生？其价值何在？它的运行和操作受哪些社会条件和制度的制约？如何概括一个国家自身的法律理念与法律精神？从这些基本原理出发，法理学还要概括出法学的基本范畴，诸如法、权力、权利义务、法律规则、法律原则、法律关系、法律责任等。从这些论题不难看出，法理学构成了法学的基本理论或法学体系的基础。

3. 法学的方法论

法理学也是研究法学与法律的方法的理论与学说。法学的历史发展表明，研究方法是否有效，对于法学的科学性研究至关重要。研究方法在很大程度上影响研究者对于研究对象的认知角度、深度，以及对研究对象的本质性认知。科学的方法是联系人们与法律现象之间关系的重要桥梁和纽带。法学研究的历史同样表明，法学研究领域的变革往往都是开始于研究方法的变革；甚至研究方法的变革是一个法学派别出现与形成的重要标志。例如，分析法学就是从对法律进行语义学的实证分析入手的；马克思主义法学之所以与其他法学派别显示出独树一帜的特殊性，是因为其独特性的研究方法从中扮演了重要角色。

马克思主义哲学方法，即辩证唯物主义和历史唯物主义的方法是当代中国法学研究的根本方法。马克思主义哲学作为世界观与方法论，对当代中国的法学研究与法律实践具有普遍的指导意义。除马克思主义哲学方法外，日常法律实践和法学研究中还经常运用社会调查方法、历史分析方法、价值分析方法、阶级分析方法、语义分析方法、效益分析方法和比较研究方法等。在当代中国，树立马克思主义法律观有助于为学习其他部门法学乃至整个法律科学奠定必要的专业理论基础，有利于提高社会主义法律意识、法治文化水平，增强社会主义法治观念和公民法治素养。

第二节　法学的体系构造

一、法学的学科体系

同哲学、经济学、历史学等学科一样，法学首先是学科意义上的概念。因此，一般人们将法学体系等同于法学学科体系。法学学科体系是由法学的各个分支学科构成的有机联系的统一整体。每个法学的分支学科都有自己独特的研究对象和范围。法学学科体系的完整性程度、划分法学分支学科的科学性程度，能够体现一个国家法学的总体状况和法学研究的布局状况。

关于法学分支学科的划分标准，目前在国内外法学著作中还没有统一的认识。英国《牛津法律大辞典》中将法学分为理论法学与应用法学两大类，并进一步具体划分为七个部门：(1) 法学理论和哲学；(2) 法律史和各种法律制度史；(3) 比较法研究；(4) 国际法；(5) 跨国家法；(6) 国内法；(7) 附属学科，如法医学、法律精神病学等。以上 (1) — (3) 属于理论法学， (4) — (6) 属于应用法学，(7) 本身并不研究法律问题，但同所发生的法律问题有联系。① 国内法学著作或教材中，存在“两分法”“四分法”“五分法”“六分法”“七分法”等不同的法学分支学科划分方法。“两分法”将法学分支学科划分为理论法学和应用法学；“四分法”将法学分支学科划分为国内法学、国际法学、法律史学、比较法学和外国法学；“五分法”将法学分支学科划分为理论法学、应用法学、法律史学、比较法学、边缘法学；“六分法”将法学分支学科划分为理论法学、法律史学、国内部门法学、外国法学、国际法学、法学与其他学科之间的边缘学科；“七分法”将法学分支学科划分为理论法学、法律史学、国际法学、外国法学和比较法学、立法学和法律社会学、法学与其他学科之间的边缘法学、部门法学。②

在学科建设的意义上，国内各法学院系界定“法学学科体系”的内容及构成的依据主要有两个。

一是国务院学位委员会和国家教育委员会联合下发的《授予博士、硕士学位和培养研究生的学科、专业目录》（以下简称《目录》）。该《目录》最初在 1990 年 10 月颁布，后于 1997 年 6 月进行了修订。这一《目录》对法学学科的设置产生了

---

① See D. M. Walker(ed.), *The Oxford Companion to Law*, Oxford University Press, 1980, p.754.

② 参见付子堂主编：《法理学初阶》，法律出版社 2013 年版，第 60 页。

重要影响，成为各法学院校学科建设和人才培养的学科划分标准，并一直延续至今。该《目录》将法学专业（一级学科）分为十个二级学科：法学理论、法律史、宪法学与行政法学、刑法学、民商法学（含劳动法学、社会保障法学）、诉讼法学、经济法学、环保法学、国际法学、军事法学。需要注意的是，根据国务院学位委员会、教育部 2009 年印发的《学位授予和人才培养学科目录设置与管理办法》的规定，二级学科由学位授予单位在一级学科学位授权权限内自主设置。各学位授予单位设置的二级学科名录，由教育部定期向社会公布。因此，国务院学位委员会、教育部在新修订的《学位授予和人才培养学科目录（2011 年）》中只列出了“法学”这个一级学科，但没有给出二级学科的条目。可以预见的是，随着二级学科设置权限的下放，不同于之前《目录》中的二级学科（含交叉学科）数量会不断增加。

二是教育部高等教育司 1998 年编写的《全国高等学校法学专业核心课程教学基本要求》。根据该要求，法学专业核心课程包括法理学、中国法制史、宪法、行政法与行政诉讼法、刑法、刑事诉讼法、民法、知识产权法、商法、经济法、民事诉讼法、国际法、国际私法、国际经济法 14 门课程。2007 年，教育部高等学校法学学科教学指导委员会在原来 14 门法学学科核心课程的基础之上新增两门：环境资源法、劳动与社会保障法。因此，这 16 门课程构成了现行法学的学科体系或曰法学专业课程教学体系。

法学学科体系不应当是封闭的，而是开放的、与时俱进的。第一，法学学科体系应当反映新时代国家法治发展战略的需求，特别是要将法学学科体系同党的十八届四中全会提出的建设中国特色社会主义法治体系的要求联系起来。中国特色社会主义法治体系配套建设有五大法治体系，即形成完备的法律规范体系、高效的法治实施体系、严密的法治监督体系、有力的法治保障体系，形成完善的党内法规体系。进入新时代以来，这五大体系既是构建中国特色法学学科体系的制度基础和实践需求，同时也是检验中国特色法学学科体系建设的价值标准。比如，法治学、立法学、司法学、党内法规学、监察法学等是否应当纳入法学学科体系，就是新的研究课题。第二，面对社会发展和法治实践中产生的新问题和新需求，发展新兴学科是构建新时代中国特色法学学科体系的当务之急。特别是随着人工智能、大数据等现代信息技术发展，很多现实问题都需要法学作出回应。因此，应当着力建立和发展网络法学、数据法学、计算法学、人工智能法学等新兴法学学科。第三，大力推动法学交叉学科的建设与发展。全面依法治国各领域各环节中的诸多问题，不是仅靠传统法学学科就可以独立解决的。因此，还应当大力破除学科之间的壁垒，建立法学与其他社会科学的联盟，促进法经济学、法社会学、法人类学、法政治学、法伦理学、比较法文化、法律与文学、法律与艺术、法律地理学、区域法治发展学、教育法学、体育法学、金融法学、财税法学、传媒法学等新型交叉学科与其他社会学科之间的融合发展。

二、法学的学术体系

法学的学术体系包括法学知识体系和法学理论体系。法学知识体系，即有关法律规范体系、法律制度体系和法律实践体系的知识。知识体系的构建使得以宪法为核心构筑起来的法律体系及其各个主要法律部门的基本规范、基本制度、基本原则的知识系统化、体系化，它是通过法律解释学完成的。法学理论体系，是由法学的基础理论、法学的核心理论、法学方法论等构成的理论体系，主要包括“法律基本理论”“部门法的核心理论”“法治理论”三大板块，分别从法学、法律、法治三个方面展示了法学理论体系的理论全貌。“法律基本理论”具体包括法律本体论、法律价值论、法律历史论、法律运行论、法律方法论、法律与社会关系论等。“部门法的核心理论”具体包括宪法与宪治理论、行政法理论、刑法理论、民法理论、商法理论、知识产权法理论、经济法理论、社会法理论、环境法理论、刑事诉讼法理论、民事诉讼法理论和国际法理论等部门法学理论，主要包含各个部门法学当中起支架性作用的核心理论。法学理论体系中最核心的是“法治理论”，它包含法治的基本理论、法治理念与法治精神、立法与法治理论、法治实施理论、法治保障理论、法治监督理论、法治教育理论、法律发展与法治现代化理论等内容。

三、法学的话语体系

法学的话语体系是由诸多关于法和法治的理论、信念和实践经验等所组成的思想体系，它以民族语言的形式集中表达了一个民族、一个国家和一个时代关于法律精神和法治理念的理解。法学的话语体系是对法学学术体系的升华，是法学学术体系中最具代表性、思想性、民族性的部分，是法学学术体系发展的高级阶段。它具有以下几个特征：法学话语体系的形成是以成熟的法学理论特别是成熟的法治理论体系为基础；法学话语体系代表了一种价值和信仰体系，而且话语体系的形成也有助于这种价值和信仰体系在社会中的建立；法学话语体系是以活的民族语言的形式体现出来的。①

中国法学话语体系的形成必须推进法学研究范式、理论、方法创新，产生一大批具有原创性、标志性意义的理论成果，在全球治理格局中展现中国思想、发出中国声音、提出中国方案，从而平等地同西方法学话语体系进行对话、交流甚至超越。过去我们的法学话语体系受到苏联和西方法学话语体系的支配，在建构法学话语体系上的话语权十分微弱。随着几十年法治建设实践的发展和法学研究的进步，中国

① 参见张文显：《关于构建中国特色法学体系的几个问题》，载《中国大学教学》2017 年第 5 期。

法学话语体系逐渐得以形成。比如，在中国特色法治话语体系上，陆续形成了一系列具有代表性的法治话语：依法治国、党的领导与人民当家作主的有机统一；坚持依法治国、依法执政、依法行政共同推进；法治国家、法治政府、法治社会一体建设；科学立法、严格执法、公正司法、全民守法；依法治国与以德治国的有机结合；等等。在中国特色部门法话语体系上，也形成了自己的话语特色：行政法学领域的权力与权利平衡理论、统一公法理论、法治政府理论、行政行为理论等；民法典编纂中侵权责任法和人格权法独立成编理论；刑法学领域的社会危害性理论、刑事政策理论、死刑限制理论、量刑规范化理论、刑罚执行理论等；刑事诉讼法学领域的刑事司法职权配置理论、程序正义理论、刑事证据理论、刑事诉讼程序体系理论等；环境法学领域的生态文明法治理论、环境权理论、环境正义理论、环境责任理论、环境司法理论等；国际私法学领域的国际民商新秩序、国际交往互利说、适当论、综合协调论等。①

第三节　法学与其他学科

法学与其他学科存在千丝万缕的联系。这是因为：第一，任何社会现象都不是孤立存在的而是相互联系的。这就决定了法律现象本身也可以从法学之外的其他学科中得到部分解释，而且只有在法学吸收其他学科的认识成果的基础上，才能更加充分地认识法律现象、探究法律现象背后的本质。第二，在现代社会中，许多社会现象的复杂性和综合性本身就需要采用多学科的视角加以观察和研究，它们不单纯是法学的问题，而是属于法学和其他学科的双边或多边问题。总之，法学和其他学科密不可分。

在法学与其他学科的关系中，法学同哲学、政治学、经济学、社会学、历史学、逻辑学等人文社会科学之间的关系尤其紧密。法学同自然科学之间也有千丝万缕的联系。

一、法学与哲学

哲学是关于自然、社会和人类思维知识的概括与总结，它作为理论化、系统化的世界观与方法论，处于人类知识的最高层次。因此，哲学与其他学科的关系是一般和特殊的关系。哲学和法学的这种一般和特殊的关系决定了哲学对法学具有重要的指导意义，它为整个法学理论提供了世界观、价值观和方法论的前提。法学始终

① 参见王利明、黄文艺：《论法学学科的发展规律和发展前景》，载《大学与学科》2020年第1期。

受哲学的巨大影响。哲学的每一次更新，每一种新的较有影响的哲学流派的出现，都会引起法学世界观、方法论的更新或法学价值定向的改变，并推动着新的法学流派的出现或既有法学流派的分化、流变或消失。比如，实证主义哲学的产生催生了实证主义法学派出现；实用主义哲学的产生催生了现实主义法学派的出现；等等。在法学学科内部，法理学与哲学的关系最为密切。由于法理学是法学的一般理论、基础理论和方法论，是对法学基本问题和根本原理的哲学思考，因此，法理学也就成了联结哲学和部门（具体）法学的一座桥梁。

二、法学与政治学

政治学是以政治现象及其发展规律为研究对象的一门学科。它的研究范围十分广泛，包括政治行为、政治体制、政治决策、政治合法性、政治心理、政治权利、政治权力、政治组织等。狭义的政治学研究国家的活动、形式和关系及其发展规律。在苏联和东欧国家，将法理学或法哲学称之为“国家和法的一般理论”，足见法学同政治学的密切关系。由于现代法治的核心内涵是限制和规范国家政治权力，因此，法学和政治学的研究具有内在的统一性。在法学学科内部，诸如宪法学、立法学、行政法学，本身就兼具法学和政治学的双重学科性质。

三、法学与经济学

经济学是研究人类社会在各个发展阶段上的各种经济活动和各种相应的经济关系及其运行、发展的规律的学科。法学以法律为研究对象，而法律作为上层建筑，它是由社会的经济基础和生产关系决定的，同时法律又反作用于社会的经济基础。法律和经济基础之间的这种关系决定了法学和经济学在研究内容上必然存在交叉重叠关系。在法学学科内部，民法学和经济法学都同社会的经济活动直接相关。民法对物权、债权、人格权等权利的规定都是物质生活条件发展到一定阶段的产物。不仅如此，经济学的许多理论模式和研究方法引入法学研究领域，对于全面认识法律现象具有重要的价值。比如，经济分析法学就是采用经济学的理论和方法来研究法律现象，并取得了丰硕的研究成果。

四、法学和社会学

社会学是系统地研究社会行为与人类群体的社会科学。它的研究范围十分广泛，包括社会分层、社会阶级、社会流动、社会宗教、社会法律、越轨行为等。法学同社会学存在相互交错的关系。一方面，法学要研究社会中的法律，把法律作为社会现象的一部分来研究；另一方面，社会学也要研究一定的法律现象，从社会现象总体来研究某些法律现象。因而，法学和社会学有广泛的共同论题。如法律的社会基础、法律的社会历程、法律的社会演化、法律的社会功能、法律的社会运行、法律与社会分层、法律与社会变迁、法律与社会文明等。法学与社会学的相互结合，诞生了横跨法学和社会学的交叉学科——法律社会学。

五、法学与历史学

历史学是研究人类社会产生和发展变化规律的社会科学。任何法学思想和法律制度都是特定时空下的思想和制度，因此，法学和历史学具有天然的联系。要想准确地把握法学中的概念、范畴、观点、学说、学派以及一个时代的法律制度，必须要用到历史学的理论和方法，去考察这些学说或法律制度是如何产生的，它们的演变过程以及未来的发展趋势。历史中的法律和法律中的历史本身就是一个问题的两种维度。法学学科中的法律史学，无论制度史还是思想史，都是法学和历史学相结合的产物。

六、法学与逻辑学

逻辑学是哲学的分支学科，它是对思维规律的研究。逻辑学有广义和狭义之分。狭义的逻辑学是指研究推理的科学，即只研究如何从前提必然推出结论的科学。广义的逻辑学是指研究思维形式、思维规律和思维的逻辑方法的科学。法学中对法学思维和法律方法的研究必然要借鉴逻辑学上的理论成果。无论是立法中的结构体系安排、具体法律条文的设计，还是法律适用中的推理方式都会用到逻辑学的方法。比如，在法律推理中，演绎推理、归纳推理、类比推理等形式推理方式都是逻辑学的方法运用到法学中的范例。

七、法学与思想政治教育

思想政治教育是指社会或社会群体用一定的思想观念、政治观点、道德规范，对其成员施加有目的、有计划、有组织的影响，使他们形成符合一定社会一定阶级所需要的思想品德的社会实践活动。① 作为社会科学的法学，它必然需要体现一个社会中的主流意识形态，因此，它同思想政治教育具有十分密切的联系。法学研究一方面为思想政治教育提供了必要的理论基础，另一方面其研究成果也是思想政治教育的重要内容。对于当下中国而言，将社会主义核心价值观融入法治教育全过程，本身也是法学教育和思想政治教育的重要内容和共同任务。

除了同以上人文社会科学联系密切之外，法学同自然科学的联系也十分密切。自然科学的发展特别是科学技术的发展，既给人类带来了福祉，又带来了法律规制

---

① 参见陈万柏：《思想政治教育学原理》，中国人民大学出版社 2013 年版，第 4 页。

的需要，这正是法学同自然科学结合的客观动力。随着近年来法学研究的深入，法律与数学、法律与地理学、法律与基因科学、法律与人工智能、法律与认知神经科学等法学与自然科学的交叉学科不断涌现，繁荣和完善了法学研究的体系。

思考题

1. 试述马克思主义法学中国化的历史进程。
2. 试述法理学在法学体系中的地位。
3. 论述法学体系的构成。
4. 如何理解法学与其他人文社会科学之间的关系?

第二章 法学的历史演进

法学是以法律现象为研究对象的社会科学。与其他社会科学一样，法学植根于人类社会客观经济生活，随着人类社会的不断发展而不断演进。西方法学从古希腊起源，经过古罗马时代、中世纪、近代法学和现代法学的兴起，已经发展成为以自然法学派、新分析实证主义法学派和社会法学派为主要流派，诸多新兴法学流派并存的百花齐放的状态。中国的法学有其自身独特的发展历程，古代中国以法典为中心构建国家法制系统，形成了以律学为主的法学模式。近代以后，中国法学受西方和马克思主义法学的影响，逐步从传统法学中脱离出来，最终形成了中国特色社会主义法学体系，完成了中国法学从传统向现代的演进。

第一节 西方法学的历史与发展

一、古希腊古罗马法学

古希腊是西方文明的发源地，西方近代以后的哲学、政治学、文学、天文学和伦理学等学科均发端于古希腊，但由于当时古希腊还没有形成完备的法律制度，因而没有能够形成独立的法学。公元前 10 世纪前后，古希腊进入奴隶制社会。公元前 5 世纪到 4 世纪时期，古希腊出现了智者学派。这一时期古希腊的哲学和思想发生了一次深刻的变化，哲学从宗教中分离了出来。智者学派以自然这个概念为前提，认为自然就是真理或称为实在，奠定了早期自然法的思想基础。古希腊时期虽然没有形成独立的法学，但依然存在对法的现象的思考，形成了丰富的法律思想。如柏拉图的《理想国》和《法律篇》就对不同政体的优劣、法的正义和守法等问题进行了探讨，提出了许多真知灼见的观点。亚里士多德在《政治学》中不仅进一步探讨了城邦和政体、公民和城邦的关系，还探讨了正义和法治的问题，提出了著名的正义的分类理论和法治思想，而他的《雅典政制》一书也是最早运用比较法对不同政体进行比较研究的著作。这些法律思想不仅丰富了古希腊时期的哲学和政治思想，也对后来的古罗马法律思想和法学产生了重要影响。

公元前 27 年前后，随着罗马帝国对外扩张，疆域不断扩大。在罗马帝国建立以后的 200 年间，由于战争停止，社会相对稳定，古罗马时期简单商品经济蓬勃发展起来。商品经济的发达推动了立法的需求，发达的商品经济带来法律纠纷的增加，又形成了对法律服务的需求，这两个方面的动因共同促成古罗马时期法律教育、法律解释和法学家阶层的形成，从而为法学最终在古罗马产生奠定了坚实的基础。有学者认为，商品经济的发达对古罗马法学的形成和繁荣具有重要的意义。第一，商品经济推动立法的发展，为法学家提供了丰富的素材和研究领域；第二，商品经济的发展增加了社会的财富，扩大了社会分工，为法学家阶层的形成奠定了客观基础；第三，商品经济的发展促进了交易双方权利平等、意思自治等观念的普及。[①]

法学家阶层的兴起对古罗马时期法学教育的发展和繁盛的作用尤为明显。罗马共和国时期著名的法学家主要包括阿西留斯、波修斯、马尼留斯、西塞罗等人，其中，西塞罗是这一时期重要的法学家和政治家，他提出了自然法理论和权力均衡原则，对后世政治和法学思想影响较大。罗马帝国时代则出现了以庞波尼乌斯、盖尤斯、帕比尼安、乌尔比安、保罗等为代表的职业法学家群体，他们对法律的解释大多保留在了《优士丁尼国法大全》中，成为东罗马帝国时期法律渊源的一部分。从共和国到帝国时期的法学家阶层的形成和他们所从事的法学教育与法律解释活动，最终为古罗马时期法学真正形成和繁荣奠定了基础。

古罗马法学从王政后期一直到东罗马帝国时期都在不断发展，东罗马帝国的优士丁尼皇帝主持编纂了《优士丁尼国法大全》，系统整理了罗马的法律制度和法律解释，被认为是罗马法学发展的集大成者。优士丁尼对罗马法的法典化使得罗马法最终能够流传后世，成为推动欧洲最终形成罗马法系和日耳曼法系的核心渊源。

延展阅读

我们认为，为众神服务的最高职位必须授予最善于服从已制定的法律并在城邦中取得了此种成就的人。……这些人通常被叫做“统治者”，如果我们叫他们做“法律的仆人”，那不是因为我想杜撰一个新词语，而是因为我确信一个国家的兴亡取决于这一点，而不是别的什么东西。在法律服从于其他某种权威，而它自己一无所有的地方，我看，这个国家的崩溃已为时不远了。但如果法律是政府的主人并且政府是它的奴仆，那么形势就充满了希望，人们能够享受众神赐给城市的一切好处。

——柏拉图：《法律篇》，张智仁、何勤华译，孙增霖校，上海人民出版社 2001 年版，第 122—123 页。

法治应当优于一人之治。遵循这种法治的主张，这里还须辨明，即便有时国政仍须依仗某些人的智虑（人治），这总是限止这些人们只能在应用法律上运用其智

① 参见何勤华：《西方法学史》，中国政法大学出版社 1996 年版，第 30 页。

虑，让这种高级权力成为法律监护官的权力。应该承认邦国必须设置若干职官，必须有人执政，但当大家都具有平等而同样的人格时，要是把全邦的权力寄托于任何一个个人，这总是不合乎正义的。

——亚里士多德：《政治学》，吴寿彭译，商务印书馆 1965 年版，第 169 页。

我们应该注意到邦国虽有良法，要是人民不能全都遵循，仍然不能实现法治。法治应包含两重意义：已成立的法律获得普遍的服从，而大家所服从的法律又应该本身是制订得良好的法律。

——亚里士多德：《政治学》，吴寿彭译，商务印书馆 1965 年版，第 199 页。

二、中世纪法学

公元 476 年，西罗马帝国灭亡，欧洲进入中世纪时代。从公元 5 世纪一直到 17 世纪欧洲资产阶级革命，中世纪历史跨度达到 12 世纪左右。在这一历史时期中，基督教成为国教，基督教神学思想逐渐统一了其他思想，古罗马时期已经独立的法学再度失去了独立性，法学以及哲学、政治学等都成为神学的“婢女”，都必须服务于神学。即便如此，中世纪的教士们仍然不能回避世俗法现象的客观存在，因而对法的现象进行宗教层面的思考和阐释，形成了神学意义上的法学思想。通常将中世纪法学的发展分为两个历史时期，以公元 11 世纪欧洲城市的兴起以及《优士丁尼国法大全》在意大利被重新发现为分期。

公元 11 世纪以前的欧洲文明形态主要是封建农业文明，对适用于商品经济的罗马法不能接受。当时的欧洲仅在法国部分地区适用罗马法，大部分欧洲大陆地区受日耳曼习惯法统治。日耳曼习惯法不具有精确的法学概念和法律规则体系，也并不统一，相对于罗马法而言比较原始和简陋。从法学发展而言，这一时期的法学主要受基督教神学的压制，处于神学的控制之下。

11 世纪以后是欧洲经济与法律发展的重要时期。这一时期欧洲城市逐步兴起，商品经济开始逐步发达起来，适用于农业经济的日耳曼习惯法渐渐不能适应经济的发展。这一时期在意大利发现了《优士丁尼国法大全》的部分原本，使欧洲教会开始关注罗马法，并且形成了注释、讲授和学习罗马法的风尚，建立了专门修习和进行罗马法教学的教育机构。罗马法的学习和传播也进一步推动了欧洲商品经济的发展，从而为罗马法在欧洲的复兴奠定了重要的社会物质基础。

13 世纪的圣托马斯·阿奎那是中世纪后期最重要的神学家。他认为，从实质层面而言，“法是人们赖以导致某些行为和不作其他一些行动的行为准则或尺度。‘法’这个名词（在语源上）由‘拘束’一词而来，因为人们受法的拘束而不得不采取某种行径。但人类行为的准则和尺度是理性，因为理性是人类行动的第一原理”①。而从形式上看，法是“对于种种有关公共幸福的事项的合理安排，由任何负有管理社会之责的人予以公布”②。阿奎那被认为是亚里士多德思想的继承者，他对法的认识一方面承继了亚里士多德自然理性思想，同时又体现了对于法背后强制力的理解，阿奎那的法学思想对当时乃至近代西方法学思想都产生了较为重要的影响。

三、近代西方法学

从 16 世纪中叶西班牙尼德兰的资产阶级革命到 18 世纪后期的法国大革命，这段历史时期是欧洲资产阶级革命时期。这一时期的法学思想主要以近代自然法思想为基础，对法的本质、法的起源、权利、权力、责任、政体、司法等问题形成了不同的观点和理论。这一时期的思想家们形成了天赋人权、自然状态、社会契约、权力分立以及人民主权、法治等重要的法学理论和法学命题，其中以格老秀斯、霍布斯、洛克、孟德斯鸠、卢梭等人的法学思想为代表，不同的法学家都以自然法理论为基础提出了各自的法学理论和资产阶级革命的政治主张。

格老秀斯认为，人民通过社会契约成立国家。社会契约分为两种形式：一种是以神的意志为前提的统治契约；另一种则以自然法为基础的社会契约。人类遵守社会契约是自然法的组成部分。法律划分为自然法和意定法两大类，意定法又分为国内法和国际法两种，自然法是永恒不变的。人们通过契约组成政府拥护一个人为君主后，就得永远服从这个君主。人民是君主的奴隶，人民和土地都是君主的私有财产，可任意处理，自由转让。

霍布斯的法学思想同样建立在自然法理论基础之上。在霍布斯看来，自然法的内容有十四条，概括起来有以下四点：第一，关于寻求和平与信守和平以及人们应该放弃为和平障碍的权利。第二，关于遵守契约。必须认真履行，遵守契约是正义的源泉。第三，人只要有改过表示，对可原谅者，则应给予原谅。第四，在自然状态下人人都是平等的，无所谓聪明和愚笨之分。他把自然法的所有内容用一句话概括：“己所不欲，勿施于人。”霍布斯认为，公共权力必须经订立契约才能产生，社会契约是人类摆脱自然状态的必经之路，通过社会契约统一在一个人格之中这叫作国家。国家以主权为人格，霍布斯提出了主权在君的政治主张。他认为主权具有至高无上、不可分割、不可转让的性质。主权者的权力不受法律的限制。

---

① 《阿奎那政治著作选》，马清槐译，商务印书馆 1982 年版，第 104 页。

② 《阿奎那政治著作选》，马清槐译，商务印书馆 1982 年版，第 106 页。

延展阅读

如果要建立这样一种能抵御外来侵略和制止相互侵害的共同权力，以便保障大家能通过自己的辛劳和土地的丰产为生并生活得很满意，那就只有一条道路：——把大家所有的权力和力量付托给某一个人或一个能通过多数的意见把大家的意志化为一个意志的多人组成的集体。……这就不仅是同意或协调，而是全体真正统一于唯一人格之中；这一人格是大家人人相互订立信约而形成的，其方式就好像是人人都向每一个其他的人说：我承认这个人或这个集体，并放弃我管理自己的权利，把它授与这个人或这个集体，但条件是你也把自己的权利拿出来授与他，并以同样的方式承认他的一切行为。这一点办到之后，象这样统一在一个人格之中的一群人就称为国家，在拉丁文中称为城邦。这就是伟大的利维坦（Leviathan）的诞生，——用更尊敬的方式来说，这就是活的上帝的诞生；……这就是一大群人相互订立信约、每人都对它的行为授权，以便使它能按其认为有利于大家的和平与共同防卫的方式运用全体的力量和手段的一个人格。承当这个人格的人就称为主权者，并被说成是具有主权，其余的每一个人都是他的臣民。

——［英］霍布斯：《利维坦》，黎思复、黎廷弼译，杨昌裕校，商务印书馆1985年版，第131—132页。

自由人一词根据这种公认的本义来说，指的是在其力量和智慧所能办到的事物中，可以不受阻碍地做他所愿意做的事情的人。……一般来说，人们在国家之内由于畏惧法律而做的一切行为都是行为者有自由不做的行为。

——［英］霍布斯：《利维坦》，黎思复、黎廷弼译，杨昌裕校，商务印书馆1985年版，第163页。

洛克认为，自然状态首先是一种完备无缺、完全平等的自由状态，自然法的本质是理性。自然法的具体内容包括人们都有保护自己的生命、健康、自由和财产不受侵犯的权利，这些就是天赋人权。他认为，在自然状态下，缺少一种明文规定的、众所周知的法律，缺少一个有权依照法律来裁判一切争执的公正的裁判者，也缺乏一种权力来保证判决的执行，于是人们订立社会契约以摆脱自然状态，进入政治社会，成立国家。洛克提出了近代法治理论和分权思想，他认为法治的要件包括国家必须以正式的法律来统治，而不是以临时的命令和未定的决议来进行统治；应当执行已经公布的法律；法律面前人人平等；法治不排除个别场合的执法的灵活性。洛克把国家权力分为立法权、行政权和对外权，立法权高于其他两种权力，处于支配地位；立法权对人民生命和财产必须加以保护，立法权要受到限制和约束；行政权和对外权由国王行使。

延展阅读

人们既然生来就享有完全自由的权利，并和世界上其他任何人或许多人相等，不受控制地享受自然法的一切权利和利益，他就自然享有一种权力，不但可以保有他的所有物——即他的生命、自由和财产——不受其他人的损害和侵犯，而且可以就他认为其他人罪有应得的违法行为加以裁判和处罚，甚至在他认为罪行严重而有此需要时，处以死刑。但是，政治社会本身如果不具有保护所有物的权力，从而可以处罚这个社会中一切人的犯罪行为，就不成其为政治社会，也不能继续存在；真正的和唯一的政治社会是，在这个社会中，每个成员都放弃了这一自然权力，把所有不排斥他可以向社会所建立的法律请求保护的事项都交由社会处理。于是每一个别成员的一切私人判决都被排除，社会成了仲裁人，用明确不变的法规来公正地和同等地对待一切当事人；通过那些由社会授权来执行这些法规的人来判断该社会成员之间可能发生的关于任何权利问题的一切政治，并以法律规定的刑罚来处罚任何成员对社会的犯罪。

——［英］洛克：《政府论（下）》，叶启芳、瞿菊农译，商务印书馆 1964 年版，第 53 页。

孟德斯鸠运用社会的视角观察法律现象，对于法律所涉及的诸多问题进行了研究，提出了许多重要的政治和法学思想。孟德斯鸠主张从法律与其他事物的普遍联系中探寻法律的精神实质，认为法律与国家政体、自由、气候、土壤、民族精神、风俗习惯、贸易、货币、人口、宗教都有关系，法律与法律、它的渊源、立法者的目的以及作为法律创制基础的各种事物的秩序也有关系。这些关系的综合就是法的精神。从法律与自然地理环境的关系来探寻法的精神，使孟德斯鸠在法学思想上独树一帜，这一探索颠覆了中世纪一切法都来源于上帝理性的神学思想。第一，他认为地理位置和地理格局对社会政治法律制度有重要作用，拥有广阔平原的亚洲不能不实行专制。第二，土壤条件对社会政治法律制度有重要影响。肥沃土壤条件下的国家容易和适宜建立专制制度，而贫瘠土壤条件下的国家容易和适宜建立民主共和制度。第三，气候条件对社会政治法律制度有重要影响。热带容易和适宜建立暴君制度，寒冷气候下则适宜建立民主共和制。孟德斯鸠主张建立君主立宪政体，提出了完整的三权分立的权力制衡学说。他将洛克的分权理论发展成为资产阶级的分权学说，即立法、行政、司法三权分立。他认为，不分权就谈不上公民自由，只有以权力制约权力才能避免权力的腐败；诉讼应当由国家检察官提起，实行公开审判，当事人可以提出回避，法官和被告地位平等，允许被告辩护，严禁拷问；审判由几个法官共同审议，少数服从多数，应当允许上诉。

延展阅读

每一个国家有三种权力：（一）立法权力；（二）有关国际法事项的行政权力；（三）有关民政法规事项的行政权力。

依据第一种权力，国王或执政官制定临时的或永久的法律，并修正或废止已制定的法律。依据第二种权力，他们媾和或宣战，派遣或接受使节，维护公共安全，防御侵略。依据第三种权力，他们惩罚犯罪或裁决私人讼争。我们将称后者为司法权力，而第二种权力则简称为国家的行政权力。

一个公民的政治自由是一种心境的平安状态。这种心境的平安是从人人都认为他本身是安全的这个看法产生的。要享有这种自由，就必须建立一种政府，在它的统治下一个公民不惧怕另一个公民。

当立法权和行政权集中在一个人或同一个机关之手，自由便不复存在了；因为人们将要害怕这个国王或议会制定暴虐的法律，并暴虐地执行这些法律。

如果司法权不同立法权和行政权分立，自由也就不存在了。如果司法权同立法权合而为一，则将对公民的生命和自由施行专断的权力，因为法官就是立法者。如果司法权同行政权合而为一，法官便将握有压迫者的力量。

如果同一个人或是由重要人物、贵族或平民组成的同一个机关行使这三种权力，即制定法律权、执行公共决议权和裁判私人犯罪或争讼权，则一切便都完了。

——［法］孟德斯鸠：《论法的精神》（上册），张雁深译，商务印书馆 1961 年版，第 155—156 页。

卢梭是西方古典自然法学的集大成者。在卢梭看来，社会契约首先是人民自由协议的产物，是政治共同体与他的各个成员之间的约定，国家和实在法是由社会契约产生的，个人与国家的关系就是社会契约的关系。人们在订立社会契约时，让渡出自己所有的权利，人们就此得到了更大的力量来保全自己的所有，根据契约产生的国家是为实现公意而存在的。卢梭认为，主权者的产生是通过公民让渡出所有权利，以社会契约而产生的公共人格，这种公共人格既包括早期的城邦，也包括现代的共和国，这种公共人格是国家与主权者的一体化。正因为国家是通过每个公民所参与的社会契约所形成的，因而每一个公民实际上也就是主权者的组成单元。如果国家的执政者违背契约，人民当然就有权取消契约，用暴力将自由与财产再夺回来。卢梭的这一人民主权思想对西方近代以后的政治思想和政治实践产生了重要的影响，甚至成为法国大革命的思想依据。

在公民与共同体（国家）的关系上，卢梭指出，既然主权者是由组成主权者的每个公民构成的，那么主权者当然不可能侵犯组成者的利益，公民也必须遵守已经制定的社会契约，因为这个契约反映的是共同体的公共意志。任何人如果不服从共同体的公共意志，那么全体公民就有权迫使他服从公意，这就是他所说的“人们要迫使他自由”。他认为，这是使每个公民免于一切人身依附的条件，也是国家政治机器灵活运转的条件，更是社会契约合法性的条件。

卢梭认为，一个以法律为治的国家，无论采取何种政体形式，都可说是共和国。他将法律分为四大类：第一类是作为根本法的政治法，是由全体人民决定的规划秩序的制度；第二类是公民与公民之间关系的法律，即民法；第三类是个人和法律之间关系的法律，即规定不服从与惩罚之间关系的法律，也就是刑法。而第四类则是社会的风尚、习俗和舆论，他认为这是其他三类法律的基础，决定着其他三类法律能否顺利实现效力。

延展阅读

主权的行为又是什么呢？……它是合法的约定，因为它是以社会契约为基础的；它是公平的约定，因为它对一切人都是共同的；它是有益的约定，因为它除了公共的幸福以外就不能再有任何别的目的；它是稳固的约定，因为它有着公共的力量和最高权力作为保障。只要臣民遵守的是这样的约定，他们就不是在服从任何别人，而只是在服从他们自己的意志。……主权权力虽然是完全绝对的、完全神圣的、完全不可侵犯的，却不会超出、也不能超出公共约定的界限；并且人人都可以任意处置这种约定留给自己的财富和自由。因而主权者便永远不能有权对某一臣民要求得比另一个臣民更多；因为那样的话，事情就变成了个别的，他的权力也就不再有效了。

——［法］卢梭：《社会契约论》，何兆武译，商务印书馆 1980 年修订第 2 版，第 44 页。

这种法律既不是铭刻在大理石上，也不是铭刻在铜表上，而是铭刻在公民们的内心里；它形成了国家的真正宪法；它每天都在获得新的力量；当其他的法律衰老或消亡的时候，它可以复活那些法律或代替那些法律，它可以保持一个民族的创制精神，而且可以不知不觉地以习惯的力量代替权威的力量。我说的就是风尚、习俗，而尤其是舆论；这个方面是我们的政论家所不认识的，但是其他一切方面的成功全都有系于此。这就正是伟大的立法家秘密地在专心致力着的方面了；尽管他好像把自己局限于制定个别的规章，其实这些规章都只不过是穹隆顶上的拱梁，而唯有慢慢诞生的风尚才最后构成那个穹隆顶上的不可动摇的拱心石。

——［法］卢梭：《社会契约论》，何兆武译，商务印书馆1980年修订第2版，第73—74页。

随着资产阶级革命的胜利，资本主义法律制度在欧洲的不断确立，这一时期西方国家的部门法学也有长足的发展，主要表现为以立法为中心的欧洲大陆国家的法学和以司法为中心的英美法学的发展。随着《拿破仑法典》的制定，法国的私法学进入新的历史发展阶段。同时，宪法学、行政法学和刑法学等公法学部门也逐步建立起来，这一时期的公法学都是在法国大革命所提出的法律面前人人平等、人民主权和三权分立等资产阶级宪政原理的基础上建立起来的。① 德国的私法学的发展则是对《学说汇纂》进行详尽而全面的研究和阐释，在此基础上形成了《德国民法典》的基本风格。随着《德国民法典》的颁布，德国的民法学体系也逐步形成。在刑法学方面，近代以来德国具有悠久的刑法学传统和师徒之间的学术传承，涌现出了包括费尔巴哈、麦克尔、李斯特等一大批对后世产生重要影响的刑法学家，形成了极具特色的德国刑法学传统。

英国是英美法传统的源头。英国法学以司法为中心，从司法过程的认知和研究出发发展出了私法学和公法学的基本架构。在英国的法学中，普通法的令状制度和衡平法的信托制度是法学研究的根基，判例制度则是诉讼制度研究的核心和基础。从公法角度而言，13世纪的《大宪章》被认为是人类宪法的起源，而英国人独创的议会制度则是英国宪法发展的基础。英国的宪法理论大多围绕国王和议会、权利和权力的关系展开。美国法学总体上也是以司法为中心发展起来的。在实体法方面沿袭英国的传统，但在宪法学方面则走出了独特的道路。美国宪法是世界上第一部成文宪法，并且通过司法权与行政权的制衡与斗争，形成了独具特色的宪法审查制度。在私法学领域，近代美国也产生了侵权法、公司法、财产法、契约法等私法领域具有自身特点的民商事法律制度。

经典著作

他们不承认任何外界的权威，不管这种权威是什么样的。宗教、自然观、社会、国家制度，一切都受到了最无情的批判；一切都必须在理性的法庭面前为自己的存在做辩护或者放弃存在的权利。思维着的知性成了衡量一切的唯一尺度。……从今以后，迷信、非正义、特权和压迫，必将为永恒的正义、基于自然的平等和不可剥

① 参见何勤华：《西方法学史》，中国政法大学出版社1996年版，第150页。

夺的人权所取代。

这个理性的王国不过是资产阶级的理想化的王国；永恒的正义在资产阶级的司法中得到实现；平等归结为法律面前的资产阶级的平等；被宣布为最主要的人权之一的资产阶级所有权；而理性的国家、卢梭的社会契约在实践中表现为，而且也只能表现为资产阶级的民主共和国。

——恩格斯：《社会主义从空想到科学的发展》，载《马克思恩格斯选集》第3卷，人民出版社2012年版，第775—776页。

四、现代西方法学

20世纪以后，西方法学发展进入一个新的阶段，第二次世界大战以后发展尤为迅猛。传统自然法学在二战以后形成新自然法学派，分析法学二战以后转变为新分析实证主义法学派；社会学理论与现实主义思潮相结合衍生出现代社会学法学派。同时，伴随风起云涌的社会思潮，新的法学流派也应运而生，形成了以新自然法学派、新分析实证主义法学派和社会学法学派为三大主流学派，若干其他法学流派既竞相发展，又相互融合的趋势。

1. 新自然法学

20世纪初，法国法学家惹尼、意大利法学家维基奥以及德国法学家施塔姆勒首先发起了自然法的复兴运动。第二次世界大战结束以后，西方法学家对希特勒暴政下发生在欧洲的法西斯暴行，以及支持这种暴行肆虐的纳粹德国法律制度和法律思想进行了深刻的反思和清算，形成以德国法学家拉德布鲁赫为代表的复兴自然法学派（也称为新自然法学派）。新自然法学派又形成了以法国法学家马里旦与美国法学家菲尼斯为代表的宗教自然法学派，以及以美国法学家富勒为代表的世俗自然法学派两大分支。新自然法学派对源自英国法学家奥斯丁的分析法学派的理论进行了深刻的分析和批判，同时也对奥地利法学家凯尔森创立的纯粹法学理论进行了批判。

与传统自然法学相比，新自然法学的理论目标是维护资产阶级的统治，同时要求对不利于资本主义国家统治的某些制度进行改良。新自然法学派抛弃了传统自然法思想中自然法永恒的观念，提出了可变的自然法的观点。新自然法被认为是认识论和方法论意义上的自然法，有别于一种本体论意义上的传统自然法学。同时，新自然法也与社会法学派和实证主义法学派有接近的倾向，显示了现代西方法学不同法学流派的融合趋势。①

① 参见张文显：《二十世纪西方法哲学思潮研究》，法律出版社1996年版，第50—54页。

2. 分析实证主义法学

分析法学的传统可以追溯到英国法学家边沁和奥斯丁，是在19世纪的社会背景下产生的法学理论。奥斯丁被认为是分析实证主义法学理论的主要创始人，其《法理学的范围》一书被认为是分析实证主义法学的标志。在该书中，奥斯丁提出了著名的“法律的存在一回事，法律的好坏是另一回事”的命题，即“分离命题”，这一命题也常常被称为“恶法亦法论”。分析实证主义法学的另一位代表人物是奥地利法学家凯尔森，其创立了纯粹法学理论。凯尔森坚持认为法理学应当研究的是实在法，应当以纯粹的分析方法对实在法进行研究，而不是对其进行道德上的评价，应当摒弃一切以道德原则评价实在法的企图。

20世纪50年代末到60年代初，英国法学家哈特开始重构分析实证主义法学的理论体系，以他在1961年出版的《法律的概念》为起点，标志着二战以后新分析实证主义法学的诞生。该书出版以后，受到新自然法学派、美国现实主义法学等其他学派学者的广泛批评与讨论，围绕该书的理论争议至今依然未能平息。哈特的追随者们坚持维护哈特的理论，并从哈特的理论中发展出众多新的命题以回应其他学派的批判。新分析实证主义的其他代表人物包括英国法学家约瑟夫·拉兹、麦考密克、萨默斯、迪亚斯和约翰·加德纳，以及美国法学家科尔曼、比克斯、马默、夏皮罗等人。

新分析实证主义法学的理论核心仍然是“分离命题”，但哈特为了回应新自然法学家们的批判，提出了“最低限度的自然法”的命题。这一命题的提出被认为是向自然法学作了有限的妥协。哈特在方法上受英国哲学家维特根斯坦的语言哲学方法的启发，运用语义分析的方法对法律概念进行了语言哲学的分析，这是新分析实证主义法学在方法论上的重要突破。该学派的法学家们运用该分析方法对权威理论、自由理论、规则理论等重要理论进行了深入持久的研究，极大地丰富了新分析实证主义法学理论，推动了英美法哲学的发展。

3. 社会学法学

社会学法学派是法学与社会学相互交叉融合的产物，是将社会学的概念、理论和方法与法律现象相结合，注重法律的社会目的、社会作用和功能，强调社会不同利益的整合，在维护资产阶级统治秩序的基础上，提出对资本主义制度进行改良方案的法学流派。社会学法学的理论可以追溯到19世纪的法国社会学家孔德那里，他是第一个提出社会学这一学科名称的人。孔德认为，社会学的任务就是发现和制定出既能维持社会与个人和谐，又能促进社会进步的原则。其思想方法影响了英国的斯宾塞、法国的狄骥和塔尔德以及美国的沃尔德等一批社会学家，这些社会学家对法的现象的研究奠定了20世纪社会学法学形成的根基。①

---

① 参见张文显：《二十世纪西方法哲学思潮研究》，法律出版社1996年版，第107页。

社会学法学派的主要代表人物是美国法学家罗斯科·庞德，他也是社会学法学在美国的创始人。庞德的社会学法学主要从社会出发，强调社会价值与社会利益，强调社会整体利益，强调个人对社会的义务，因此可以说是坚持社会本位的学术流派。他把法比喻为一种社会控制工程，法的目的就是尽可能合理构建社会结构，有效控制社会矛盾和冲突，以最小的代价最大限度满足个人利益、公共利益和社会利益。法不仅应当将利益确认为权利，并将相对的义务通过法律予以确定，还要建立有效的惩罚、赔偿和制止规则，以保证权利得到保障，利益得以实现。

庞德以后，社会学法学进一步发展，形成了利益法学派、自由法学派、社会工程法学派等学派。

4. 其他法学流派

20 世纪 70 年代以后，欧美法律思想产生了多元化的发展趋势，经济分析法学、女性主义法学、种族主义法学以及批判法学等法学流派此起彼伏，不仅极大丰富了西方法哲学的学术发展，也对部门法理论产生了一定的影响。如以芝加哥大学法学院波斯纳教授为代表的经济分析法学芝加哥学派，对美国刑法、侵权法、合同法、环境保护法、知识产权法等部门法理论以及司法理论产生了比较大的影响。女性主义法学则在男女平等的法律制度改革方面产生了重要的作用，推动了妇女权益的保障。种族主义法学对美国种族平等制度和实践，少数族裔平等权益的保障作了重要的贡献。

5. 现代西方法学的发展趋势

第一，法学流派的多元化。从法学理论来看，出现了以新自然法学派、社会法学派和新分析实证主义法学派为主要学派，其他法学思想流派林立，争论激烈的现象。20 世纪 70 年代左右，在三大法学流派以外，又出现了女权主义法学、种族主义法学、批判法学、存在主义法学、行为主义法学等多种法学流派，各流派对于法的本体与本质、法的价值、法的运行等基础性问题均进行了创造性的思考，从而在理论层面形成了广泛而深入的争论。如“哈特—德沃金之争”围绕新分析实证主义法学的诸命题及其相关议题展开了持久的争论，至今仍然没有完全平息。而“哈特—德夫林之争”“哈特—富勒之争”都对法学理论基础性问题，尤其是法律与道德的关系命题的讨论和发展产生过重要的作用。

第二，多种学科的综合与交叉。从法学学科的角度来看，20 世纪后半叶是法学学科大发展的时期，也是法学学科经历高度交叉、高度综合和双重变革的时代。首先出现了法学与其他学科的交叉，如法学和社会学、法学和经济学、法学和人类学、法学和政治学、法学和心理学等，形成了新的交叉学科，丰富了法学学科的内部结构和体系，同时也拓展了法学研究的领域。其次出现了学科的高度综合，形成了一些具有高度综合性的法学学科，如犯罪人类学，就综合了法学、犯罪学、生物学、生理学、解剖学、侦查学、刑法学等多门学科。

第三，观点与方法的相互借鉴。从法学思想的角度而言，不同法学流派的法学思想固然形成了清晰的分化，尤其是在理论立场和方法论上形成了明显的差异。但也应当注意到，不同流派在争论的过程中也会不断吸收对方的观点或者方法，完善自身的理论，弥补自身理论的局限性。如新分析实证主义的创立者哈特在晚年就吸收了新自然法学派的观点，修正了自己早年的排他性分析实证主义观点，从而形成了包容性分析实证主义的理论。而新自然法学代表人物之一的美国法学家菲尼斯在《自然法与自然权利》一书中就采用了新分析实证主义法学派的论证方法。

第四，多学科研究方法的运用。二战以后，在法学的发展过程中，不同学科的方法的运用在法学研究中表现得较为明显，尤其是以运用计算机技术为基础的量化分析方法的研究对于推动法学研究的科学性和精确性产生了重要的作用，已经为法学界高度重视。同时，法学研究中对其他学科研究方法的运用也是拓展法学研究的重要途径，例如人类学方法、心理学方法、统计学方法、经济学方法、系统论方法等，都对当代法学研究产生了重要影响，并且已经形成了十分重要的成果。

第五，法学交流的国际化。二战以后随着各国经济文化交往在深度和广度上的不断提升，法学研究的交流也呈现出迅速增长的趋势。从学科而言，表现为比较法学科的蓬勃发展，通过对其他国家和地区法律制度的了解，与本国法律制度进行比较，通过比较发现其他国家和地区法律制度的积极价值，从而推动本国法律的发展和完善。同时，法学交流国际化的趋势又进一步促进比较法的发展，在一些实体法或者程序法领域，区域间的统一制度已经开始形成。法学学术的交流也会进一步推动法学理论研究和法律实务的交往和进步，从这个角度而言，法学研究的地区性或者区域化则是法学研究国际化交往的基础性条件，而对外开放的程度则构成法学研究国际化交往的外在要件。①

第二节 中国传统法学的历史

中国的立法活动出现较早。据《汉书》记载："夏有乱政而作禹刑，商有乱政而作汤刑，周有乱政而作九刑。"②"禹承尧舜之后，自以德衰而制肉刑。汤武顺而行之者，以俗薄于唐虞故也。"③ 据史籍记载，中国在夏、商、周三代，虽然已有了较为系统的学校教育，但专门以法律为内容的教育活动是从春秋时期郑国的邓析开始

① 参见何勤华：《西方法学史》，中国政法大学出版社 1996 年版，第 450—456 页。

② 《汉书·刑法志》。

③ 《汉书·刑法志》。

的。根据《吕氏春秋》记载，邓析“与民之有狱者约，大狱一衣，小狱襦袴。民之献衣襦袴而学讼者，不可胜数”①。邓析之后，孔子的学生子夏，子夏的学生李悝，以及另一位儒学大师荀子，也都兴办过私家法律教育，传授弟子。这一时期私家法学教育的内容主要是对法律进行解释和讲解，实际上就是早期的律学。中国古代的律学诞生于秦汉时期，发达于魏晋时代，昌盛于隋唐时代，没落于明清两朝。在漫长的发展过程中，中国古代律学受传统儒家学说的深刻影响，受官方制约又主要服务于官方统治，其与中国古代法制及其运行以及古代的法律思想具有紧密的联系。有学者认为，中国古代律学不仅是中国古代文化发展的尺度，也是传统法律发展的尺度，律学是中国古代法学的集中代表。② 从一定意义上来说，中国古代的律学就是中国古代的法学，二者高度重合，密不可分。

一、中国传统律（法）学的产生与发展

（一）律学的诞生

中国古代律学是中国古代学术的一个重要领域，它是立法发达到一定程度，语言学、文字学、逻辑学等有了相应发展以后的产物。张友渔、潘念之先生在《中国大百科全书·法学》序言中，对“律学”一词作了界定：通常所说的中国古代律学，“即依据儒家学说对以律为主的成文法进行讲习、注解的法学。它不仅从文字上逻辑上对律文进行解释，也阐述某些法理”③。

律学在内容上主要是对法律的注释。早在春秋战国时期，随着立法的进步以及中国古代语言学的发达，就已经出现了对立法事件、法律规定、名词概念的诠释活动。但是，对国家的整部法典或法规作出系统完整的注释，并使这种注释成为一门学问的，则是秦汉以后的事情。

学术界一般认为，中国古代律学诞生于秦汉时期，但在秦汉时期的文献中，事实上并无关于律学研究状况的记载，也无“律学”之用语。对律学研究活动明确作出记述以及“律学”一词的使用是魏晋以后的事情，但那时“律学”一词主要指律博士这一学（官）职。到唐宋时期，律学的概念进一步明晰，“律学”一词不仅仅指律博士等学职，而且专指一门研究的学问。

（二）律学的发达

秦汉时期产生的律学，至魏晋南北朝时期获得了进一步的发展。

---

① 《吕氏春秋·离谓》。

② 参见张晋藩：《中国法律的传统与近代转型》，法律出版社 1997 年版，第 152—153 页。

③ 《中国大百科全书》总编辑委员会编：《中国大百科全书·法学》，中国大百科全书出版社 2006 年版，序言。

1. 儒家精神贯穿于律学之中

西汉时期，以董仲舒为代表的儒家学者赢得汉武帝的信任，奠定了儒学在汉武帝时期的尊崇地位，使儒家学说成为思想正统，对几乎所有学术思想和制度建设均产生了重要影响。魏晋南北朝时期，儒家学说对立法、司法、法律解释以及法律体系和法学体系的影响比汉代更加广泛和深入，出现了儒家思想制度化的现象。

2. 律（学）博士的设置和独立的法律教育机构的形成

魏晋南北朝时期的律（学）博士，是在司法机构大理寺或廷尉下的属官，他们既研究、教授法律，也参与立法执法活动，法律教育附属于司法行政之下。在设置律（学）博士的同时，律学也开始成为专门的法律教育机构。

3. 律学地位的提高促成律学名家辈出

曹魏政权统治中期，产生了不少律学名家，“叔孙宣、郭令卿、马融、郑玄诸儒章句十有余家，家数十万言”①。其中，郑玄的法律注释最受皇帝青睐。魏明帝曾下诏：各级司法官吏在审判活动中“但用郑氏章句，不得杂用余家”②。这一规定，不仅从法律上明确儒家思想对司法实践的指导作用，而且也使原来私人对法律注释上升为具有法律效力的官方文本。这一昭令虽然排除了其他法学家对法律的解释权，但却使法学家以及法学（律学）的社会地位大大提高。该时期的律学名家也层出不穷，成为社会上一个重要的职业阶层。前述叔孙宣、郭令卿、马融③、郑玄④等人，还有杜预⑤、张裴⑥等人均为当时的律学名家，对曹魏时期的制度改革和法律注释作了重要的贡献。

4. 律学研究体系基本成型

第一，法典体系的科学化、合理化。魏晋南北朝时期，对法律（法典）体系，已有了相当的理论研究，其表现就是晋律（《泰始新律》）的定型。

---

① 《晋书·刑法》。

② 《晋书·刑法》。

③ 马融(79年—166年)，字季长，扶风郡茂陵县(今陕西省兴平市)人。东汉时期著名经学家，东汉名将马援的从孙。马融学识渊博，尤长于古文经学。他综合各家学说，遍注群经，使古文经学开始达到成熟的境地。他设帐授徒，不拘儒者礼节，门人常有千人之多，卢植、郑玄等都是其门徒。

④ 郑玄(公元127年—公元200年)，字康成。北海郡高密县(今山东省高密市)人。东汉末年儒家学者、经学家。郑玄治学以古文经学为主，兼采今文经学。他遍注儒家经典，以毕生精力整理古代文化遗产，著有《天文七政论》《中侯》等书，共百万余言，世称“郑学”，为汉代经学的集大成者。

⑤ 杜预(222年—285年初)，字元凯，京兆郡杜陵县(今陕西西安)人，魏晋时期军事家、经学家、律学家，曹魏散骑常侍杜恕之子。杜预耽思经籍，博学多通，多有建树，时誉为“杜武库”。他与张斐对《晋律》的注解，在当时有“张杜律”之称。

⑥ 张斐是魏晋时期一位有名的律学专家，在律学研究上有着极深的造诣，因注解《晋律》而闻名于世。生卒年代不详。

第二，各项刑法原则的提出。魏晋南北朝时期的律学研究，在对当时刑法中的一些基本原则进行阐述方面，也取得了重大成就。这些基本原则主要包括：罪刑法定原则；灵活用刑原则；家族伦理原则；判例法原则；“本其心、审其情、精其事”的审判原则等。

第三，对法典的系统、完整的注释。魏晋南北朝时期出现了对法典的系统完整的注释，使律学达到了相当发达的地步。

第四，审判心理学的萌芽。司法（审判）心理学虽然是现代社会形成的新兴学科，但也可以从中国古代寻找到最初的渊源。在西周时期的“五听”① 中，已经包含了对司法心理学的探索。

第五，律学研究方法论的进步。魏晋时期，由于玄学宇宙观和“辨名析理”方法论的影响，在律学研究中也出现了许多方法论的进步。如张斐的《律注表》中就使用了逻辑思维的抽象方法。当时的玄学家通过对法律名词的内涵与外延的逻辑界定，对法律名词的普遍属性和特殊个性的抽象分析，使魏晋律学进一步朝着逻辑化、抽象化、系统化的方向发展。

5. 律学从经学中解脱出来，成为一门独立的学问

魏晋南北朝时期，中国古代律学的发达、昌盛，还表现在律学开始从经学中解脱出来，成为一门独立的学问。

延展阅读

昔周之法，建三典以刑邦国，诘四方：一曰，刑新邦用轻典；二曰，刑平邦用中典；三曰，刑乱邦用重典。五刑，墨罪五百，劓罪五百，宫罪五百，刖罪五百，杀罪五百，所谓刑平邦用中典者也。凡杀人者踣诸市，墨者使守门，劓者使守关，宫者使守内，刖者使守囿，完者使守积。其奴，男子入于罪隶，女子入舂槁。凡有爵者，与七十者，与未龀者，皆不为奴。

——《汉书·刑法志》

及孝文即位，躬修玄默，劝趣农桑，减省租赋。而将相皆旧功臣，少文多质，惩恶亡秦之政，论议务在宽厚，耻言人之过失。化行天下，告讦之俗易。吏安其官，民乐其业，畜积岁增，户口寖息。风流笃厚，禁罔疏阔。选张释之为廷尉，罪疑者予民，是以刑罚大省，至于断狱四百，有刑错之风。

——《汉书·刑法志》

① “五听”是指中国古代司法官吏在审理案件时观察当事人心理活动的5种方法，是辞听、色听、气听、耳听、目听的简称。

（三）律学的昌盛

隋唐时期社会经济、政治、文化全面进步，随着立法的发展以及法典教育的全面展开，法学观进一步成熟，隋唐的律学研究也进入了昌盛时期。

1. 官方以及私家编纂的律学著作琳琅满目

隋唐时期，法（律）学的作品也比以往各个时期丰富。中国古代保存至今最为完整的第一部法典《唐律疏议》就是唐代官方编纂的一部法律注释书。

2. 儒家正统法学世界观全面渗入律学研究

中国古代法律的儒家化，经过汉代的启动，魏晋南北朝的逐渐深入，至隋唐时期基本完成，儒家的精神和法律最终融为一体。隋唐律学的基本精神也完全受儒学的指导，综合各家学说之精华，这是隋唐时期律学研究昌盛的表现，也是中国古代法学鼎盛的标志。《唐律疏议》的注文全面吸收了中国隋唐以前历代思想家的精华，并综合其成果而予以发展，是中国古代正统法学世界观和法律文化的集大成。

3. 法典结构所反映出来的立法学成就

中国古代的法典结构，虽然在魏晋南北朝时期有了重大进步，至隋唐时期才得以定型。隋唐时期的法典结构无论是从约法省禁、科条简明角度，还是从内在的逻辑联系方面，都具有高度的科学性和合理性，显示了该时期立法学的巨大成就。《唐律疏议》无论在内容上，还是形式上都具有内在的逻辑性，充分体现了对魏晋南北朝时期立法学研究成果的吸收与创新。《唐律疏议》对各篇的内涵、历史沿革的阐述以及对其排列秩序的说明，使司法人员进一步了解了立法者的立法意图以及法典的基本宗旨，有助于他们更好地执行这部法典。

4. 确立并阐述刑法的主要原则

《唐律疏议》对我国盛唐时期主要的刑法原则进行了确立并详尽阐述。这些刑法原则主要包含：“十恶”加重原则；皇亲、官僚减免原则；宗法伦理原则；德主刑辅原则；老幼废疾减免刑原则；罪刑相当原则；罪刑法定原则；比附、类推原则；本律优于《名例》原则；等等。

5. 完善律文的解释方法

《唐律疏议》编纂的目的，就在于使过于简约的唐律律文得到补充和诠释，使其在实施过程中遇到的疑难分歧问题，以及“律学未有定疏，每年所举明法，遂无凭准”的问题得以解决。大体而言，在《唐律疏议》中，唐律的律文只占全部篇幅的百分之二十，而疏议则占了百分之八十。正是这百分之八十的疏义，是中国古代法学之精华的体现。以现代法学理论的视角来看，仅就对律文的解释而言，《唐律疏议》中就已经出现了限制解释、扩张解释、类推解释、举例解释、律义解释、辨析解释、逐句解释、答疑解释和创新解释等多种解释方法。

延展阅读

古之圣人，为人父母，莫不制礼以崇敬，立刑以明威，防闲于未然，惧争心之将作也。故有轻重三典之异，官墨五刑之差，度时而施宜。因事以议制。大则陈之原野，小则肆诸市朝，以御奸宄，用惩祸乱，兴邦致理，罔有弗由于此者也。暨淳朴既消，浇伪斯起，刑增为九，章积三千，虽有凝脂次骨之峻，而锥刀之末，尽争之矣。

——《旧唐书·刑法》

古之为国者，议事以制，不为刑辟，惧民之知争端也。后世作为刑书，唯恐不备，俾民之知所避也。其为法虽殊，而用心则一，盖皆欲民之无犯也。然未知夫导之以德、齐之以礼，而可使民迁善远罪而不自知也。

——《唐书·刑法》

（四）律学的没落

明清两朝从公元 1368 年开始，前后共经历了五百余年。明清两朝的律学总体上是官方注律衰落，私家注律兴盛。由于私家注律始终与官方相互联系，为官方统治服务，受官方统治者制约，因而也随着官方统治的没落而走向没落。

在法学观方面，由汉朝至唐朝逐步成熟的封建正统的法学观，虽历经宋元时期理学的冲击，在明清时期没有什么大的变化。无论是明王朝朱元璋及其后的明朝帝王，还是清王朝前期康熙、乾隆的法学观，基本上都沿袭封建正统法学世界观，并无太大的进步。虽然在明清相交之际，出现了黄宗羲、王夫之和顾炎武等要求法律改革、法律为公的法学观，但他们都不是掌权者，对清王朝的官方法学观影响不大。

在法律注释学方面，明清时期在法律注释学框架体系、原则制度、概念术语等诸方面，都未能跳出唐宋时期的模式，未能超越唐宋法律注释学的水平。在律学方法上，尽管诞生了中国历史上第一部比较法著作——薛允升的《唐明律合编》，但在研究的总体水平和运用的方法上，基本上只是唐宋律学的延续而已，并无实质性的突破和发展。法律教育是法学发展的必要前提和重要组成部分，中国传统的律博士制度自元代被取消之后，明清时期再也没有得到恢复。

在律学成果方面，从明朝中期开始，官方对私家注律的态度发生转变，私家注律不仅有所发展，而且其中部分私家注律还获得了官方的认可，出现了一批有影响的律学著作，如王肯堂的《律例笺释》、彭应弼的《刑书据会》、唐枢的《法缀》等，这些著作为清朝私家注律的昌盛奠定了重要基础。① 清代立法上重视制定法与例的

① 参见张晋藩：《中国法律的传统与近代转型》，法律出版社 1997 年版，第 158 页。

结合，形成大量的成例，这种立法体制为律学带来新的要求，促进了律学的发展，使清朝私家注律进一步发展，王明德的《读律佩觿》、沈之奇的《大清律辑注》均为清朝私家注律的最高代表，可以说是中国传统律学的集大成之作。

在律学的方法方面，明清时期的法学既受传统儒家的影响，又受宋明理学、心学的影响。此外，魏晋玄学的世界观和方法论对明清法学世界观也有一定影响，使明清律学的研究讲究法律体系的逻辑性，讲究法学原则的抽象性，讲究律文解释和概念诠释的缜密性，这些都是明清时期律学著作的重要特色之一。

延展阅读

有清起自辽左，不三四十年混一区宇。圣祖冲年践阼，与天下修养，六十余馀，宽恤之诏，岁不绝书。高宗运际昌明，一代法制，多所裁定。仁宗以降，事多因循，未遑改作。综其终始，列朝刑政，虽不尽清明，然如明代之厂卫、廷杖，专意戮辱士大夫，无有也。治狱者虽不尽仁恕，然如汉、唐之张汤、赵禹、周兴、来俊臣辈，深文惨刻，无有也。德宗末叶，庚子拳匪之变，创巨痛深，朝野上下，争言变法，于是新律萌芽。迨宣统逊位，而中国数千年相传之刑典俱废。是故论有清一代之刑法，亦古今绝续之交也。

——《清史稿·刑法一》

二、中国传统法学的总体特征

（一）引礼入法，礼法结合

礼起源于氏族社会末期的宗教仪式，由于它适应于充分运用宗法伦理治理社会的古代国情，并具有“因俗制宜”的功能和精神威慑力量，因而进入阶级社会以后，便被统治者改造成体现等级秩序的行为规范和有效的统治手段。有关礼的观念与学说是中国传统文化的核心，它影响社会生活的各个领域，调整人与人、人与天地宇宙的关系。礼与法的相互渗透与结合，又构成了中华法系最本质的特征和中华法文化的独有特色。

礼的主要功能在于“别贵贱、序尊卑”，确定“尊尊、亲亲、长长、男女有别”的宗法等级秩序，因而得到国家的认可和保障。如果说汉儒通过说经解律、注律和引经断狱等途径，引礼入法，是礼法结合的发端，那么发展至唐朝，礼与法已发展成密不可分的“本”“用”关系，即“德礼为政教之本，刑罚为政教之用，犹昏晓阳秋相须而成者也”①。礼的纲常原则指导着法律的制定，礼的规范也不断法律化、条

① 《唐律疏议·名例篇》。

文化，成为人们普遍遵行的行为指南和评判是非的准绳。

传统中国的礼的等差性与法的特权性是一致的，礼法互补，以礼为主导，以法为准绳；以礼为内涵，以法为外貌；以礼移民心于隐微，以法彰善恶于明显；以礼夸张恤民的仁政，以法渲染治世的公平；以礼行法减少推行法律的阻力，以法明礼使礼具有凛人的权威；以礼入法，使法律道德化，法由止恶而兼劝善；以法附礼使道德法律化，出礼而入于刑。凡此种种，都说明了礼法互补可以推动国家机器有效地运转，体现着中华法系最鲜明的特征。

（二）以法治国，法为权衡

先秦时期作为显学的法家学派，面对社会的大变动，为了给新兴地主阶级提供治国之术，提出了法治思想。韩非子说："治民无常，唯治为法。"商鞅说："明王之治天下也，缘法而治……言不中（合）法者，不听也；行不中法者，不高也；事不中法者，不为也"；"领其国者，不可以须臾忘于法。"成书于战国时期的《管子》更明确提出了以法治国的概念："威不两错，政不二门，以法治国，则举措而已。"

任何一种法律学说都有其借以存在的哲学前提，中国古代法治思想的哲学基础，就是"趋利避害"的人性论和"不法古，不循今"的进化史观。法家认为"人生而有好恶，故民可治也。人君不可以不审好恶。好恶者，赏罚之本也"①。在"人民少而财有余"的上古时代，民不争，故以礼俗治天下。但在"人民众而货财寡，事力劳而供养薄"② 的氏族社会末期，民争不止，唯有制定法律，才能"定分止争"，所谓"法与时转则治"。③

在法治论者看来，法是一种以刑罚为后盾的，衡量人们行为的普遍准则，具有公开性、公平性和客观性。如同《管子》所说："尺寸也，绳墨也，规矩也，衡石也，斗斛也，角量也，谓之法"④；"法律政令者，吏民规矩绳墨也"⑤。为此在制定法律时务求立公弃私，在执法司法时要求必信、必平。中国古代以公平性作为评价法律的观念，是非常有价值的，它反映了法律作为社会调节器的初步认识。然而法理上的公平要求与事实上的权利平等是矛盾的，这种矛盾是由传统中国的统治阶级的局限性决定的。在等级制度森严的古代社会，法是以维护不平等的社会关系作为本质特征的。

可见，运用法律治理国家的思想在中国由来已久，其实践经验也很有借鉴意义。

---

① 《商君书・错法》。

② 《韩非子・五蠹》。

③ 《韩非子・心度》。

④ 《管子・七法》。

⑤ 《管子・七臣七主》。

以法治国的思想虽然来自法家一派，但它在发展中与主张“礼治”“德治”的儒家既互相对立，又互相吸收。在这个过程中既否定了礼治的血缘等级性，也否定了法治在实际操作中追求“以刑去刑”的单纯工具性价值，并在传统法制精神中渗入了一种追求人性完美的新的因素，使封建政治统治的手段具有某种优良弹性，当这两者在实际运作中达到平衡与和谐的状态时，便迎来了封建时代的盛世。

（三）罪刑法定，援法断罪

公元前5世纪，郑铸刑书，晋铸刑鼎，公布了成文法，表示抛弃擅断的旧制，改行援法断罪的新法，由此引起了叔向与孔丘的尖锐攻击。但历史的发展已经进入呼唤法制文明的时代，阻挡历史潮流的人物在大趋势面前已经无能为力了。公布成文法由郑晋开其端，列国继其后，形成了创建新法制秩序的历史潮流。

1975年，湖北云梦睡虎地秦墓出土的秦简，为公元前4世纪秦国要求司法官援法断罪提供了实证。根据秦简，司法官断狱失轻失重者，处以“失刑罪”；重罪轻判、轻罪重判者，处以“不直罪”；故意减轻情节，放纵罪犯者，处以“纵囚罪”。西汉初年，汉文帝、汉景帝都以尊法行法而为史书所称道，造就了“文景之治”。但从汉武帝起推崇儒家引经断狱，使类推比附流行一时，冲击了援法断罪的法制原则。经过魏晋的整顿，律学和法制建设都取得了长足的进步。公元3世纪，西晋《泰始律》中明确规定：“律法断罪，皆当以法律令正文，若无正文，依附名例断之，其正文名例所不及，皆勿论。”此项规定是铸刑书以来的重大成就，标志着中华法制文明迈上了新的高度。唐朝的《唐律疏议》进一步规定：“诸断罪皆须具引律令格式正文，违者笞三十。”这可以说是中国封建时代援法断罪、罪刑法定最简明的概括。

清朝制定的《大清律例》中，对唐律的上述规定又作了新的补充：“凡（官司）断罪，皆须具引律例。违者（如不具引）笞三十……其特旨断罪，临时处治不为定律者，不得引比为律。若辄引（比）致（断）罪有出入者，以故失论。”

综上所述，中国古代援法断罪、罪刑法定的思想是由来已久的，也是国家制定成文法的重要动力，其出发点是维护法律的统一适用，约束司法官对权力的滥用，由此而提高了法律的权威，严肃了司法官的责任，维持了法律的秩序，因而一直适用到清末修律。它与西方为反对侵害个人权利与自由的罪刑法定的资产阶级法治原则在性质上虽然是不同的，但就依法断罪量刑而言，却有其一致性。这项原则性法律制度的确立，早于西方提出罪刑法定原则约十几个世纪。尽管在封建专制制度下，司法以皇帝擅断为本质特征，从而使援法断罪的规定，不可能完全严格地获得贯彻。但它毕竟是中国古代法制文明最有价值的部分，在世界法制发展上仍然具有高度的历史领先性。

（四）家族本位，伦理法治

中国古代以家族为本位，宗法血缘关系有着很强的约束力，在此基础上形成了人伦尊卑的等级秩序，即所谓伦理、伦常。为了维护伦理关系而制定的法律规范，构成了伦理立法。由于伦常关系影响着立法，渗透于立法，因此在中国古代法典中伦理立法占有很大的比重，是反映中华法制文明特殊性的一个重要方面。

中国古代是沿着由家而国的途径进入阶级社会的，因此宗法血缘关系对于社会的许多方面都有着强烈的影响，尤其是宗法与政治的高度结合，形成了家国一体、亲贵合一的特有体制。家是国的缩微，国是家的放大。国家的组成、政治结构与国家活动，都以血缘与政治的二重原则为依据。进入封建社会以后，家国一体的政治体制虽然解体和转型，但整个封建时代都以家庭为社会的基本构成单元，国家认同族长、家长自主的治家之权，并允许他们代行基层行政组织的某些职能，如催办钱粮、维持治安、处理户婚田土等民事纠纷和轻微刑事案件。由于法律维护家庭本位的社会结构及其赖以维系的经济基础，因此历经两千余年依然保持稳定，成为封建专制制度的重要支柱。

作为封建伦理等级最高体现的君权、父权、夫权，经过汉儒董仲舒提出的关于“天人感应”命题，发展成为一套系统的神秘主义学说，认为人的相互关系和行为均可从对天的观测中获得正当性。正所谓“王道之三纲，可求于天”。汉代以后，宋儒进一步将三纲奉为天理，以证成宗法政治等级制度的永恒性和不可侵犯性。天理通过国家立法而法律化，违法与违天具有一致性。天理愈是法律化，政治与伦理愈一致；君权、父权、夫权愈强化，个人的法律意识与权利观念愈淡薄。

不仅如此，统治者还蓄意借助温情脉脉的伦理面纱来掩饰法律的压迫性质，鼓吹“法情允协”“执法原情”。这里所说的“情”是社会所公认的伦理亲情，在无害于国家利益的条件下，法顺民情，对某些轻微犯罪予以减免，可以收到渲染仁政的效果。正因为如此，以严刑峻罚治国著称的明太祖朱元璋，曾多次出于亲情，为触犯国法的罪犯“屈法宽宥”。可见，在中国传统法律文化体系中，法、情、理是高度统一的。其中国法是中枢，它是天理的具体化身，也是伦理亲情的融合。这三者的统一赋予国法以不可抗违的神圣性，并赢得了社会的广泛支持，既体现了儒家特有的“宗教”观与政治观的巧妙结合，也克服了由于国家义务与亲情义务的某种差异，因而形成了高度的统一性。

（五）权法冲突，法吏互补

中国自秦朝统一中国后，在长达两千多年的封建社会中实行专制主义的政治体制，这是中国古代社会主要的政治特征。即使主张援法而治，一断于法的先秦法家，也同样是君权至上者。先秦法家思想，特别是韩非子关于法、术、势的学说，构成了封建专制主义的理论基础。汉武帝时，廷尉杜周在答复“不循三尺法，专以人主意指为狱”的指责时便说：“三尺（法）安出哉？前主所是著为律，后主所是疏为令。当时为是，何古之法乎。”① 这道出了封建法制的实质及权与法的真实关系。权尊于法，法附庸于权，是由专制主义的政治制度所决定的。同时，经过儒、法各家的论辩阐发，君权由神圣进而神秘化，成为中国法文化的固有传统之一。

君权至上的专制制度的产生与延续，有其历史的必然性，对于经济与文化的发展、中华民族的形成，以及削除割据势力、抗击外来侵略、维护国家的统一，都起到过积极作用。然而不受法律约束的君权，必定是一切暴政的渊薮。在历史上，虽有汉文帝、唐太宗尊法、重法，但这只是个别开明国君的远见卓识，并没有改变权尊于法的专制制度的实质。直到清末进行的戊戌变法、预备立宪，实际仍然是为解决权与法的矛盾而进行的斗争。

专制制度下的君主，为了有效地运用权力，控制国家的活动，需要通过一个权力媒介，这个权力媒介就是官吏。官吏是管理国家的群体，是实现国家职能的工具，中国古代所说的人治，实质上就是君治和君主操纵下的官治。为了发挥官治的作用，就需要治官，韩非子所说“明主治吏不治民”的理论被封建统治者奉为圭臬，从而形成了“人治—官治—治官—吏治—治民”的理论体系。为了以法治官，制定了较为完备的职官管理制度，建立了曾经影响世界的文官制度，形成了规范官吏行为方式与自我约束的机制。为了保证官僚队伍的整肃，维持必要的吏治，还完善了严密的监察网络和监察制度。在中国古代，以行政机关的组织与管理和官吏职、权、责的划分与考课为主要内容的行政制度，其规范的详密、制度的完备、法典化的程度，均为世界所少有。

关于法与吏的关系问题，虽然一般认为中国传统社会是人治社会，但即使是人治论者也并不否认法的治国作用。荀子曾说：“法者，治之端也”②，“人君……重法爱民而霸”③。可见，荀子的人治论实际是重人执法论，因此他在提出“法者，治之端也”之后，接着便说：“君子者，法之原也。故有君子，则法虽省，足以遍矣。无君子，则法虽具，失先后之施，不能应事之变，足以乱矣……故明主急得其人……”④ 在荀子看来，人在发挥法的功能上具有决定性作用，因此，务使良法与廉吏相结合。后世的明君贤臣也从治国理政的实践中认识到了这一点。唐代白居易

---

① 《汉书·杜周传》。
② 《荀子·君道篇》。
③ 《荀子·强国篇》。
④ 《荀子·君道篇》。

说："虽有贞观之法，苟无贞观之吏，欲其刑善，无乃难乎。"① 宋代王安石说："理天下之财者法，守天下之法者吏也。吏不良，则有法而莫守；法不善，则有财而莫理。"② 晚清思想家魏源认为虽有好法但无良吏也会为害于民，因此他说："不难于立法，而难得行法之人。"③ 五四运动以前，李大钊也曾指出法与吏二者的关系："国之存也，存于法……国而一日离于法，则丧厥权威"，但"法律死物也，苟无人以持之，不能自以行"，故"宜取自用其才而能适法之人"④。

综上可见，中国古代关于权与法、法与吏的理论和实践，是特定国情的产物，具有极为深邃的思想内容，不是简单的人治论所能概括的，需要从多侧面、多层次去研究，以正确认识法律在发展中如何不断完善，以及它在社会的进步中所处的地位和价值。对中国传统法文化的反思越深刻、越彻底，越能准确地撷其精华，弃其糟粕，从而为丰富和发展中国特色社会主义法治理论提供深厚的思想理论资源。

（六）以人为本，明德慎刑

民本主义思想是中国古代政治思想中最先进的内容之一。它在中国古代的孕育和发展，不仅体现了中国古代人民巨大的政治智慧，也体现了中华民族特有的民族精神。在一定的意义上来说，民本主义也是我们理解辉煌的中华文明史的理论基点。

民本主义思想所推崇的重人伦、尚德性，在中国传统法律中的体现，就是自西周以来一以贯之的德主刑辅的法制模式。西周统治者从殷"不敬厥德，乃早坠厥命"的结局中吸取了教训，制定了"克明德慎罚，不敢侮鳏寡"的方略。明德就是提倡尚德、敬德、重民；慎罚就是使刑罚得中，不"乱罚无罪，杀无辜"。明德是慎罚的精神主宰，慎罚是明德在法律上的具体化。明德慎罚是西周初年重视人事与人命的民本主义的体现，由此而形成一系列慎刑、恤刑的法律原则，如区别用刑罪疑从赦，以及七十以上有罪不加刑等。在刑与德的治国二柄中，德是首要的价值取向。文景帝时废除肉刑，在客观上也反映了对人的身体与生命的重视，其人道主义精神为史书所称道。

德主刑辅的法制模式，得到了古代统治者的高度认同。在实际运行中，一方面，透过宣传礼教，力图将人们的犯罪意图消灭在萌芽状态，如北周时苏绰所说："教之以孝悌，使民慈爱；教之以仁顺，使民和睦；教之以礼义，使民敬让……三者既备，则王道成矣。"⑤ 另一方面，也注意发挥法律自身的教化功能，即所谓明刑弼教。无

---

① 白居易：《论刑法之弊》，载《全唐文》卷671。

② 王安石：《度支副使厅壁题名记》，载《临川集》卷82。

③ 魏源：《默觚下·治篇四》。

④ 李大钊：《民彝与政治》。

⑤ 苏绰：《六条诏书》。

论是西周时的“嘉石”之制，还是明初颁布的《律令直解》、编订《大诰》四编、设立申明亭等，都是明刑弼教的典型表现。明刑弼教与德主刑辅不仅有着内在的联系，而且是德主刑辅的进一步发展。

民本主义作为一种政治思想，是一种清醒认识到“君”“民”关系后的治国方略的选择。孟子关于“民贵君轻”的名言为世人广泛传颂。他说：“民为贵，社稷次之，君为轻。”① 这一论断被后人认为是君民关系的经典表述，成为历代君王处理统治者与被统治者关系的重要准则。从汉初的“与民休息”到清初的“摊丁入亩”无不表明中国古代统治者对民本主义治国方略的恪守和践行。同时，历史也以正反两方面的经验证明何时君主对这一方略贯彻得好，其王朝就能兴盛；反之则会衰亡。因此，民本主义治国方略不仅造就了中国历史上的汉唐盛世，还反证了暴秦酷元败亡的原因。

民本主义不仅是一种治国方略，而且也是中国古代君权得以存续的合法性基础之一。“合法性”是被统治者对统治的认同、服从和拥护的实质表征。民本主义作为权力合法性的理论在中国古代对统治者构成了巨大的约束力。如《尚书》中对尧的评价：“克明俊德，以亲九族。九族既睦，平章百姓。百姓昭明，协和万邦，黎民于变时雍。”②《史记》所记载汉高祖刘邦与父老约法三章：“杀人者死，伤人及盗抵罪。余悉除去秦法。”③ 即便在人们的观念中残暴无道的秦始皇，他“南登琅琊，大乐之，留三月。乃徙黔首三万户琅琊台下，复十二岁”④。《新唐书》对唐太宗李世民评价道：“贞观初，户不及三百万，绢一匹易米一斗。至四年，米斗四五钱，外户不闭者数月，马牛被野，人行数千里不赍粮，民物蕃息，四夷降附者百二十万人。是岁，天下断狱，死罪者二十九人，号称太平。”⑤ 这些史料均说明，无论是从父祖手中继承皇权的帝王，还是暴力夺取皇权的帝王，无不以强调民本、民生来保证自己统治的合法性。

同样，对中国历史的暴君，民本主义也是评价他们功过是非的重要标准。夏桀是“桀不务德而武伤百姓，百姓弗堪”⑥。商纣是“百姓怨望而诸侯有畔者，于是纣乃重刑辟，有炮烙之法”⑦。隋炀帝是“奸吏侵渔，内外虚竭，头会箕敛，人不聊生”。“频出朔方，三驾辽左，旌旗万里，征税百端，猾吏侵渔，人不堪命……自是海内骚然，无聊生矣。”⑧

---

① 《孟子·尽心章句下》。
② 《尚书·尧典》。
③ 《史记·高祖本纪》。
④ 《史记·秦始皇本纪》。
⑤ 《新唐书·食货志》。
⑥ 《史记·夏本纪》。
⑦ 《史记·殷本纪》。
⑧ 《隋书·帝纪》。

由此可见，中国古代正反两方面的历史均证明，民本主义是中国古代君主统治的合法性的理论基础，在很大程度上制约着君主的行为。

（七）援法生例，以例辅法

在中国古代，即使是短暂的王朝，或是进入中原地区的少数民族政权，都在立国之初把制定成文法当作首要大事。这不仅是为了使国家的活动有章可循，同时也借此象征国家的稳定与统治的合法。因此在各种法律渊源中制定法是主干，起着支配的作用，而且辗转相承，形成了沿革清晰的中华成文法系统。

然而成文法的制定程序复杂，旷日费时，具有滞后于社会生活发展的局限性。成文法的规范也总是有限的，不可能完全满足对复杂变动的社会关系调整的需要，因此在实践中便以判例作为律文的补充。在公元前 4 世纪秦简中出现的“廷行事”，便是在旧例的基础上，经过中央司法机关的总结认可，成为具有法律效力的判例法。从“廷行事”的适用中，可以发现中国古人很早便肯定了判例的价值，形成了一定的判例法意识。

至汉代，虽然制定了正律和傍章律，但“决事比”，即在经过整理断案成例的基础上，由皇帝批准为重要法律形式的判例法“比”，仍被广泛应用。汉武帝时期，仅死罪的“决事比”便有一万三千四百七十二条，以致在司法实践中出现了引“比”破“律”的现象。由汉迄唐，逐步形成了因案生例的判例形成规则，是判例法的成熟阶段。

明清时代在总结判例的基础上形成条例，附于律文之后，成为法典的有效部分，使判例法的价值与地位均超过了历代，是判例法的迅速发展时期，对于制定法起着补充、修改、完善的作用，以致在司法活动中往往用例而不用律，调整着变动中的社会关系，并给司法官以应变权断的新根据。

这说明，中国古代对于判例的价值的认识是较为深刻的，对于判例法的创制意识也是很强的。由于制定法的调整方式是由一般到个别，而判例法的调整方式是由个别到一般，这两者的配合使法律的确定性和适用上的灵活性相统一，使司法官摆脱了消极执法的困窘状态，制定法与判例法的相互为用是中华法系的特点和优点之一。

（八）无讼是求，调处息争

无讼，作为中国古代法律文化的价值取向和影响悠久的法律传统，有它的社会、文化和政治根源。在专制主义统治下的中国，法律以维护国家的统治权为首要任务，为此特别强调以惩治侵犯国家利益为主要任务的刑法。至于私权观念则较为淡薄，私人之间的财产纠纷，被视为“细故”，缺乏必要的法律调整，以致民事法律处于零散状态，没有形成体系。不仅如此，传统中国长期处于自给自足的自然经济形态，商品生产和交换不发达，体现现代法治的契约精神始终没有成为中国主流的法律意识形态。一些在“熟人社会”发生的为私权益而进行的诉讼，在统治者看来乃是细事争端，缺乏应有的重视。官员所追求的是息讼、无讼，这也是他们良好的官声政绩的表现。

从孔子起，便以“必也使无讼乎”作为施政目标。“无讼”不仅是统治者的价值取向，也在普通民众中具有广泛的影响。聚族而居的血缘关系、世代为邻的地缘关系、追求和谐的社会心态，特别是农业社会的经济结构，使得社会成员之间枝蔓相连，以和睦无争为准则，如发生争执则寄希望于族长邻右的调解。

如果说无讼是中国古代政治与法制建设的价值取向，那么调处则是实现息讼、无讼的重要手段，这在中国古代是由来已久的。中国古代的民事调解制度达到了相当完备的程度，不仅积累了丰富的经验，而且形成了一整套的制度，这在世界法制史上是少有的。调解所依据的不仅是法，也有礼和习俗，因此调解制度的盛行，也发展了礼法结合的法文化，减少了民间的讼累，有助于形成良好的社会风气。但是，推行堂上与堂下互相配合的调解制度，也带来了民众缺乏诉讼权利观念的消极后果。

无讼的理想产生于两千多年前，但无讼的实践贯穿于两千多年的历史过程中，说明它确实有着深刻的社会历史根源。由提倡无讼而发展起来的调处息讼，把国家权力与社会力量紧密地结合在一起，是在自然经济条件下，解决民事纠纷行之有效的方法，其制度的完备，经验的丰富，实施的广泛，完全可以为当下完善中国特色的人民调解制度提供可借鉴的法文化资源。

综上可见，中国四千多年法制文明的内涵是非常丰富、博大精深的。由此而形成的法律文化传统，充分反映了历史和文化的积淀以及中华民族的创造精神。其中既有民主性的精华，也有专制性的糟粕，应当采取批判继承的态度汲取古代法文化的有益成果。

重要文献

我们有我们的历史文化，有我们的体制机制，有我们的国情，我们的国家治理有其他国家不可比拟的特殊性和复杂性，也有我们自己长期积累的经验和优势，不能妄自菲薄，也不能数典忘祖。我们的先人早就开始探索如何驾驭人类自身这个重大课题，春秋战国时期就有了自成体系的成文法典，汉唐时期形成了比较完备的法典。我国古代法制蕴含着十分丰富的智慧和资源，中华法系在世界几大法系中独树一帜。先秦时代管仲、李悝、商鞅、韩非子等法家代表人物就影响深远。我们的先人留下了丰富的法制思想，“奉法者强则国强”“法约而易行”“法不阿贵”“刑无等级”“执法如山”“王子犯法，庶民同罪”等名言脍炙人口。对世界上的优秀法治文明成果，我们要积极吸收借鉴，但也要加以甄别，有选择地吸收和转化，不能囫囵吞枣、照搬照抄，否则必然水土不服。正所谓“橘生淮南则为橘，生于淮北则为枳”。在这个问题上，我们要有底气、有自信，要努力以中国智慧、中国实践为世界法治文明建设作出贡献。

——习近平：《论坚持全面依法治国》，中央文献出版社 2020 年版，第 176—177 页。

第三节 现代中国法学的兴起与发展

一、现代中国法学的启蒙与兴起

从历史发展的角度而言，现代中国法学兴起与发展的另一条脉络是在西方法学的传播中逐步启蒙和兴起的。最早将西方法学观念传入中国的是西方传教士，1832 年，美国传教士米怜（W. Milne）在《大英国人事略说》一书中介绍了法律面前人人平等的观念。1833 年 7 月，普鲁士传教士郭实腊（K. F. A. Gutzlaff）在中国近代内地第一份中文期刊《东西洋考每月统记传》中详细介绍了法治、三权分立、法律面前人人平等、司法独立等西方法治观念。1840 年以后，美国传教士丁韪良（William A. P. Martin）、美国传教士林乐知（Young John Allen）等人在中国介绍自然法、权利、宪政、法治、司法独立等现代法治理念。

与此同时，受鸦片战争战败以及西方思想传播的共同影响，中国产生了早期的觉悟者和改革思想家，如林则徐、魏源、黄遵宪、梁启超、康有为、严复等人开始对西方法学及法治观念进行关注和研究。清朝末年法律变革时期，伍廷芳、沈家本、董康等人更是认真研习、翻译西方法学著述，接受西方现代法学思想。在清末法律变革过程中，清政府聘请的冈田朝太郎、松冈正义、小河滋次郎、志田甲太郎等日本法律家在协助清政府修律的过程中也较为系统地阐述和传播了现代西方法学观念以及西方法律制度。①

与西方传教士和法学家将西方法学传入中国同步，近代法科留学活动则是众多官员和学子走出国门，亲身体验西方法律文化，研习西方法律制度和西方法学思想，为近代中国法学的发展，尤其是对近现代中国法律教育的兴起和发展产生了非常重要的作用。这一时期的留学活动有私人自费留学、地方政府派出留学和中央政府派出留学等方式。其中私人自费留学的著名法学家伍廷芳与何启两人分别于1874 年和

① 参见朱景文主编：《中国人民大学中国法律发展报告 2013 · 法律教育与研究》，中国人民大学出版社 2014 年版，第 415 页。

1879年进入英国林肯律师学院学习，均获得英国大律师资格。1877年，福建船政学堂派出28人赴法国和英国学习，其中学习法律的有严复和马建忠等人。1885年，福建船政学堂再次派出9名学生赴英国和法国学习法律。1896年，清政府派出第一批赴日本留学生。1905年至1908年，赴日公费法科留学生约有1 145人。1908年至1911年，赴欧美日的公费和自费法科留学生就有958人。这些留学生回国后，一部分在高等学校讲授法学，从事法律教育活动，还有一部分则投身于司法实务之中，成为中国近现代司法官的先行者。留学生通过亲身实践和学习，熟悉西方法学思想、法学理论，深受西方法治理念影响，回国后对于推动西方法学在中国的传播，推动中国立法、司法的法治化产生了显著的影响。

清光绪三十年（1904年）4月，清政府开设了修订法律馆。该馆除了修改旧法，起草新法之外，还组织开展法律文献的翻译。1904年至1909年间，修订法律馆共翻译涉及德国、法国、俄国、荷兰、意大利、美国、英国、比利时、瑞士、芬兰、葡萄牙、罗马尼亚等十余个国家的数十种法律和法学著作。同时，修订法律馆还开展本国民商事习惯调查。为培养法学专业人才，修订法律馆还设立京师法律学堂。修订法律馆不仅推动了西方法学在中国的传播，也成为沟通中西、新旧学术的综合性机构。与此同时，法学著作和期刊的出版也逐步兴盛。除了大量翻译西方法学著作以外，中国学者也积极投身法学教育与法学研究中，撰写大量的法学著作和论文。其中比较著名的有沈家本的《寄簃文存》、康有为的《实理公法全书》、梁启超的《新民说》《论立法权》《论中国宜讲求法律之学》《中国法理学发达史论》等。1833年郭实腊创办《东西洋考每月统记传》杂志，1868年林乐知创办《中国教会新报》，1900年中国留日学生创办《译书汇编》以及1911年北京法学会创办《法学会杂志》，等等。①

可以说，西方传教士和西方法学学者向中国传播西方法学思想、法学理论、法律制度和法律文化是中国现代法学得以启蒙和起步的重要因素。中国向西方国家派出法科留学生、政府向西方国家派出考察官员、修订法律馆组织翻译西方法学著作和西方国家法律制度，设立京师法律学堂培养法律人才，法学著作的翻译出版和法学期刊的创办发行等因素，也共同推动了清末中国现代法学的启蒙和起步。

经过现代法学在清末的启蒙和起步，到了民国时期，中国法学的发展相对处于稳步前行的阶段。首先，民国时期涌现出了成熟的法学家群体，其主要代表有王宠惠、梅汝璈、吴经熊、瞿同祖、王世杰、钱端升、杨鸿烈、杨兆龙、陈顾远、程树德、孙晓楼等，他们中的一些人已经成为蜚声中外的法学家，如王宠惠、吴经熊、

① 参见朱景文主编：《中国人民大学中国法律发展报告2013·法律教育与研究》，中国人民大学出版社2014年版，第415—418页。

梅汝璈、杨兆龙等。民国时期学术研究团体也有所发展，法学学术团体在民国时期活动频繁，对现代法学在中国的发展贡献良多。以北京法学会为例，除了广泛吸纳全国法学精英加入学会外，还创办《法学会杂志》，成为国内颇具影响力的法学专业期刊。北京法学会还创办朝阳大学，推动法学人才的培养。1925 年 9 月，中华民国法学会在南京成立，由居正担任会长，并出版了《中华法学杂志》，作为学术活动和学术研讨的阵地。大学法学院也积极参与学术期刊的创办，传播法学思想和法律文化。东吴大学创办《法学季刊》《东吴法声》，朝阳大学创办《法律评论》，中央大学法学院创办《国立中央大学法学院季刊》，上海法科大学创办《上海法科大学月刊》，世界书局创办《现代法学》，上海宪政社创办《宪政》，北平研究所创办《中华法学杂志》，南京立法院秘书处创办《立法专刊》《立法院公报》，司法院秘书处创办《现代司法》，司法院法官训练所创办《法治周刊》，南京法学会创办《中华法学杂志》，江苏高等法院创办《江苏高等法院公报》，江苏吴县律师工会创办《法令月刊》等。①

从现代法学在民国时期的发展脉络来看，民国时期的法学研究继承了晚清以来引进西方法学观念和法律制度的传统，初步构建了中国法学史上第一个现代化的法学理论体系，并在关注中国现实问题的基础上完成了我国第一个现代化法律体系的构建，其重要成果便是六法全书的形成。

二、新中国法学的起步与发展历程

（一）改革开放前新中国法学的起步过程

1949 年 1 月 14 日，中共中央于国共和平谈判前夕发表了《中共中央毛泽东主席关于时局的声明》，正式提出了包括废除伪宪法、废除伪法统等在内的国共和平谈判的八项条件。1949 年 2 月，中共中央发布了《关于废除国民党的六法全书与确定解放区的司法原则的指示》，强调："各级人民政府，特别是司法工作者，要和对国民党的阶级统治的痛恨一样，而以蔑视和批判态度，对待国民党六法全书及欧美、日本资本主义国家一切反人民的法律。"1949 年 4 月 1 日，以董必武为主席的华北人民政府发布《废除国民党的六法全书及一切反动法律的训令》，废除国民党的六法全书及其一切反动法律。② 1949 年 9 月 29 日，中国人民政治协商会议第一届全体会议通过《中国人民政治协商会议共同纲领》，其中明确规定："废除国民党反动政府一切压迫人民的法律、法令和司法制度，制定保护人民的法律、法令，建立人民司

---

① 参见朱景文主编：《中国人民大学中国法律发展报告 2013 • 法律教育与研究》，中国人民大学出版社 2014 年版，第 420—421 页。

② 参见公丕祥：《中国的法制现代化》，中国政法大学出版社 2004 年版，第 412—415 页。

法制度。”由于《中国人民政治协商会议共同纲领》在中华人民共和国成立之初具有临时宪法的地位，这就意味着作为国民党政府统治法律依据的六法全书在中国大陆彻底丧失了效力。[①] 在新中国成立之初的特殊社会历史条件下，中共中央作出废除国民党六法全书的主张是有历史的必然性的。废除国民党的六法全书，建立符合广大人民群众要求的新中国的法律，是当时迫切的历史和现实需求。同时，废除国民党六法全书，建立有法律依照法律，无法律依照党和国家的政策的法律原则也有历史的客观性。[②]

1949 年 8 月，谢觉哉指出，“新的法律与司法制度以及新的法律的理论，必须更明确地有系统地建立起来，以应新中国建设的需要……我们不要离开人民与离开实际的所谓‘专家’，而要深通马克思主义与新民主主义政策的法律专家，要能分析实际经验抽出规律的法律专家，能真诚为人民服务的法律专家”[③]。这一时期的马克思主义法学家何思敬也指出，“毛泽东主席和党中央和中央人民政府已经在基本上替中国新法学奠定了必要的基础，如果更多地钻研马列主义经典，并郑重仔细研究苏联法学家们的理论的展开，吸取他们的思想内容与方法，那么，中国新法学就会大有希望，可以完全不依靠任何旧法学的‘理论’，定义与注释”[④]。以此思想为指导，新中国的法学研究就确立了其基本指导思想和研究内容，并以此为基础确立了法学研究的目标。废除六法全书以及旧法观点的运动对新中国的法学产生了重要的影响。一方面，在指导思想上，坚决批判和摈弃旧的法律观，另一方面，由于废除了旧的法律体系，新中国尚未能够建立自己的新的法律体系，因此法学研究的对象从民国时期的法律制度、法律思想和法律文化等方面转变为研究党的政策、原则、路线、方针等。这一转变在一定程度上形成了新中国很长时期内法学与政治、法律与政策相结合的特点。

1952 年 6 月至 1953 年底，“反对旧法观点和改革整个司法机关的运动”在全国展开，一批“旧司法人员”被调离审判岗位，高等学校的法学专业也进行了较大的调整。1949 年到 1957 年间，新中国的立法工作也有迅速的发展。从 1949 年的《中国人民政治协商会议共同纲领》到 1954 年《中华人民共和国宪法》，确立了新中国法律体系的根本法。其还包括《中央人民政府组织法》《中华人民共和国人民法院组织法》《中华人民共和国人民检察院组织法》等一批宪法相关法；《中华人民共和国土地法》《中华人民共和国婚姻法》等一大批实体法。法律制度的建设大大促进了新

---

① 参见公丕祥：《中国的法制现代化》，中国政法大学出版社 2004 年版，第 419 页。

② 参见公丕祥：《中国的法制现代化》，中国政法大学出版社 2004 年版，第 420 页。

③ 谢觉哉：《司法工作报告(摘要)》(1949 年 8 月)，载《谢觉哉文集》，人民出版社 1989 年版，第 654—658 页。

④ 何思敬：《肃清旧法学的影响》，载《新建设》1950 年第 3 期。

中国法学的发展，1956年召开的党的八大仍然提出要加强社会主义法制建设的基本方针，指出：“我们必须进一步加强人民民主的法制，巩固社会主义建设的秩序。国家必须根据需要，逐步地系统地制定完备的法律。一切国家机关和国家工作人员必须严格遵守国家的法律，使人民的民主权利充分地受到保护。”但到了1957年10月，毛泽东在《做革命的促进派》讲话中改变了党的八大对国内主要矛盾的提法，确证社会主义时期的主要矛盾是社会主义和资本主义两条道路的矛盾，此后这一新的论断得到了全面的强化。①

1957年4月，中共中央发出《关于整风运动的指示》。1957年6月开始，全国兴起了大规模的“反右”运动，并且逐步演化为扩大化的“反右”运动，1959年在党内又错误地开展了“反右倾机会主义”的斗争，一大批法学家被错误地划为“右派”，法制建设中断，法学杂志停刊，法学研究全面停滞。从这一时期直到“文化大革命”结束期间，法制被严重破坏，立法司法工作陷入瘫痪，法学研究和法制建设进入全面停滞阶段。1959年召开的二届全国人大会议，正式撤销了司法部和监察部，司法行政工作由法院兼管。1967年1月，中央作出《关于公安机关实行军管的决定》，公安机关实行军管。1969年，最高人民检察院、军事检察院和地方各级检察院相继被撤销，直到1978年才恢复重建。

延展阅读

我们如果承认国家是阶级矛盾不可调和的产物，是一个阶级统治另一个阶级的工具，我们就不能不承认六法全书是统治者少数人压迫被统治者多数人的法律，也就是我们革命的对象。现在国家的本质已经变了，那么，旧国家的法律为什么不要推翻，还让它再存在下去呢？所以六法全书是一定要取消的。……汉唐律之所以因袭秦隋律而行得通，是由于朝代虽然换了，国家的本质并未变化。秦变而为汉、隋变而为唐，同样都是少数人统治多数人，所以新的朝代仍可以沿用旧的法律。现在我们的国家，同过去旧的国家有本质上的不同，法律也就非从本质上加以改变不可，决不能率由旧章，以为新法未完全订出以前不妨暂用旧法的观点，那完全是错误的。

——董必武：《董必武法学文集》，法律出版社2001年版，第28—30页。

（二）改革开放以后至党的十八大以前的法学发展

1976年粉粹“四人帮”，为新中国进入新的历史发展时期奠定了重要的政治基

① 参见公丕祥：《中国的法制现代化》，中国政法大学出版社2004年版，第526—527页。

础，1978 年党的十一届三中全会的召开，中国进入了全面改革开放、进行社会主义现代化建设的历史新时期，也使中国法学发展进入了新阶段。在邓小平的倡导和推动下，社会主义民主与社会主义法制建设不断受到重视，法学研究也迎来了学术的春天，大量法学论题受到广泛讨论，广大法学教育和研究人员以饱满的学术热情投入到法学研究和法学教育之中，出版了一批又一批法学学术著作和译著，众多法学学术期刊相继创刊、复刊。经过 40 余年的发展，当代中国的法学已经具备了明显的中国特色，为构建中国特色社会主义法治理论体系打下了坚实的基础。

纵观这一时期中国法学的发展所取得的重大成就，主要体现在如下几个方面。

1. 法学学科的自主性逐步建立

从法学这一学科的发展来看，改革开放以来中国法学最具标志性的成就和进步就是学科自主性的逐步确立。①

第一，法学学科体系的形成。目前法学一级学科包含法学理论、法律史学、宪法学、行政法学、民商法学、经济法学、社会法学、环境资源法学、刑法学、诉讼法学、国际法学、军事法学等二级学科，各二级学科又包含若干三级学科甚至四级学科。

第二，法学范畴体系的建构。1988 年 6 月，在长春召开的法学基本范畴研讨会上，与会学者认为，应该以权利和义务为核心范畴构建我国的法学理论体系。20 世纪 90 年代以后，法学各二级学科的学者都开始注重本学科的范畴体系研究，努力构建本学科的范畴体系。

第三，法学方法论的发展。从 20 世纪 80 年代开始，法学界就对法学方法论展开了不懈的研究，积极探索法学方法论的变革与创新。法学理论界将法学研究的基本方法分为阶级分析方法、价值分析方法、实证研究方法等，许多部门法学者，如宪法学、民法学和刑法学等学科的学者也积极探索本学科的法学方法论，取得了丰硕的成果。

第四，行业性学术组织的建立。1979 年 9 月，中国法律史学会在长春成立，1982 年 7 月，中国法学会成立。截至 2021 年底，中国法学会所属学科、专业、专门研究会包括中国法学会法理学研究会、中国法学会宪法学研究会、中国法学会行政法学研究会、中国法学会刑法学研究会、中国法学会民法学研究会、中国法学会商法学研究会、中国法学会经济法学研究会、中国法学会刑事诉讼法学研究会、中国法学会民事诉讼法学研究会、中国法学会知识产权法学研究会、中国法学会国际私法研究会、中国法学会国际经济贸易法学研究会等 55 个研究会，基本上涵盖了法学主要学科和法学分支学科。②

---

① 参见张文显、黄文艺主编：《中国高校哲学社会科学发展报告 1978—2008 · 法学》，广西师范大学出版社 2008 年版，第 4 页。

② 中国法学会网站 chinalaw.org.cn，最后访问日期 2022 年 4 月 12 日。

2. 法学研究问题域逐步拓展和深化

改革开放到20世纪80年代末，法学研究的论题范围主要集中在法学基础性问题的研究和讨论上，主要讨论的论题包含：（1）法学学科建设的基本问题；（2）法的本质和作用问题；（3）法学的基本范畴问题；（4）法的运行问题；（5）法与其他社会现象的关系问题；（6）社会主义民主与法制建设问题；（7）马克思主义经典作家的法律思想；（8）现代西方法哲学的主要流派研究。

20世纪90年代到世纪末，传统法学论题被重新思考和解答，新的法学论题不断涌现。这一时期的法学论题主要围绕以下方面展开：（1）市场经济与法学理论的变革问题；（2）法制现代化与法律发展的问题；（3）人权问题；（4）修宪问题；（5）物权法问题；（6）中国法学的变革与创新问题；（7）国外法学理论研究。

进入21世纪到党的十八大前，法学研究的论题范围进一步向广度和深度拓展，主要包括以下方面：（1）科学发展观与法学理论、科学发展观与法制建设、和谐社会与法治、政治文明与法治、社会主义法治理念、依法执政等问题；（2）中国加入世界贸易组织（WTO）以后对中国法制发展的挑战、法律与全球化、法律全球化、人权全球化、国际法治等问题；（3）法律方法、法律思维、法律发现、法律论证等问题；（4）与法治政府建设有关的行政法学科相关问题的研究，与民法典制定相关学科问题的研究；（5）物权法相关问题。

3. 法学知识生产规模迅速扩大

20世纪80年代开始，法学知识生产的速度和规模不断增长，2007年全年的学术著作（包括译著）为400多部，全年学术论文（包括译文）达到7万多篇。法学期刊持续复刊或创办，形成了一大批法学专业期刊，对于推动法学知识生产形成重要的积极意义。与此同时，法学类连续性出版物和系列丛书也大量涌现，学术网站数量也呈现高速增长态势。

（三）党的十八大以来法学的发展

党的十八大以来，以习近平同志为核心的党中央从坚持和发展中国特色社会主义的全局出发，形成一系列治国理政新理念、新思想、新战略，把全面推进依法治国，加快建设法治中国放在中国特色社会主义“五位一体”总体布局和“四个全面”战略布局中来把握，作为事关党和国家长治久安的重要议程加以谋划和推进。党的十八届四中全会将“建设中国特色社会主义法治体系，建设社会主义法治国家”确定为全面推进依法治国的总目标。全面推进依法治国，加快建设法治中国的重大战略决策部署，在当代中国法治发展进程中具有里程碑性质的重大意义，标志全面依法治国进入了新的时代。这一重大战略决策部署也深刻指导并影响着中国法学研究的指导思想、研究内容和发展方向。

1. 研究论题围绕法治中国建设不断拓展

党的十八届四中全会以来，法学界在不断深化法学理论研究的同时，继续积极参与法治国家、法治政府和法治社会各方面的建设，通过法学研究的不断深入助力中国法治进程，推动法治中国建设。法学界围绕党的十八届四中全会决定提出的法治建设任务展开理论领域和部门法领域以及法律实践领域的研究。从党的十八大到党的十九大的五年期间，法学研究的论题域主要集中在以下几个重要方面：(1) 中国特色社会主义法治道路、中国式法治现代化理论与实践的研究；(2) 中国特色社会主义法治体系的研究；(3) 中国特色社会主义法律体系研究；(4) 当代中国宪法及其相关法问题研究；(5) 法治政府及其相关问题研究；(6) 司法文明、公正司法及其相关问题研究；(7) 法治社会建设、区域/市域社会治理研究；(8) 法治工作队伍建设研究，包括法学教育相关问题研究；(9) 党对全面推进依法治国的领导与党内法规体系建设等相关问题研究；(10) 法理学范畴体系、理论体系、学科体系研究，人权法学、数字法学、新文科建设与法学发展研究等。

2. 社会服务功能明显增强

十八大以来，法学界对法律实践问题持续关注，并投入大量研究力量，法学学者参与法律实践的程度也大大增加，在参与立法、推进依法行政、推动司法改革、开展法制宣传方面均有显著的积极影响，尤其是法学专业智库的社会服务功能明显增强。以习近平同志为核心的党中央高度重视高端智库建设，提出了一系列智库建设的新理念新思想新战略。在党中央的统一部署下，高校成立大量新型智库，为国家治理体系和治理能力现代化以及法治国家、法治政府和法治社会建设方面提供了坚实的理论研究成果和有价值的实践决策咨询方案，取得了显著的成效。

加强中国特色新型智库建设是推进国家治理体系和治理能力现代化的组成部分。2013 年 11 月，党的十八届三中全会提出，“加强中国特色新型智库建设，建立健全决策咨询制度”[①]。2014 年 2 月，教育部印发《中国特色新型高校智库建设推进计划》，布局全国 66 所高校的 151 个重点研究基地形成明显优势特色，推动重点研究基地转型升级。北京大学国家发展研究院、清华大学国情研究院、中国人民大学国家发展与战略研究院、复旦大学中国研究院、武汉大学国际法研究所、中山大学粤港澳发展研究院 6 家入选首批国家高端智库建设试点单位。[②] 2015 年 1 月，中共中央办公厅、国务院办公厅印发《关于加强中国特色新型智库建设的意见》，提出到

① 《中共中央关于全面深化改革若干重大问题的决定》，人民出版社 2013 年 11 月版，第 30 页。

② 《党的十八大以来教育改革发展成就述评·服务社会篇》，中华人民共和国教育部政府门户网站(moe.gov.cn)，最后访问时间 2022 年 5 月 23 日。

2020年，要统筹推进党政部门、社科院、党校行政学院、高校、军队、科研院所和企业、社会智库协调发展，形成定位明晰、特色鲜明、规模适度、布局合理的中国特色新型智库体系，重点建设一批具有较大影响力和国际知名度的高端智库，充分发挥中国特色新型智库咨政建言、理论创新、舆论引导、社会服务、公共外交等重要功能。全国高校积极响应意见的要求，建立了一批新型高端智库。2016年12月，南京大学中国智库研究与评价中心、光明日报智库研究与发布中心联合推出“中国智库索引”，层层遴选后公布了首批489家来源智库名录，中国智库总数仅次于美国，位列世界第二。在党的十九大报告中，习近平总书记明确强调，要“深化马克思主义理论研究和建设，加快构建中国特色哲学社会科学，加强中国特色新型智库建设”①。2020年3月，中宣部发布了《关于深入推进国家高端智库建设试点工作的意见（2020—2022年）》，强调要精益求精、注重科学、讲求质量，切实提高服务决策的能力水平。作为我国智库体系的重要组成部分，高校智库不仅具备为各级政府提供政策咨询和智力支撑的常规性职能，还兼具高端人才培养和学术研究的独特职能。

3. 开展民法典相关重大问题研究

2020年5月28日，十三届全国人大三次会议高票表决通过《中华人民共和国民法典》。《中华人民共和国民法典》是新中国第一部以法典命名的法律，开创了我国法典编纂立法的先河，具有里程碑意义。该法典共7编、1 260条，各编依次为总则、物权、合同、人格权、婚姻家庭、继承、侵权责任，以及附则。法典自2021年1月1日起施行，民法总则、民法通则、合同法、物权法、侵权责任法、婚姻法、继承法、收养法、担保法同时废止。新中国民法典起步于1954年，后由于多种原因一直未能实现。党的十八届四中全会将编纂民法典作为一项重大政治任务和立法任务，体现了以习近平同志为核心的党中央作出的重大法治建设部署。这部法律通过对我国现行的民事法律制度规范进行系统整合、编订纂修，形成了一部适应新时代中国特色社会主义发展要求，符合我国国情和实际，体例科学、结构严谨、规范合理、内容完整并协调一致的法典。

4. 宣传贯彻习近平法治思想

2020年11月16日至17日，中央全面依法治国工作会议在京召开，习近平总书记发表了重要讲话。这次会议最重大的成果就是确立了习近平法治思想在全面依法治国工作中的指导地位。会议强调，习近平法治思想内涵丰富、论述深刻、逻辑严密、系统完备，从历史和现实相贯通、国际和国内相关联、理论和实际相结合上深刻回答了新时代为什么实行全面依法治国、怎样实行全面依法治国等一系列重大

---

① 习近平：《决胜全面建成小康社会 夺取新时代中国特色社会主义伟大胜利》，人民出版社2017年版，第41—42页。

问题。习近平法治思想是顺应实现中华民族伟大复兴时代要求应运而生的重大理论创新成果，是马克思主义法治理论中国化最新成果，是习近平新时代中国特色社会主义思想的重要组成部分，是全面依法治国的根本遵循和行动指南。

中央全面依法治国工作会议召开以来，全国人大、国务院、全国政协、最高人民法院、最高人民检察院、中共中央宣传部、中国法学会、中共中央依法治国委员会办公室等有关方面分别组织开展多种形式的习近平法治思想学习宣讲贯彻活动。中国法学会统一部署全国各地法学会、高等学校成立习近平法治思想研究中心。教育部印发《关于推进习近平法治思想纳入高校法治理论教学体系的通知》，指导各地各高校将习近平法治思想全面贯彻落实到法治人才培养的全过程和各方面，开设好“习近平法治思想概论”专门课程。中央宣传部、中国法学会组织编写的马克思主义理论研究和建设工程重点教材《习近平法治思想概论》出版发行，该教材坚持忠实原著、原文、原意，坚持学理化阐释、学术化表达、体系化构建，是推动习近平法治思想进教材进课堂进头脑的重要教材。中央宣传部、中央依法治国委员会办公室组织编写的《习近平法治思想学习纲要》是广大干部群众深入学习贯彻习近平法治思想的重要辅助读物。全国法学界和法律界围绕习近平法治思想中提出的重大命题、重要论断展开深入阐释与研究，在理论法学、部门法学及立法、司法实践领域形成了丰富的理论研究成果。

思考题

1. 试述古希腊时期法学的基本特点。
2. 试述中世纪阿奎那如何对法进行分类的。
3. 试述近代自然法学派的主要观点。
4. 试述新自然法学派的基本主张。
5. 试述新分析实证主义对法律与道德关系的基本观点。
6. 试述富勒对法治形式主义标准的构建。

第三章　法学教育与法律职业

法学教育是以培养法学人才为目标，以法学的知识体系和实践技能为内容的教育活动。法律是社会规则体系的重要组成部分，法律的制定和实施都需要人的活动才能完成。因此，通过一定的教育形式培养专门的法治人才，以保障法律的制定和实施具有重要的意义。法治人才培养是法治国家建设的基础性保障，从世界法治发展的历史进程来看，法律职业的形成与发展为人类法治的发展提供了重要的人力资源基础，具备现代职业伦理的法律职业群体也是推动法治发展的重要力量。

第一节　中西方法学教育的源流

一、西方法学教育的历史与发展

（一）西方法学教育的起源

古罗马是西方法学的发源地，古罗马王政时代后期，对外扩张导致商品生产和交换在古罗马控制地区迅速发展起来，商品经济的发达导致社会关系日益复杂化，王政时代后期形成的《十二表法》已经不能适应社会的急剧变化。在这一背景下，由权威的法学专家对《十二表法》进行解释，以明确法律规则适用的范围，填补法律规则的漏洞就成为古罗马法律发展特有的现象。在这一过程中，服务于法律纠纷解决的专业人员越来越多，这是导致古罗马法学教育与法律职业形成与逐步完善的重要因素。最初的法律职业产生于古罗马社会对法律服务的需求，并将私人业务作为其主要的服务领域，随之而产生的法律职业教育机构孕育了西方古代法学教育的产生与发展。

大约公元前 100 年，罗马法就已经走向科学化，形成一系列法律概念和法律规则。但是，古罗马活跃的商品经济交往活动与相对稳定的法律概念和规则之间必然发生不相适应的矛盾，为了解决这一矛盾，保障法律的有效实施，罗马法学家逐步承担起解释和阐发法律概念和规则的使命。在这一过程中，古罗马的法学教育开始兴起，起初主要是私立法学教育。公元 2 世纪前后，古罗马各法院附近均出现了私人的法律学校，这些最初的法学教育机构为古罗马社会培养了一批又一批法律专业人才。公立的法学教育机构则是罗马帝国后期的产物。古罗马的第一所公立法学院建立于公元4世纪。公元425年，狄奥多西二世按照帝国法律顾问安条库斯的建议，在君士坦丁堡设立了第二所公立法学院。公元6世纪，东罗马帝国皇帝优士丁尼在贝瑞特斯建立了第三所公立法学院。[①] 优士丁尼同时改革法学教育，完善法学教育的课程体系和教学方式，规定法科学校学生必须研读《优士丁尼国法大全》，五年学制学生必须修习完《优士丁尼国法大全》。《优士丁尼国法大全》编纂以后在东罗马帝国适用，而其他地区此时已经是日耳曼人的统治区域，普遍适用的是复杂多样的日耳曼习惯法。

（二）中世纪中期以后西方法学教育的发展

公元9世纪以后，欧洲商品经济随着城市的形成逐步兴起，城市与城市之间的商品贸易需要统一的交易规则和法律规范，使复杂多样的日耳曼习惯法受到挑战。公元11世纪，《优士丁尼国法大全》在意大利被重新发现，欧洲教会开始招收学生修习罗马法，起初是以修习《优士丁尼国法大全》为基本内容并据此设置课程体系。公元11世纪末，欧洲开始出现近代意义上的大学，其中最著名的就是被称为欧洲“大学之母”的意大利波伦那大学，它是世界上最早设立法律专业、开展现代意义上法学教育的大学。波伦那大学的建立极大地推动了罗马法在欧洲的学习和传播，不仅为罗马法复兴运动奠定了重要的基础，也开创了欧洲国家以法典学习为主要内容的法学教育的先河。公元17世纪以后，欧洲各国开始在大学开设本国法和习惯法课程。1679年，巴黎大学设立了法国法讲座；1707年维登堡大学开始讲授德意志法；1758年在英国牛津大学、1800年在英国剑桥大学、1772年在葡萄牙的科英布拉大学开始讲授本国法。至此，欧洲大陆的法学教育逐步形成了以本国法为核心教授内容的法学教育体系，以大学作为最主要的法学职业教育和训练场所。这些大学的法学教育十分重视人文社会科学课程的教学，其目的在于夯实学生丰厚的知识基础和提高专业素养，这些特征一直延续至今，逐渐成为欧洲大陆以及受大陆法影响的其他国家和地区法学教育的主要模式。当然，各国在法学教育的发展过程中，也形成了自身法学教育及法学专业人才培养的体系与特色。英国的法学教育则以英格兰司法制度的发展为根基，经过数百年的缓慢发展，逐步形成了与欧洲大陆风格迥异的法学专业人才培养模式，这种模式后来也影响到美国以及英联邦国家的法学教育。

1. 德国法学教育

德国法学教育主要以培养司法官和行政官为主要目标。法律人才培养主要由公立大学（通常是州立大学）承担，大学法律系的学生一般是中学毕业以后直接进入大学学习法学专业。法学专业的学生一般有两个比较明确和独立的学习阶段，即基

---

① 参见周枏、吴文瀚、谢邦宇：《罗马法》，群众出版社1983年版，第43页。

础教育阶段和见习阶段。在大学基础教育阶段，教学大纲和课程设置由各州教育行政部门管理和监督，有关法学教育的政策和制度由各州统一。该教育阶段的基本宗旨是向学生提供法学理论基础，引导学生从事法律科学研究，培养学生掌握运用法学方法发现和解决法律问题的能力。在基础教育阶段的课程体系中，必修课占有较大比重，涵盖民法、刑法、公法和诉讼法等课程，以及欧洲法、法学方法论和法哲学、历史学等。

德国本科法学教育还有一个重要的特征，就是法科学生的国家法律职业资格考试制度。法律系的学生在取得相应的学分以后，必须经过第一次国家考试，该考试原则上只能重考一次，如果重考还不过关，则永远丧失了从事法律职业的机会。第一次国家考试由该大学所在州组织进行，考试由该大学所在州的法官、高级行政官员、大学教师主持和参加。第一次国家考试由笔试和口试组成，综合成绩及格以上的考生，可以获得该州法律考试局颁发的第一次国家考试合格证书，证明大学基础教育阶段的学习顺利完成，可以进入法学专业见习阶段的学习。

见习阶段属于法科专业学生的职业预备期，目前德国规定见习阶段为 2 年。见习阶段的目的是让学生熟悉司法、行政等法律职业的实际工作内容、方法，培养独立从事司法、行政等工作的能力，为今后担任法官、检察官以及高级行政官员等工作创造条件。学生见习的地点有两大类：一类是必经站点，包括刑事法院、检察院、行政机关和律师事务所；另一类为选择性站点，包括联邦或州的立法机关、公证人、行政法院或财税法院等专门法院、工会组织、国际组织、外国教育机构或外国律师事务所等。按照德国法官法规定，必经站点见习时间不得少于 3 个月，选择性站点见习时间必须在 4 个月以上 6 个月以下。见习期结束以后，由相关单位出具一份证明，对见习学生的见习表现作出评估。见习结束以后，需要参加第二次国家考试，该考试也只能重考一次。通过第二次国家考试的学生，即可以申请担任法官、检察官和高级行政官员的职务。

2. 意大利法学教育

意大利是现代法学教育的发源地，由于深受罗马法的影响，其法学教育侧重学生实务能力的培养，兼顾学生法学基础理论和人文素养的养成。法学专业课程设置主要由必修课和选修课组成，其中必修课程相对较少，学生主要通过选修课程学习法律实务和人文社会科学知识。必修课程主要包含法哲学、罗马法、宪法、商法、金融法、民法、刑法、诉讼法、国际法等，选修课程涵盖范围非常广泛，学生有非常大的自主权，可以按照兴趣和职业规划进行选择。教学方式主要包含课堂讲授和课堂讨论，课堂讲授主要讲授教师自身的研究成果，带领学生精读法条或经典，引导学生加深对法条背后的法理的理解，拓展学生的思维能力和学术视野。课堂讨论主要是教师先带领学生研读国内国际最新案例，再由教师组织学生进行讨论，最后由教师进行总结。总体上，意大利的法学教育的标准是宽进严出，国家对大学一般不会设置考试及格率的指标，各校严格按照自己的标准培养和考核学生。

3. 日本法学教育

受大陆法传统影响的日本，其法学人才培养目标与欧洲国家相似，也是以培养法官、检察官和政府公务员以及公司法律专门人才为主。法科教育设置在高中毕业以后进入大学学习法学专业，学制 4 年。学生入学以后一般先进入教养学部学习通识课程，包括人文科学、社会科学、自然科学和外国语等课程，这一过程一般是 1 年半到 2 年。2 年后才转入法学部集中学习专业课程。大学法学部的教学以基础理论教育为主，主要是要让学生理解法律的概念和基本原则、基本原理，使学生具有比较厚实的通识知识基础和扎实的专业理论素养。学生大学本科毕业后，如果想要成为法律职业人（如法官、检察官等），还需要通过严格的司法考试，司法考试合格以后还需再接受为期 2 年的实践性法律职业培训（称为司法研修）。

4. 英国法学教育

英国的法学教育主要分为在大学接受的法律教育和在律师公会接受的职业训练。一般而言，修习法学学位需要进入大学的专门学院学习，执业律师的学习则在律师公会进行。英国的大学法学教育起源于 12 世纪的牛津大学，瓦卡留斯于 1149 年正式在牛津大学开设法律课程，讲授优士丁尼民法总论。此后，以罗马法和教会法为主要教学内容成为英国大学法学教育的一个传统，一直延续到 18 世纪。18 世纪中叶，英国普通法得以在牛津大学率先开始讲授，1758 年，伟大的法学家布莱克斯通成为第一位牛津瓦伊纳英国法讲座教授。① 20 世纪以后，英国大学法学教育逐渐形成以必修课为主干，选修课为辅助的课程体系。目前，英国许多大学均设有法学专业，学生通常需要系统学习法理学、英国契约法、罗马法、土地法、民事和刑事诉讼法以及其他部门法和外国法的知识，其中罗马法、法理学和法制史等课程为必修课程，学生毕业时取得法学学士学位。学生毕业后，可以进入研究院继续攻读法学硕士学位。②

英国的律师职业起步比较早，在爱德华一世统治时期（即 13 世纪后期至 14 世纪初），法律职业就从神职人员中分化出来，参加法庭审理的人必须具有法律知识。当时希望进入律师行业的人为了接近著名律师，方便法律审理，在伦敦逐步聚集，形成了行会性质的组织——律师公会，并且按照手工业传统中的学徒制形式培养初级法律职业人员，律师学院这一特别的职业学习和训练机构应运而生。经过长期发

---

① 参见[英]F.H.劳森：《圣殿：1850 年至 1965 年的牛津法学教育》，黎敏译，法律出版社 2010 年版，译者导言。

② 参见姚启胤：《英国法律教育》，载孙晓楼：《法律教育》，王健编校，中国政法大学出版社 1997 年版。

展，最终形成了林肯、内殿、中殿以及格雷四大律师学院。律师学院设立的一个主要目标就是通过阅读、模拟以及法律实务训练，向学习者提供有效的法律实务教育和实务训练。1852 年，四大律师学院联合成立了法律教育理事会，并开设法律课程。该理事会和法律协会分别负责选拔出庭律师和诉状律师。由于律师学院控制法律职业的选拔，因此即便是通过大学法科毕业取得法学学士学位，依然必须经过律师学院的训练和选拔才能进入律师界。①

5. 美国法学教育

美国的法学教育起源于英国殖民统治时期，这一时期的法学教育主要受英国法律教育传统的影响，按照学徒制的方式进行法律人才培养。公元 18 世纪后期，塔平·里夫法官创办学徒制的法学院，被认为是美国最早的法学院。公元 18 世纪末至 19 世纪初，弗吉尼亚大学、宾夕法尼亚大学和马里兰大学均设立法律教授讲席，开展法律教育。1816 年哈佛大学首次设立法律讲席，1829 年，美国最高法院法官斯托里在担任哈佛法学院讲席教授时期，为法学院确定了比较严格的课程范围和专业训练，注重普通法教学，并设置了法学学士（LL. B.）学位，这些措施使哈佛法学院获得了长足的发展，并初步奠定了美国大学法学院职业训练的发展方向。1870 年，哈佛大学校长艾略特任命兰德尔担任哈佛法学院的院长。兰德尔对哈佛的法学教育模式进行了革命性的变革，不仅设置了入学考试，还将获得法学学士的学制年限从过去的 1 年逐步提高到 3 年。尤其重要的是，兰德尔还创造性地引入了判例教学法（也被称为苏格拉底教学法），用判例教材代替传统的课程教材，推动课程教学法的变革。

为了推进法律工作职业化、专业化进程，1899 年，在学院法律家的压力下，美国法律家协会主张建立一个“声誉良好的”法学院组织，美国法学院协会于 1900 年成立。② 为了提高法学教育的人才培养质量，美国法律家协会于 1923 年公布了第一批被它认可的法学院的名单，其中，39 所为 A 级，9 所为 B 级，并公布了法学院师生比、图书馆藏书标准和学制要求。根据这一评估标准，在 1928 年，全美 173 所法学院中，只有二分之一左右的法学院符合美国法律家协会的标准。③ 到了 20 世纪 30 年代，加利福尼亚州法律家协会对未被认可的法学院进行了首次重大清洗，一些未被认可的法学院关闭后再也没有恢复。1944 年，美国法律家协会对所有法学院进行了考察，法律被设定为一个必须有可考核的标准的

---

① 参见王健：《中国近代的法律教育》，中国政法大学出版社 2001 年版，第 303—305 页。

② 参见[美]罗伯斯·斯蒂文斯：《法学院——19 世纪 50 年代到 20 世纪 80 年代的美国法学教育》，闫亚林、李新成、付欣译，中国政法大学出版社 2003 年版，第 128 页。

③ 参见[美]罗伯斯·斯蒂文斯：《法学院——19 世纪 50 年代到 20 世纪 80 年代的美国法学教育》，闫亚林、李新成、付欣译，中国政法大学出版社 2003 年版，第 232—244 页。

“智识性”职业。① 1945 年以后，美国法学教育进入了一个新阶段，法学院的标准迅速提高，规模与结构也更加稳固和优化。

在美国法学教育现代化、标准化的进程中，耶鲁大学法学院院长斯旺提出，法学院主要功能有二：一是通过案例教学对学生进行训练，使他们在执业选择中成为一名成功的律师；二是通过对其他国家法理学的比较研究，通过对法律中存在的缺陷的批评和对立法理论及法律管理的建议，从而促进法律的完善。前者是法学院的人才培养功能，后者是法学院的科学研究功能。② 在斯旺担任法学院院长的同一年，庞德于 1916 年担任了哈佛大学法学院院长，作为植物学博士出身的法学院院长，他被美国学者称为法学领域内伟大的通才人物中的最后一人。他不仅是美国社会学法学学派的创始人，他的许多思想也在现代美国立法和司法实践领域中得到了广泛的运用。在他担任哈佛大学法学院院长的 20 年中，不仅推行法学教育改革的主张，他还倡导学生要学习一些非法律专业的课程，他强调“法学是一种社会控制工程学，法律人要成为通过法律来控制社会的工程师”。他主政法学院 20 年期间，使哈佛法学院的师资水平、人才培养规模、社会影响力等方面获得了长足的发展，成为全美乃至全世界顶尖的法学院之一。他长期致力于法学院的资金筹集，取得巨大成功，使法学院兰德尔大厦扩大了 3 倍多。③

美国的法学教育秉持研究生阶段专业教育的思路，设立法律博士（JD）学位。JD 教育要求进入法学专业的学生在进入法学院之前必须拥有一个非法律专业的本科以上学位，JD 的学制一般为 3—4 年，学生可以申请延长学制时间。JD 法学教育的目标纯粹是培养执业律师，学生取得 JD 学位以后基本上都会参加律师资格考试，然后开始从事律师工作或者进入企业和其他机构从事法务工作。在这种培养目标下，法学专业的课程主要以实用性课程为主，基础原理和理论性的专业课程比例相对较少，主要是运用判例教学法引导学生阅读判例、分析判例、讨论判例，从对判例的不断学习中掌握法学专业基础知识和法庭辩论技巧，同时也引导学生掌握信息获取技术和检索技巧。

---

① 参见[美]罗伯斯·斯蒂文斯：《法学院——19 世纪 50 年代到 20 世纪 80 年代的美国法学教育》，闫亚林、李新成、付欣译，中国政法大学出版社 2003 年版，第 263—270 页。

② 参见[美]罗伯斯·斯蒂文斯：《法学院——19 世纪 50 年代到 20 世纪 80 年代的美国法学教育》，闫亚林、李新成、付欣译，中国政法大学出版社 2003 年版，第 179 页。

③ 参见[美]罗伯斯·斯蒂文斯：《法学院——19 世纪 50 年代到 20 世纪 80 年代的美国法学教育》，闫亚林、李新成、付欣译，中国政法大学出版社 2003 年版，第 180—181 页。

二、近代中国的法学教育

（一）清末的法学教育

中国古代没有形成西方式的法学教育和人才培养模式，除却部分朝代以外，科举考试也不重视法学。传统中国直接从事法律工作的官吏、书役等人所必备的法律知识大致都是通过自修、历练而得，中下层官吏在司法过程中大量依赖刑名幕友的作用。[①] 按照现代法学教育的标准来看，中国的法学教育是从清朝末年才真正开始的。1898 年，京师大学堂设立，当年即开设法律学课程。1904 年，京师大学堂首设“法律学门”，开中国近现代大学法律专门教育之先河。同年，清政府设立了中国历史上第一所法学教育专门学校——直隶法政学堂。以此为开端，北京和各省先后举办法政学堂，开展法学教育和法学专门人才的培养。到 1909 年，全国有法政学堂 47 所，学生12 282人，而当时全国举办高等教育的学堂共 127 所，学生总数23 735人，法政学堂的学生人数占比 52%，说明清末法政人才的教育和培养在整个高等教育体系中具有相当的地位。1910 年，清政府废除了禁止私人举办法政学堂的命令，进一步推动了全国各地法政学堂的举办，也推动了全国范围内新式高层次法政人才的培养。法政学堂的普遍设立也一定程度上影响了清末以后中国法学教育机构的设置模式，即综合性大学法律院系与专门的政法院校单独设置并存的状况，这种状况一直延续至今。[②]

（二）民国时期的法学教育

辛亥革命以后，法学专业仍然受到社会的重视，法科学生从事法律实务工作的机会也比较多，法学专业是比较受欢迎的专业。法学院系在各校的设置也较为广泛，上述因素推动了法学教育在民国时期的不断发展。大量法学专业学生毕业以后投身于法律实务和法学教育之中，对民国时期，尤其是 1927 年以后民国的立法和司法产生了重要的影响，直接推动了中国法律体系的形成和法制实践的发展。

民国初期，建立了具有现代意义的司法审级制度和地方各级审判机构，必然需要配备专业法学人才，因此法官、检察官需求的缺口很大。与此同时，社会剧变造成的社会矛盾日益增加，法律纠纷剧增，社会对法律服务人才的需求量猛增，造成律师人才队伍的缺口加大，由此也推动了法学教育的发展。这一时期专业法政学校的法学教育主要的目标是培养实务人才，因此法学教育的发展与职业法律人才的制度架构及其变迁具有非常密切的关系。北洋政府时期规定司法官和律师均需要通过

---

① 参见张伟仁：《清代的法学教育》，载贺卫方编：《中国法律教育之路》，中国政法大学出版社 1997 年版，第 238 页。

② 参见王健：《中国近代的法律教育》，中国政法大学出版社 2001 年版，第 199—215 页。

资格考试，但法政学堂三年制毕业生以及法政学校教师可以免试，这一制度客观上催生了法政学校的报考热。1912 年至 1925 年间，法政学校数量上的年平均数占全国高等院校年平均数的 40%左右，法政学校的年均在校生总数占全国高等院校年平均在校生总数的 50%左右。①

民国初期公立大学数量较少，法科设置也不多，主要是北京大学、山西大学、北洋大学设有法科。据统计，截至 1927 年 4 月，设有法科的公立大学主要包括北京大学法学院、山西大学法科、中州大学法科、东北大学文法学院、国立武昌大学法科、中山大学法学院、国立广东大学法学院、福建大学法学院、暨南大学（上海）法学院、江西中山大学法学院以及省立东陆大学法律系和省立四川大学法学院。② 其中，北洋大学起源于由美国传教士丁家立（Charles Daniel Tenney）1886 年在天津成立的中西书院，1895 年在中西书院基础上成立天津中西学堂（北洋西学堂），设律例学专门科。1903 年改名为北洋大学堂，设法科。1917 年经蔡元培提议，调整北京大学和北洋大学的系科结构，北洋大学法科并入北京大学法科，1918 年北洋大学法科停办。北洋大学是中国近代创办的第一所大学，北洋大学法科也是中国近代第一个法律教育机构，其教学模式主要沿用英美法教学模式，不少毕业生留学英美，取得相当的成就。较为著名的有王宠惠、王建祖、杨荫杭、燕树棠等法学家，吴经熊也曾在北洋大学法科学习，后转入东吴大学法科。③

1910 年初，京师大学堂法律本科教育正式开始。1912 年，南京临时政府命严复为京师大学堂总监督，接管京师大学堂。同年，经蔡元培提议，京师大学堂改称北京大学。1916 年，蔡元培执掌北京大学。1919 年，北京大学法律学门正式更名为北京大学法律学系，教学模式以私法和部门法学教育为主，辅助以若干人文社会科学科目的学习。在蔡元培校长的领导下，北京大学法律系名家治学，教授治校，育人报国，盛况空前。到南京国民政府成立以前，北京大学法律系已经成为全国法律教育的中心之一。④

除去北洋大学和北京大学外，民国北洋政府时期尚有南洋公学、湖南时务学堂等公立教育机构也开展法科教育，成绩斐然。

南京国民政府建立以后，强调政府办学，遏制私立学校的发展，法学教育被纳入政府管理的范围。1933 年颁行的《考试法》和 1935 年颁行的《法院组织法》，将

---

① 参见朱有瓛：《中国近代学制史料》(第二辑)下册，华东师范大学出版社 1992 年版，第 39 页，第 88 页。

② 参见管晓立：《清末民国时期 中国法学教育的近代化研究》，中国政法大学出版社 2018 年版，第 152—153 页。

③ 参见王健：《中国近代的法律教育》，中国政法大学出版社 2001 年版，第 153—159 页。

④ 参见王健：《中国近代的法律教育》，中国政法大学出版社 2001 年版，第 174—180 页。

司法官的执业考试上升为一种固定的全国性制度。通过司法官考试这一纽带，将大学法学教育与法律职业形成了紧密而稳定的联系。南京国民政府时期公立大学法学教育经过调整有了一定程度的发展，出现了以国立北京大学法学院、国立中央大学法学院、国立武汉大学法学院等高校法学院为代表的一批有影响力的公立大学法学院。

南京国民政府成立后，1927 年北京大学法律系并入北京法政大学。1929 年，复设北京大学法律学系。1930 年，改北京大学法律学系为北京大学法学院，设政治、经济、法律三系。1938 年，北京大学法律系并入西南联合大学法商学院，设法律、政治、社会、商学等系。1946 年，复设北京大学法学院，设政治、经济、法律三系。

1927 年 6 月，东南大学、江苏法政大学等 9 所学校合并成立国立第四中山大学，设社会科学院。1928 年 2 月 29 日，国立第四中山大学改名为江苏大学，5 月 4 日，又改为国立中央大学法学院。1928 年 8 月，原社会科学院改为法学院。国立中央大学法学院院长先后由刘克华（1930—1945 年）和何联奎（1945—1949 年）担任，法律系主任则分别由谢冠生（1930—1945 年）和何义钧（1945—1949 年）担任。抗战时期法学院随国立中央大学迁往四川，1946 年 11 月，法学院随大学一并回迁南京。1949 年 8 月，改名为南京大学法学院。

武汉大学法学教育源于 1908 年创办的湖北法政学堂。1928 年 6 月，国立武昌大学改为国立武汉大学，法科改为社会科学院，1929 年又改为法学院。从 1930 年开始直到 1949 年，国立武汉大学法学院法律系主任一直由著名法学家王世杰担任。国立武汉大学是南京国民政府重点打造的一所高校，法学院引进大量优秀人才参与教学科研活动，包括燕树棠、梅汝璈、韩德培、王铁崖、李浩培等著名法学家。抗战全面爆发后，1938 年 2 月法学院随武汉大学迁往四川乐山。抗战胜利后，1946 年 6 月法学院随大学一并迁回武汉。①

1932 年 5 月，陈果夫提出了《改革教育方案》，认为民国建立以来，高等教育偏文法轻理工，导致文法人才过剩，理工农医人才匮乏，提出应当停止招收文法艺术类学生，增加农工医科招生规模。同年 12 月，国民党四届三中全会通过《关于教育之决议案》，重申限制文法，停止招收政法专业学生。受此影响，1932 年各高等学校有法学院 34 所，1936 年减少到 22 所，1937 年抗战全面爆发进一步影响了法学教育的发展。抗战胜利以后，法学教育得以恢复发展，1946 年，全国设有法学专业的学校增加到 36 所，但由于国共双方内战的升级，法学教育的发展实际上受到比较大的影响。②

---

① 参见管晓立：《清末民国时期 中国法学教育的近代化研究》，中国政法大学出版社 2018 年版，第 168—169 页。

② 参见管晓立：《清末民国时期 中国法学教育的近代化研究》，中国政法大学出版社 2018 年版，第 166—171 页。

清末开禁私人举办教育以后，法政学校发展迅猛。民国建立以后，私立法学教育虽几度沉浮，但仍然有所发展，并且形成了一些影响比较广泛的法学教育机构。1905年，爱国天主教徒马相伯创办的复旦公学，是国人创办的第一所私立大学。1917年，复旦公学改名复旦大学，设法科。据统计，到1936年，设有法科的私立大学包括复旦大学、光华大学、大夏大学、沪江大学、南开大学、齐鲁大学、武昌中华大学、厦门大学、广东国民大学、广州大学以及教会创办的震旦大学、燕京大学和东吴大学。私立的独立法政学院则有上海法学院、上海法政学院、正风文学院、中国公学、中国学院、朝阳学院、北平民国学院以及福建学院。[①] 其中最为著名的即1911年在北京创立的朝阳大学和1915年在苏州创立的东吴大学法科，这就是广为流传的"北朝阳南东吴"的由来。除此以外还包括27所法政专门学校。[②]

朝阳大学的源头可以追溯到沈家本倡导创办的北京法学会。民国初期，汪有龄、江庸等人奔走各方，法学会会员积极捐资，成立了朝阳大学，汪有龄被推举为首任校长。朝阳大学于1913年8月开始招生，1914年5月19日朝阳大学经过教育部承认立案。1923年，朝阳大学同学会共同创办《法律评论》（周刊），成为民国时期最著名的期刊之一。1930年12月，南京国民政府教育部令朝阳大学更名为朝阳学院继续办学。抗战全面爆发以后，学校于1938年底迁往成都。1946年暑期以后，朝阳学院在北京复校。[③] 1949年5月20日，北平市军管会文化接管委员会文教部长张宗麟到朝阳学院，正式宣布接管朝阳学院，应届毕业生提前毕业，其余转入新校（即筹备中的"北平政法学院"）继续学习。朝阳大学（学院）的法学教育倾向于大陆法系的法学人才培养模式，法学人才培养以满足国内司法界的需求为主，毕业生除了少数从事教学研究之外，绝大部分服务于司法界，抗战前后全国各级司法机构几乎都有从朝阳毕业的学生。

1900年，美国基督教卫理公会传教士在苏州创办东吴大学。1915年，美国教师兼律师兰金在上海创办东吴大学法科。1927年东吴大学法科改为东吴大学法律学院，聘请毕业生盛振为博士为第一任华人教务长，由著名法学家吴经熊博士担任第一任院长。1935年东吴大学法律学院又改为东吴大学法学院。1942年由盛振为博士继任院长，直至1950年东吴大学法学院关闭。新中国成立以后，1952年院系调整，东吴大学法学院并入新成立的华东政法学院。东吴大学法科设立之初，就以比较法教育为主要教育方向，以英美法为其基本风格。1915年法科创办以后，培养了一大批法学家和律师，以及众多司法服务人才，成为中国英美法教育的中心和律师培养

① 参见王健：《中国近代的法律教育》，中国政法大学出版社2001年版，第226—227页。

② 参见管晓立：《清末民国时期　中国法学教育的近代化研究》，中国政法大学出版社2018年版，第160—162页。

③ 参见王健：《中国近代的法律教育》，中国政法大学出版社2001年版，第244—258页。

的重要基地。到1946年，毕业生达到1200多人。在法学院最初的20年里，就有72名毕业生在大学从事教学科研和人才培养工作，有4人担任法学院院长，31人担任法官，41人在政府机关任职，7人担任立法院委员。[①] 值得一提的是，二战结束以后，1946年至1948年间，同盟国组建远东国际军事法庭，共有10名东吴法学院的毕业生参与了对日本战犯的起诉和审判，包括首席检察官向哲濬，检察官首席顾问倪征燠，助理检察官裘劭恒，检察官顾问鄂森、桂裕，法官秘书方福枢、杨寿林，检察官翻译高文彬、刘继盛、郑鲁达等。

第二节 当代中国的法学教育

新中国成立后，经过70余年曲折前行的发展过程，中国的法学教育逐步发展起来，并形成具有中国特色的法学教育模式和不断壮大的法学教育规模，为当代中国的法治建设输送了大量高质量的专业法治人才。新中国法学教育的历史过程大体上可以分为曲折创建、恢复重建、快速发展和创新发展四个阶段。

一、曲折创建阶段

1949年时，全国共有63所高等院校设有政治、法律、民政等122个系组，3个专修科，12个法律、社会学研究所。[②] 新中国成立初期，法学教育既要与国民党统治时期的法学教育决裂，又要创建新的法学教育。在当时的时代背景下，苏联的法学教育模式就成为新中国法学教育起步初创的参考范本。1949年12月16日，政务院第十一次会议通过了《关于成立中国人民大学的决定》，成立了中国人民大学，并接受苏联的建设经验，聘请苏联教授，有计划有步骤地培养国家建设和发展的各类人文社会科学专业人才和管理干部。1950年10月3日，中国人民大学法律系正式成立，成为新中国自己建立的第一个正规高等法学教育机构。1949年至1950年，新中国先后接收了原国民政府的国立与公立大学和专科学校，1950年又将教会学校、私立大学和私立专科学校也一并接收改为国有。1952年，中国高等学校进行了较大规模的院系调整。大学法学教育也进行了重新布局，裁并相同专业，整合法学教育资源。

在1952年的院系调整中，由北京大学、清华大学的政治系和法律系，燕京大学的政治系和辅仁大学的社会系、民政系合并成立北京政法学院。由复旦大学、南京

---

① 参见王健：《中国近代的法律教育》，中国政法大学出版社2001年版，第236—244页。

② 参见霍宪丹：《中国法学教育的发展与转型1978—1998》，法律出版社2004年版，第277页。

大学、东吴大学和上海法学院的政治系、法律系，沪江大学和圣约翰大学的政治系、安徽大学的法律系合并组成华东政法学院。由重庆大学、四川大学的政治系、法律系，重庆财经学院法律系合并成立西南政法学院。经过这次调整，形成了3院（政法学院）10系（法律系）的高等法学教育院系格局。1953年，教育部对政法教育体系再次进行了调整。在西安成立西北政法干校。由中原大学法学院与湖南大学政治系，中山大学政治系、社会系，广西大学政治系、法律系合并组成中南政法学院。厦门大学法律系并入华东政法学院。云南大学、贵州大学的政治系、法律系并入西南政法学院。综合性大学保留法律系的仅有中国人民大学、东北人民大学、武汉大学和西北大学（司法专修科），形成了4院4系的格局。1954年4月，全国政法教育会议决定恢复北京大学法律系和复旦大学法律系，并扩建西北大学法律系，由此形成的4院6系格局一直保持到1957年。①

1957年至1976年间，法学教育处于停滞挫折阶段，法学教育大幅萎缩。1958年9月19日，中共中央、国务院发布《关于教育工作的指示》，按照指示的要求，上海、重庆法律院校停办。华东政法学院与复旦大学法律系合并为上海社会科学院政治系。中南政法学院、中南政法干校和武汉大学法律系合并成为湖北大学政治系、法律系。中央政法干校西北分校与西北大学法律系合并为西安政法学院（1963年改名为西北政法学院）。中央政法干校东北分校并入辽宁省政法干校。西南政法学院、四川政法干校与公安学院重庆分院合并为四川政法公安学院。济南法律学校并入山东省政法干校，改名为山东省政法学院。1966年8月8日，党的八届十一中全会通过《关于无产阶级文化大革命的决定》，“文化大革命”就此全面展开。同年，政法院系和全国高校均停止招生。1970年6月27日，中共中央批转《北京大学清华大学关于招生（试点）的请示报告》，报告提出请示招收工农兵学员，从此开始了“文革”期间的高等教育招生复课。1971年召开全国教育工作会议，确定了《关于高等学校调整方案》，撤销了106所高等学校，其中中国人民大学法律系、湖北大学法律系和4所政法学院均被撤销。到了1976年，全国高校数量虽然增加到392所，但法学教育仅剩下2系，即北京大学法律系和吉林大学法律系，一直到1973年才开始招收少量工农兵学员。其中，吉林大学法律系从1973年起至1976年间相继招收了4届工农兵大学生，学制为3年。②

“文化大革命”对新中国法学教育的破坏是根本性的，从1957年开始，法学专业在校学生从占高等学校在校生总数的1.9%下降到不足0.1%，1973年在校学生

① 参见霍宪丹：《中国法学教育的发展与转型1978—1998》，法律出版社2004年版，第285—286页。

② 参见霍宪丹：《中国法学教育的发展与转型1978—1998》，法律出版社2004年版，第286—287页。

更是只有36人。法学院校校舍被占用，教师被遣散，大量法学教师受到调查和批判，图书资料、教学设备遭到严重破坏，法学研究所停止工作，中国政法学会停止活动，法学书刊基本停止出版。

二、恢复重建阶段

1978年党的十一届三中全会提出加强社会主义民主和社会主义法制的要求，邓小平同志提出了“有法可依，有法必依，执法必严，违法必究”的十六字方针。邓小平同志还强调要加强民主法制建设，为迅速恢复法学教育提供了良好的契机。

1977年10月12日，国务院批转教育部《关于1977年高等学校招生工作的意见》，恢复了高等学校招生统一考试制度。同年11月3日，教育部、中国科学院联合发出《关于1977年招收研究生的通知》，研究生招生培养工作也从此恢复。1977年，北京大学法律系、吉林大学法律系、湖北财经学院法律系开始恢复招生。1978年，中共中央批转《第八次全国人民司法工作会议纪要》提出的“恢复法律系，培养司法人才”的要求。1978年至1979年，北京政法学院、华东政法学院、西南政法学院和西北政法学院以及中国人民大学法律系相继恢复招生。1979年至1983年，教育部先后批准厦门大学、南京大学、中山大学、武汉大学等30多所综合性大学设置法律系或法律专业。1983年批准以北京政法学院为基础组建中国政法大学，恢复中南政法学院，由此形成了以“五院四系”为主要高等法学专业人才培养机构的快速发展局面。① 到1983年时，有35所法学院系招生，教育部直属重点综合性大学和一些省级综合性大学均设立了法学院系，开设课程规模恢复到了50年代的水平。

1983年12月31日至1984年1月5日，教育部和司法部在北京联合召开新中国第一次全国高等法学教育座谈会，会议确定80年代中后期高等法学教育的基本方针应该是：除了努力办好普通高等政法院校，扩大招生规模外，主要是发展研究生、大学专科和中等法学教育，发展广播电视大学、函授大学、夜大学、自学考试等多种形式的法学教育。1984年，最高人民法院、最高人民检察院与司法部再次联合发出通知，在广播电视大学中开设法律专业，一些省的高等教育自学考试指导委员会开考法律专业。1985年以后，十几个省成立了政法管理干部学院。

1977年至1989年，经过十余年的加强建设，全国范围内的法学教育得到迅速恢复，法学专业人才培养工作在规模上取得了明显的成效。到1991年底，法学院校（系）已经达到116所，本专科招生数达到11 888人，毕业生人数达到11 894人，在校生总人数40 741人，普通高等学校法学专任教师人数也达到了5 802人。与此相

① “五院”即：中国政法大学、华东政法学院、西南政法学院、西北政法学院及中南政法学院；“四系”即：北京大学法律系、中国人民大学法律系、吉林大学法律系及武汉大学法律系。

应，法学专业研究生的规模也有了明显的提升，1991 年，法学专业研究生招生数 1 359人，法学专业研究生毕业总人数1 348人。①

三、快速发展阶段

1992 年邓小平视察南方谈话以后，尤其是 1997 年“依法治国，建设社会主义法治国家”治国方略的提出，极大推动了法学教育的改革与发展，法学教育的规模有了井喷式的增长。1991 年至 2000 年，全国新设法学院 77 所，法学院系规模数达到了 183 所。2000 年至 2003 年，全国新设立法学院 206 所。2004 年至 2005 年，法学高等教育机构增长了 170 所，全国法学院系的总规模达到了 559 所。

法学院系大规模扩张的结果，就是法学专业人才培养的规模和法学学科事业迅猛发展。1992 年，全国高等政法院校本专科生毕业人数9 430人，2005 年增加到 163 529人，增长了 16. 34 倍。1992 年，全国高等政法院校本专科招生人数为 9 336 人，2005 年达到了199 521，增长了 20. 37 倍。1992 年，全国高等政法院校本专科生在校生人数为24 690人，2005 年则达到了697 174人，增长了 27. 24 倍。法学教育规模的大幅度增长的同时，高等学校法学专业师资队伍也在快速发展。1992 年，法学专业教师总人数为6 030人；2005 年，法学专业教师总人数就达到了 47 366人，专业教师总人数几乎增长了近 7 倍。②

为加快培养复合型、应用型高层次法律人才，1995 年，国务院学位委员会和教育部、司法部批准参照美国培养 JD 人才的模式，从 1996 年起招收和培养法律硕士专业学位研究生（简称 JM），1998 年开展在职攻读 JM 学位的教育。

这一时期的法学专业学科建设也有明显增长，到 2005 年底，所有设置法学本科专业的学校均有权授予法学学位，50 余所法律院校具有法学硕士学位授予权，共有硕士学位点 300 余个，20 所高等教育机构有权授予法学博士学位，其中 12 所高校和科研单位为法学一级学科授予单位。③

自 2000 年起，根据 1998 年《中共中央国务院关于深化教育改革全面推进素质教育的决定》和 1999 年 12 月 22 日《国务院关于进一步调整国务院部门（单位）所

① 参见霍宪丹：《中国法学教育的发展与转型 1978—1998》，法律出版社 2004 年版，第 295—296 页。以及朱景文主编：《中国人民大学中国法律发展报告 2013 法学教育与研究》，中国人民大学出版社 2014 年版，第 59—61 页。

② 参见霍宪丹：《中国法学教育的发展与转型 1978—1998》，法律出版社 2004 年版，第 295—304 页。以及朱景文主编：《中国人民大学中国法律发展报告 2013 法学教育与研究》，中国人民大学出版社 2014 年版，第 61—88 页。

③ 这 12 所高校和科研院所包括：北京大学、武汉大学、中国人民大学、中国政法大学、中国社会科学院研究生院、西南政法大学、吉林大学、清华大学、华东政法大学、厦门大学、中南财经政法大学和南京师范大学。

属学校管理体制和布局结构的决定》，司法部将直属的中国政法大学、西南政法大学、华东政法学院、西北政法学院、中南政法学院划转教育部及有关省市管理，实行归由教育部或中央与地方共建、地方管理为主的新体制。中央政法管理干部学院与中国政法大学合并为中国政法大学，中南政法学院与中南财经大学合并为中南财经政法大学，隶属教育部管理；中央司法警官教育学院作为培养监狱管教警察的基地仍然由司法部直接管理，改名为中央司法警官学院。西南政法大学、华东政法学院、西北政法学院则转变为省部共建、地方管理为主的政法院校。

20世纪90年代开始，法学界对即将到来的21世纪中国法学教育的未来发展，以及新世纪法学专业人才的培养问题展开了广泛和深入的交流与讨论。2002年，曾宪义教授和张文显教授作为项目主持人发布了《21世纪中国法学教育改革与发展战略研究》，该报告对于新世纪中国法学教育和法学人才培养的诸多问题进行了创新性的阐发。报告提出，中国现代法律人才的定位“应该是以人的全面发展理论为基础的适应社会职业需要的德智体美技全面发展的具有个性的创造型人才”。现代法律人才应当具有专业性、创造性、个性化、先进性、社会性以及国际性等6个方面的特征。该报告认为，现代法律人才的培养应当注意几对关系问题，即“做事与做人的关系”“继承与创新的关系”“知识与能力的关系”“智力因素与非智力因素的关系”“社会化与个性化的关系”以及“独立与合作的关系”。[①] 这一报告基本上反映了20世纪末中国法学界对法学教育和法学专业人才培养的共识。

四、创新发展阶段

进入21世纪以后，随着中国特色社会主义市场经济的不断发展，改革开放的不断深入，法学教育的供给与社会的需求也发生了新的变化。这一现象推动了法学教育从原有的侧重规模效应，为社会输送急需法学专业人才的教育定位向以内涵质量提升为主轴的为社会培养高层次卓越法律人才转变。2006年至2010年间，法学教育的整体规模的增长速率明显下降，无论是学生的招生总人数、毕业总人数还是在校生总人数均比上一个10年增长速度明显放缓。[②] 与此同时，结合国家在高等教育教学领域改革的不断深入，法学界对于法学人才的培养模式、法学教育的理念和目标、法学教育教学改革、法学教材改革、法学课程改革等法学教育领域的重大问题展开了持久而广泛的探讨，形成了大量的法学教育研究成果。中国的法学教育也正式进入了以创新法学人才培养为抓手的创新发展阶段。

---

① 参见曾宪义、张文显编：《中国法学专业教育教学改革与发展战略研究》，高等教育出版社2002年版，第89—93页。

② 参见朱景文主编：《中国人民大学中国法律发展报告2013 法学教育与研究》，中国人民大学出版社2014年版，第63页，第102—103页。

2011年，教育部与中央政法委联合发布《中华人民共和国教育部、中共中央政法委员会关于实施卓越法律人才教育培养计划的若干意见》，标志着新世纪进一步深化法学专业人才培养的改革，推动法学教育和法学人才培养创新发展的大幕正式拉开。该计划的总体目标是经过10年左右的努力，形成科学先进、具有中国特色的法学教育理念；形成开放多样、符合中国国情的法律人才培养体制；培养造就一批信念执着、品德优良、知识丰富、本领过硬的高素质法律人才。卓越人才培养计划的主要任务为，分类培养卓越法律人才，即分类培养应用型、复合型法律职业人才、涉外法律人才以及西部基层法律人才。该计划设立三大类卓越人才培养基地，即应用型、复合型法律职业人才教育培养基地（遴选58个），涉外法律人才教育培养基地（遴选23个）及西部基层法律人才教育培养基地（遴选12个）。

2014年，党的十八届四中全会决定明确提出，要推进法治专门队伍正规化、专业化、职业化建设，提高职业素养和专业水平。要坚持用马克思主义法学理论和中国特色社会主义法治理论全方位占领高校、科研机构法学教育和法学研究阵地，加强法学基础理论研究，形成完善的中国特色社会主义法学理论体系、学科体系、课程体系。要坚持立德树人、德育为先导向，推动中国特色社会主义法治理论进教材进课堂进头脑，培养造就熟悉和坚持中国特色社会主义法治体系的法治人才即后备力量、建设通晓国际法律规则、善于处理涉外法律实务的涉外法治人才队伍。①

2017年5月3日，习近平同志在中国政法大学视察时强调，法治人才培养是全面依法治国的重要组成部分。我国的法学教育和法治人才培养成效显著。办好法学教育，必须坚持中国特色社会主义法治道路，坚持以马克思主义法学思想和中国特色社会主义法治理论为指导，充分利用学科齐全、人才密集的优势，加强法治及其相关领域基础性问题的研究，为完善中国特色社会主义法治体系、建设社会主义法治国家提供理论支撑。法学教育要处理好法学知识教学和实践教学的关系。要打破高校和社会之间的体制壁垒，将实际工作部门的优质实践教学资源引进高校，发挥政府、法院、检察院、律师事务所、企业等在法治人才培养中的积极作用。实际工作部门要选派理论水平较高的专家到高校任教，参与人才培养方案制定、课程体系设计、教材编写、专业教学，把社会主义法治国家建设实践的最新经验和生动案例带进课堂教学中。②

党的十八届四中全会以后，以习近平同志为核心的党中央对中国特色社会主义法治人才培养的推动，以及国家卓越人才培养计划及各项深化高等教育教学改革配

---

① 《中共中央关于全面推进依法治国若干重大问题的决定》，人民出版社2014年版，第32—33页。

② 参见习近平："全面做好法治人才培养工作"，载习近平：《论坚持全面依法治国》，中央文献出版社2020年版。

套措施的不断实施，极大地促进了我国高等法学教育事业的发展。截至 2017 年，我国开设法学本科专业的高校有 627 所。截至 2018 年 3 月，全国法学一级学科硕士点达到 195 个，法学硕士单位共有 218 所，法学一级学科博士点达到 49 个，二级学科博士点有 1 个。法律硕士点达到 242 个。①

重要文献

古人说："得其人而不得其法，则事必不能行；得其法而不得其人，则法必不能济。人法兼资，而天下之治成。"实施依法治国基本方略，建设社会主义法治国家，必须有一支高素质队伍。要按照政治过硬、业务过硬、责任过硬、纪律过硬、作风过硬的要求，努力建设一支信念坚定、执法为民、敢于担当、清正廉洁的政法队伍。

——习近平：《论坚持全面依法治国》，中央文献出版社 2020 年版，第 54—55 页。

全面依法治国是一个系统工程，法治人才培养是其重要组成部分。法律的生命力在于实施，法律的实施在于人。建设法治国家、法治政府、法治社会，实现科学立法、严格执法、公正司法、全民守法，都离不开一支高素质的法治工作队伍。法治人才培养上不去，法治领域不能人才辈出，全面依法治国就不可能做好。

——习近平：《论坚持全面依法治国》，中央文献出版社 2020 年版，第 174 页。

希望我们的法学教育要坚持立德树人，不仅要提高学生的法学知识水平，而且要培养学生的思想道德素养。首先要把人做好，然后才可能成为合格的法治人才。

——习近平：《论坚持全面依法治国》，中央文献出版社 2020 年版，第 179 页。

第三节　法律职业

一、法律职业的概念与特征

（一）法律职业

职业一般是指个人在社会中所从事的服务于社会并作为其主要生活来源的工作。但从人类社会存在和发展的意义上看，职业又不仅仅是个人赖以谋生的手段，它还是一个人在社会上找到并保持一个特定的社会职位的根本方式，成为从事该职业者

① 参见张文显主编：《法理学》(第五版)，高等教育出版社、北京大学出版社 2018 年版，第 17 页。

的安身立命之本。社会为个人提供某个职位并不仅仅是或最主要的不是基于某个人生存的需要，而是社会维持其自身存在和发展的需要。因此，职业又是一种个人作为社会成员的主体资格，是社会召唤某人去完成某项社会使命的信号。正是在这个意义上，罗斯科·庞德说，“职业”一词是指：“一群人从事一种有学问修养的艺术，共同发挥替公众服务的精神——虽然附带地以它谋生，但仍不失其替公众服务的宗旨。”① 从广义层面看，法律职业泛指一切受过法律专业训练、从事法律工作的人员，包括法学教师、法学研究人员、司法辅助人员等所从事的职业。从这个意义上讲，法律职业就是人们所从事的与法律相关的各种工作。从另一层面看，法律职业仅指律师、法官、检察官所从事的职业，也就是说只有受过专门的法律训练，具有娴熟的法律技能和高尚法律职业伦理的人从事的工作才能称之为法律职业。

在西方，法律职业或法律职业者的概念在不同的法系中所指范围不尽相同。在普通法系国家中，法律职业在狭义上仅指律师；在广义上，它包括律师、法官、检察官、法学教授。在大陆法系国家，没有像英美法国家那样狭义上的法律职业的概念，一般是指法官、检察官以及从事法律服务的专业从业人员。

（二）新时代中国法治人才体系

中华人民共和国成立以后，人们将法官、检察官和律师视为法律职业工作者，把法官、检察官和律师组成的群体称为“法律职业共同体”。② 一般认为，中国特色的法律职业共同体应当包含所有受过法律专业的训练，从事与法律有关事务的人员，包含职业立法者、职业的执法者、职业的司法者、职业律师以及职业的法学教育与研究工作者。③

党的十八大以后，党中央充分认识到法治人才对法治中国建设的重要性，将传统意义上的法律职业人才概念上升为法治工作队伍概念。法治工作队伍是新时代顺应法治中国建设而产生的系统性的法律职业概念，是法治中国建设过程中对法律职业的内涵和功能的新的理解和拓展。习近平强调：“法律的生命力在于实施，法律的实施在于人。建设法治国家、法治政府、法治社会，实现科学立法、严格执法、公正司法、全民守法，都离不开一支高素质的法治工作队伍。”④ 结合十八大以来历次

---

① [美]哈罗德·伯曼：《美国法律讲话》，陈若桓译，生活·读书·新知三联书店 1998 年版，第 208 页。

② 参见张文显主编：《法理学》（第五版），高等教育出版社、北京大学出版社 2018 年版，第 275—276 页。

③ 参见徐显明：“对构建具有中国特色的法律职业共同体的思考”，载《民主与法制》2022 年第 1 期，第 6 页。

④ 习近平：“全面做好法治人才培养工作”，载习近平：《论坚持全面依法治国》，中央文献出版社 2020 年版，第 174 页。

中央文件，以及习近平对法治工作队伍和法治人才的重要表述，可以将当前中国的法治人才体系的结构做如下的划分：

第一类是专门的法治队伍。习近平指出："我国专门的法治队伍主要包括在人大和政府从事立法工作的人员，在行政机关从事执法工作的人员，在司法机关从事司法工作的人员。"① 因此，立法人员、执法人员和司法人员属于专门的法治队伍。我国《监察法》颁行以后，监察机关人员也应当属于专门的法治工作人员。

第二类是专业的法律服务人才。习近平指出："律师队伍是依法治国的一支重要力量"。② 除了律师以外，司法鉴定人员、公证员、司法行政服务人员、企业法务人员和基层法律服务工作者等各类主体也是法治中国建设不可缺失的职业人才资源。

第三类是涉外法治人才队伍。习近平指出要坚持统筹推进国内法治与涉外法治。涉外法治人才主要是指通晓国际法律规则、善于处理涉外法律实务的专业人才队伍。

第四类是专业的法学教育和科研人员。法学教育和科研人员既是专业的法学人才，又是专业的教育科研人才，身份上具有双重性。改革开放以来，许多重大的法律制定和修改，重要的法治理念更新和法学理论创新，都与众多法学教育工作者的贡献密不可分。甚至可以说，改革开放以来中国法治的每一步发展，法学教育工作者都发挥着重要的理论先导作用。

（三）法律职业的特征

1. 法律职业的技能特征

从西方法律职业的发展来看，没有发达的法学教育和法律专业训练就不可能有法律职业的形成。对于从事法律职业的人来说，只有通过正规的法科专业学习，并经过一定时间的系统训练，才能培养出包括法学基本原理、法条理解与解释、案例阅读与分析、信息采集与检索、法律文书的制作、法学论文的写作等专业的法律职业技能。

2. 法律职业的伦理特征

法律职业共同体内部具有特殊的职业伦理，法律职业必须具备本职业特有的伦理，这种伦理不同于大众伦理或公共道德，是法律职业共同体内部的职业习惯、行为方式和内心信仰。这种职业伦理维系着各成员克服职业技术理性所带来的职业偏好，维系着这个团体成员之间的关系，维护着这个团体的社会地位和声誉。法律职业的伦理还能够保证不会因分工与竞争而背离法律职业从业者所共同追求的法律价值目标和共同的职业道德理想。

---

① 习近平："加快建设社会主义法治国家"，载习近平：《论坚持全面依法治国》，中央文献出版社 2020 年版，第 115 页。

② 习近平："加快建设社会主义法治国家"，载习近平：《论坚持全面依法治国》，中央文献出版社 2020 年版，第 116 页。

3. 法律职业的准入特征

法律职业是一个具有限制性、垄断性特征的职业，要加入法律职业的人必将受到严格、认真的考查，并取得许可资格，得到特定的头衔；未经专门训练，未掌握特殊技能与伦理的人不得从事这个职业。比如律师、检察官或法官资格的取得必须经过国家统一法律职业资格考试。①

二、法律职业的起源和历史发展

法律职业的出现是人类社会发展到一定阶段的产物。随着法律的不断发展，以法律为职业的从业者越来越多，其内部分工也越来越细。然而，就法律职业的形成及发展而言，在中国和西方却展现出不同的发展轨迹。中国历史上一直没有形成职业法学家阶层，古代中国并未产生出现代意义的法律职业，也因此未能出现法律职业共同体。在中国悠久的传统法律文化中，形成了厌讼的文化传统；在中国传统管理体制中，形成了行政与司法合一的体制，司法官员普遍由地方政府的行政官员兼任；法律制度上也缺乏独立的诉讼制度，司法过程重实体轻程序的现象较为明显。这种传统一直延续到清朝末年。因此，中国传统社会缺乏推动法律前进的法律家阶层。②

法律职业在西方的发展具有久远的历史，而作为特殊工作的法律职业及其职业共同体则是近现代社会的产物。西方的法律职业最早起源于古罗马。古罗马的征战和城市化推动了商品经济的发展，社会分工更加细化，促进了古罗马法学的繁荣和法律职业的出现，出现了一批职业法学家。他们专门解答法律问题、传授法律技巧、研究法律原则。古罗马时期的司法权与立法权、行政权还没有严格的区分，在这种状况下很难出现独立的和专业化程度很高的法官，也就无法形成现代意义上的法律职业。在中世纪的欧洲，基督教神学统治一切，教会法、王室法、封建法、罗马法和商人法等不同的法律体系并存，世俗法从属于教会法的治理结构，使现代法律职业更加无法形成。公元13—14世纪时期，教会改革导致具有罗马法知识背景的法学专业认识有机会进入教会审判机构担任审判官职务。到了公元16世纪，在西方资本主义生产方式先发国家，现代法律职业初步形成。“战争技术的发展呼唤着专家和专业化的官吏，司法程序的细密化，也要求有训练有素的法律专家。16世纪时，在较先进的国家，专业官吏在战争、财政和法律这三个领域取得了明确的胜利。就在君主专制凌驾于身份等级制度之上的同时，君主大权独揽的统治也逐步让位于专业官吏体制。”③ 这一事实表明，法律职业形成的过程，乃社会进步和法制文明的发展过

① 参见张文显主编：《法理学》(第五版)，高等教育出版社、北京大学出版社2018年版，第274页。

② 参见公丕祥主编：《法理学》(第二版)，复旦大学出版社2010年版，第312页。

③ [德]马克斯·韦伯：《学术与政治：韦伯的两篇演说》，冯克利译，生活·读书·新知三联书店1998年版，第68页。

程，也是君主专制向专业官吏体制转变的过程，更是法治逐步战胜神治和人治的过程。

三、法律职业准入制度

从各国的制度设计和实践经验来看，法律职业准入制度由法律职业资格考试制度、培训制度和任职制度等一系列制度构成。

职业资格考试制度主要是通过考试，检测拟从业者是否具备了法律知识和素养。不同的国家有不同的职业资格考试制度。譬如，美国只有律师资格考试，而无专门的司法官资格考试，法官与检察官从律师中产生。德国、日本等国家则实行统一的司法资格考试制度，申请律师、法官、检察官三种职位的考试是统一的。

法律职业任职制度主要是指国家基于法律职业的特性，对法律职业的任职条件与资格所作的限制性规定。从各国的经验和实践来看，一般是从法律专业学历、法律实践经历及所任职位的专职性要求等方面来把握法律职业的任职条件。世界各国普遍要求任职者获得法律专业相应的学位，作为律师必须在律师事务所任实习律师若干年。若担任法官，许多国家还规定必须有从事律师工作的经历，如美国、英国、新加坡、印度规定至少担任律师 6 年以上才可担任法官。而担任上级法院法官的条件或资格则有着更为严格的资历要求，英国规定担任高等法院法官须有 10 年以上出庭律师资格，且年龄为 50 岁以上；日本规定高等裁判所的法官须担任过 10 年以上助理法官、简易法院法官、检察官、律师、法院调查员等。此外，世界各国还从年龄、国籍、公民权、品德、身体状况等方面，对法律职业的任职条件作了严格的规定。

我国目前实行的是国家统一法律职业资格考试制度，它是国家统一组织的遴选合格法律从业人员资格的国家考试制度。司法部根据相关法律出台《国家统一法律职业资格考试实施办法》，明确了法律职业资格考试的报名条件、组织实施、违纪处理、资格授予管理等内容，对规范法律职业资格考试的组织实施具有重要的作用。根据国家统一法律职业资格考试制度及其实施办法，初任法官、初任检察官、申请律师执业、公证员执业和初次担任法律类仲裁员，以及行政机关中初次从事行政处罚决定审核、行政复议、行政裁决、法律顾问的公务员，应当通过国家统一法律职业资格考试，取得法律职业资格。

四、法律职业伦理概述

伦理是人类社会生活关系之规范、原理、规则的总称，职业伦理是与大众伦理相对应的概念，它同人们的职业活动紧密相连，是一种具有自身职业特征的道德准则和规范的总和。各种职业因其性质、内容与社会期待的不同，存在着各种职业的伦理。例如教师、执业医师、会计师、税务师等都有其职业伦理，法律职业也不例外。

法律职业有别于其他一般的社会职业，它是基于公平、公正的立场将法律运用到具体的人和事的一种工作。因此，它要求从业人员应具备良好的道德品质。我们认为，法律职业伦理是一种责任伦理，它是指从事法律职业的人在法律活动中必须遵循的伦理规范和道德原则。

（一）加强法律职业伦理的意义

党的十八届四中全会决定指出："加强公民道德建设，弘扬中华优秀传统文化，增强法治的道德底蕴，强化规则意识，倡导契约精神，弘扬公序良俗。发挥法治在解决道德领域突出问题中的作用，引导人们自觉履行法定义务，社会责任、家庭责任。"[①] 这一要求，对于加强法律职业伦理建设，同样有着重要的指导意义。

第一，有利于维护法律权威，促进公平正义。法律要被人信仰就必须具有权威，而司法权威是树立法律权威的关键。法律权威是在法的适用过程中确立的。而法的适用过程实际上是法律职业者通过其认识能力不断证明已经发生的案件事实和适用现行法律的过程，这一过程充满着主观性。法律职业者伦理素质直接影响着司法公正的实现程度，良好的法律必须通过法律职业者的忠实执行才能发挥作用。一个具备良好职业伦理的法律职业者群体将极大地促进人们对法律的信任，从而树立司法权威，最终使得法治得以在社会现实生活中扎下根来。因此，防治司法腐败，重塑司法权威，必须强调法律职业者群体的职业伦理化，培养法律职业者忠于法律、刚直不阿、公正无私的优良道德品质和独立人格。[②]

第二，有利于塑造法律职业共同体的精神追求。法律职业共同体是意义的共同体、事业的共同体、解释的共同体和利益的共同体[③]。这表明，法律职业共同体包含了从物质到精神的丰富内涵。一个职业共同体的形成不仅需要有共同的利益、共同的行为模式，还需要有共同的职业伦理。职业伦理在精神层面塑造共同体成员的共同价值观，激发共同体成员的职业荣誉感，给予共同体成员精神上的归属感。

（二）法律职业伦理的普适性要求

第一，拥护中国共产党的领导。坚持中国共产党的领导是中国特色社会主义最重要的特征，也是坚持中国特色社会主义法治道路的核心要义。拥护中国共产党领导是当代中国法律职业工作者的核心伦理要求，决定着法律职业工作者的理想信念

---

① 《中共中央全面推进依法治国若干重大问题的决定》，人民出版社 2004 年版，第 27 页。

② 参见高新华：《司法现代化进程中的法律职业伦理》，载《法学论坛》，2005 年第 2 期。

③ 参见张文显、卢学英：《法律职业共同体引论》，载《法制与社会发展》，2002 年第 6 期。

和工作质量。法律职业工作者只有拥护中国共产党的领导，才能忠实服务于中国特色社会主义法治，才能从根本上坚持以人民为中心，让人民群众在每一项法律制度、每一个执法决定、每一宗司法案件中都感受到公平正义。

第二，忠于法律。忠于法律，忠实地理解和适用法律，是法律职业者应遵循的基本伦理准则。忠于法律的伦理内容要求法律职业者自觉形成对法律的确认和信仰，培养法律至上的道德品格；要求法律职业者认同法律的内在价值，并以此指导自身的法律职业行为，公正正确地理解和适用法律；要求法律职业者将法律视如自己的生命，视如自己的灵魂，坚决反对和制止“以言代法”“以权代法”“知法犯法”等违法犯罪行为。

第三，追求公平正义。实现社会公平正义是人类追求法治的终极目标。法的适用过程就是人类追求司法正义过程的反映。法律职业群体应当在司法活动中自觉地将司法正义看成自己外在行为的内心信念，要以高度的责任感积极地实现对公平正义的理想追求，要通过其法律职业实践实现执法公平和司法正义，从而最终实现社会正义。

第四，维护法律职业共同体的声誉。在法律活动促进法律职业形成之前，其内部就已经开始酝酿着一种“身份荣誉意识”，进而发展为一种传承后世的法律职业伦理，它从群体内部维系着共同体成员并保证共同体的社会地位和声誉。① 因此，维护法律职业共同体的操守和声誉是法律职业伦理的普适性要求。法律职业者应当意识到：“他们所要承担起的历史使命是对法治社会之建立给以深远的思考和计划，因而在法治的推进过程中所形成的共同体之集团整体性，有着进取的意义并展现着一个不同寻常的意义世界——为了我们想要做的人和我们旨在享有的社会。”②

延展阅读

《中华人民共和国法官职业道德基本准则》

……

第二条　法官职业道德的核心是公正、廉洁、为民。基本要求是忠诚司法事业、保证司法公正、确保司法廉洁、坚持司法为民、维护司法形象。

第三条　法官应当自觉遵守法官职业道德，在本职工作和业外活动中严格要求自己，维护人民法院形象和司法公信力。

第二章　忠诚司法事业

① 参见公丕祥主编：《法理学》(第二版)，复旦大学出版 2010 年版，第 319 页。

② 参见张文显、卢学英：《法律职业共同体引论》，载《法制与社会发展》，2002 年第 6 期。

第四条　牢固树立社会主义法治理念，忠于党、忠于国家、忠于人民、忠于法律，做中国特色社会主义事业建设者和捍卫者。

第五条　坚持和维护中国特色社会主义司法制度，认真贯彻落实依法治国基本方略，尊崇和信仰法律，模范遵守法律，严格执行法律，自觉维护法律的权威和尊严。

第六条　热爱司法事业，珍惜法官荣誉，坚持职业操守，恪守法官良知，牢固树立司法核心价值观，以维护社会公平正义为己任，认真履行法官职责。

第七条　维护国家利益，遵守政治纪律，保守国家秘密和审判工作秘密，不从事或参与有损国家利益和司法权威的活动，不发表有损国家利益和司法权威的言论。

第三章　保证司法公正

第八条　坚持和维护人民法院依法独立行使审判权的原则，客观公正审理案件，在审判活动中独立思考、自主判断，敢于坚持原则，不受任何行政机关、社会团体和个人的干涉，不受权势、人情等因素的影响。

第九条　坚持以事实为根据，以法律为准绳，努力查明案件事实，准确把握法律精神，正确适用法律，合理行使裁量权，避免主观臆断、超越职权、滥用职权，确保案件裁判结果公平公正。

第十条　牢固树立程序意识，坚持实体公正与程序公正并重，严格按照法定程序执法办案，充分保障当事人和其他诉讼参与人的诉讼权利，避免执法办案中的随意行为。

第十一条　严格遵守法定办案时限，提高审判执行效率，及时化解纠纷，注重节约司法资源，杜绝玩忽职守、拖延办案等行为。

第十二条　认真贯彻司法公开原则，尊重人民群众的知情权，自觉接受法律监督和社会监督，同时避免司法审判受到外界的不当影响。

第十三条　自觉遵守司法回避制度，审理案件保持中立公正的立场，平等对待当事人和其他诉讼参与人，不偏袒或歧视任何一方当事人，不私自单独会见当事人及其代理人、辩护人。

第十四条　尊重其他法官对审判职权的依法行使，除履行工作职责或者通过正当程序外，不过问、不干预、不评论其他法官正在审理的案件。

第四章　确保司法廉洁

第十五条　树立正确的权力观、地位观、利益观，坚持自重、自省、自警、自励，坚守廉洁底线，依法正确行使审判权、执行权，杜绝以权谋私、贪赃枉法行为。

第十六条　严格遵守廉洁司法规定，不接受案件当事人及相关人员的请客送礼，不利用职务便利或者法官身份谋取不正当利益，不违反规定与当事人或者其他诉讼参与人进行不正当交往，不在执法办案中徇私舞弊。

第十七条　不从事或者参与营利性的经营活动，不在企业及其他营利性组织中兼任法律顾问等职务，不就未决案件或者再审案件给当事人及其他诉讼参与人提供咨询意见。

第十八条　妥善处理个人和家庭事务，不利用法官身份寻求特殊利益。按规定如实报告个人有关事项，教育督促家庭成员不利用法官的职权、地位谋取不正当利益。

第五章　坚持司法为民

第十九条　牢固树立以人为本、司法为民的理念，强化群众观念，重视群众诉求，关注群众感受，自觉维护人民群众的合法权益。

第二十条　注重发挥司法的能动作用，积极寻求有利于案结事了的纠纷解决办法，努力实现法律效果与社会效果的统一。

第二十一条　认真执行司法便民规定，努力为当事人和其他诉讼参与人提供必要的诉讼便利，尽可能降低其诉讼成本。

第二十二条　尊重当事人和其他诉讼参与人的人格尊严，避免盛气凌人、“冷硬横推”等不良作风；尊重律师，依法保障律师参与诉讼活动的权利。

第六章　维护司法形象

第二十三条　坚持学习，精研业务，忠于职守，秉公办案，惩恶扬善，弘扬正义，保持昂扬的精神状态和良好的职业操守。

第二十四条　坚持文明司法，遵守司法礼仪，在履行职责过程中行为规范、着装得体、语言文明、态度平和，保持良好的职业修养和司法作风。

第二十五条　加强自身修养，培育高尚道德操守和健康生活情趣，杜绝与法官职业形象不相称、与法官职业道德相违背的不良嗜好和行为，遵守社会公德和家庭美德，维护良好的个人声誉。

第二十六条　法官退休后应当遵守国家相关规定，不利用自己的原有身份和便利条件过问、干预执法办案，避免因个人不当言行对法官职业形象造成不良影响。

……

《中华人民共和国检察官职业道德基本准则》

第一条　坚持忠诚品格，永葆政治本色。

第二条　坚持为民宗旨，保障人民权益。

第三条　坚持担当精神，强化法律监督。

第四条　坚持公正理念，维护法制统一。

第五条　坚持廉洁操守，自觉接受监督。

《中华人民共和国监察官法》

……

第四条　监察官应当忠诚坚定、担当尽责、清正廉洁，做严格自律、作风优良、拒腐防变的表率。

第五条　监察官应当维护宪法和法律的尊严和权威，以事实为根据，以法律为准绳，客观公正地履行职责，保障当事人的合法权益。

……

《律师职业道德基本准则》

第一条　律师应当坚定中国特色社会主义理想信念，坚持中国特色社会主义律师制度的本质属性，拥护党的领导，拥护社会主义制度，自觉维护宪法和法律尊严。

第二条　律师应当始终把执业为民作为根本宗旨，全心全意为人民群众服务，通过执业活动努力维护人民群众的根本利益，维护公民、法人和其他组织的合法权益。认真履行法律援助义务，积极参加社会公益活动，自觉承担社会责任。

第三条　律师应当坚定法治信仰，牢固树立法治意识，模范遵守宪法和法律，切实维护宪法和法律尊严，在执业中坚持以事实为根据，以法律为准绳，严格依法履责，尊重司法权威，遵守诉讼规则和法庭纪律，与司法人员建立良性互动关系，维护法律正确实施，促进司法公正。

第四条　律师应当把维护公平正义作为核心价值追求，为当事人提供勤勉尽责、优质高效的法律服务，努力维护当事人合法权益。引导当事人依法理性维权，维护社会大局稳定。依法充分履行辩护和代理职责，促进案件依法、公正解决。

第五条　律师应当牢固树立诚信意识，自觉遵守执业行为规范，在执业中恪尽职守、诚实守信、勤勉尽责、严格自律。积极履行合同约定义务和法定义务，维护委托人合法权益，保守在执业活动中知悉的国家机密、商业秘密和个人隐私。

第六条　律师应当热爱律师职业，珍惜律师荣誉，树立正确的执业理念，不断提高专业素质和执业水平，注重陶冶个人品行和道德情操，忠于职守，爱岗敬业，尊重同行，维护律师的个人声誉和律师行业形象。

思考题

1. 试述党的十八大以来对法学人才培养的基本要求。
2. 试述法律职业的特征。

3. 试述我国法官职业伦理的基本要求。
4. 试述我国检察官职业伦理的基本要求。
5. 试述律师的社会作用及其职业伦理要求。

第四章　法学的基本范畴（上）

作为研究法律现象及其发展规律的学问，法学研究首先要回答关于法律的系列基本问题。法律是什么？由什么要素构成？外在表现为怎样的样态？以及为什么有效力？这一些问题，是法学研究的基本理论问题，也是法学的基本范畴。

第一节　法的概念与法的要素

一、法的概念

H.L.A.哈特在《法律的概念》中认为，给法律下定义是一个"恼人不休的问题"。尽管如此，不同的法学派别和思想家都试图给出自己的法律概念。排除法学家在情感上非要给自己的研究领域"法律"下一个定义、追求完美甚至是展示不同以往的观点等主观因素，法律的"概念"在客观上也必然构成法学研究链条上的重要环节。

（一）法、法律的词义

在汉语中，我国第一部字典《说文解字》对法的古体"灋"有过系统的解释："灋，刑也，平之如水，从水；廌，所以触不直者去之，从去。"古代中国的"法"就是"刑"；其价值旨趣的"平之如水"，意味着"法"必须追求"公平"。"廌"也是中国古代所说的"獬豸"，相传三代商朝时期的皋陶用独角神兽"廌"审理案件：被"廌"以角触及的诉讼一方即为"不直者"。由此，"灋"也就意味着由神明独角兽决定的、"不直者"一方应受的"刑"。《说文解字》另载："律，均布也。""均布"是古代调整音律的定音仪器，清代段玉裁在《说文解字注》中进一步指出："律者，所以范天下之不一而归于一，故曰均布。""律"实为普天之下人们应该一致遵循的行为准则，具有规范人们行为的作用。据《尔雅·释诂》载，"法""律"在秦汉时期已经同义；《唐律疏议》更是明确指出："法亦律也，故谓之为律。"汉代以降，"律"是历代王朝最重要法典的语词定格，如从汉代的《九章律》到《大明律》均是如此。清末民初，"法律"作为一个独立合成词的用法则是从日本传入的。①

---

①　参见何勤华：《中国法学史》(第一卷)，法律出版社 2000 年版，第 1 章。

在西文中，从词义与词源上区分“法”与“法律”是一种源远流长的历史与学术传统。作为西方文明发源地，希腊人对理论研究的高度重视赋予希腊语中的“ius”（法）以偏重“公平”“正义”等法理论倾向的内涵；而以武功、法制著于后世的古罗马帝国，更重视实体法的创制与实施效果，因此拉丁语中的“lex”（王）更倾向于表达“法”的实体规则面向。学界通常将这种学术传统称为西方法概念的“二元论”：实在法应该表达法律理论上的“公平”“正义”等价值趋向。法概念的“二元论”在西语中有不同的文字表现：拉丁文中的“jus”和“lex”，法文中的“droit”和“loi”，德文中的“recht”和“gesetz”，意大利语中的“diritto”和“legge”，西班牙语中的“derecho”和“ley”等。这一系列单词中的前者更重于表达法作为道德原则、正义标准的理论方面，而后者则更多表达了法律乃是国家机关制定、颁布的规则，是前者的规则表现形式。在西方法学发展史上，“自然法”与“实在法”的二元对立就是这种观点的直接表现。

当代中国法学理论界的一些学者——尤其是在分析西方世界的法律现象时——也在形式上采用了“法”与“法律”的二元划分方法。在当代中国，“法律”包括广义和狭义两个层面已经获得了人们的广泛认同：广义的法律是指一个国家法律的整体，包括宪法、法律、行政法规等规范性法律文件以及有法律效力的法律解释等，它们构成一个国家法律的正式法源；狭义的法律是指全国人大及常委会制订的效力等级仅次于宪法的规范性法律文件。在日常语境下，人们所说的“法”不仅包括广义的法律，甚至还包括一部分法的非正式渊源。

（二）法概念的多样性

不同的法学派别、法学研究者秉持不同的法观念，从而对法的定义也大相径庭。综观之，各种不同的法概念无非从法的本源、法的表现形式与法的作用（功能）三个方面描述法。

1. 从法的本源定义法的观点

从法何所由出的角度定义法的观点，撷其要者大致有如下不同学说。

（1）法源于神意。认为法表现为神的意志，这几乎是人类关于法概念最古老的观念。中世纪基督教经院哲学认为法是上帝意志的体现就是此种法定义的具体形态。

（2）法源于理性。认为法是人类理性的体现。例如，古罗马思想家、政治家西塞罗认为：“法律乃是自然中固有的最高理性，它允许做应该做的事情，禁止相反的行为。当这种理性确立于人的心智并得到实现，便是法律。”① 西欧 17、18 世纪的很多启蒙思想家，也持此种观点。

---

① ［古罗马］西塞罗：《论共和国　论法律》，王焕生译，中国政法大学出版社 1997 年版，第 189 页。

(3) 法源于暴力。认为法是暴力的派生物。春秋战国时期的中国法家大多持此种法观念，例如，韩非子指出："法者，宪令著于官府，刑罚必于民心，赏存乎慎法，而罚加乎奸令者也。"①

(4) 法源于公意。法国启蒙思想家卢梭认为，法律结合了意志的普遍性与对象的普遍性，任何一个人的擅自发号施令绝不能成为法律："当全体人民对全体人民作出规定时，他们考虑的是他们自己……这时，由于作出规定的行为者是公意，它所规定的事情就是带普遍性的。正是这种带普遍性的规定，我称之为法律。"②

(5) 法源于事物的性质。法国启蒙运动时期思想家孟德斯鸠认为："从最广泛的意义来说，法是由事物的性质产生出来的必然关系。在这个意义上，一切存在事物都有它们的法。"③ 在具体的法律规范方面，孟德斯鸠认为法律又表现为理性："法律，在它支配着地球上所有人民的场合，就是人类的理性；每个国家的政治法规和民事法规应该只是把这种人类理性用于个别情况。"④ 在孟德斯鸠看来，一个国家的法律能够完全适合另外一个国家是非常凑巧的事情。

(6) 法源于精神。在德国古典哲学家黑格尔构建的庞大法哲学体系中，法是客观精神通过人的主观意志表现出来的精神世界之间的统一，是客观精神的体现。"法的基地一般说来是精神的东西，它的确定的地位和出发点是意志。意志是自由的，所以自由就构成法的实体和规定性。至于法的体系是实现了的自由的王国，是从精神自身产生出来的、作为第二天性的那精神的世界。"⑤ 所以，"任何定在，只要是自由意志的定在，就叫做法"。⑥ 在涉及具体国家的实在法时，黑格尔的论述非常具体、接地气，法律不仅采取在某个国家有效的形式，而且"从内容上说，这种法由于下列三端而取得了实定要素：①一国人民的特殊民族性，它的历史发展阶段，以及属于自然必然性的一切情况的联系；②一个法律体系在适用上的必然性，即它必然要把普遍概念适用于各种对象和事件的特殊的、外部所给予的性状，——这种适用已不再是思辨的思维和概念的发展，而是理智的包摄；③实际裁判所需要的各种最后规定"。⑦ 黑格尔关于法律内容表述中隐含的历史社会学因素，亦有助于理解德国历史法学派的观点。

(7) 法源于习俗。德国历史法学派代表人物萨维尼认为："一切法律均缘起于行

---

① 《韩非子·定法第四十三》。

② [法]卢梭：《社会契约论》，李平沤译，商务印书馆 2011 年版，第 42 页。

③ [法]孟德斯鸠：《论法的精神》，张雁深译，商务印书馆 1982 年版，第 1 页。

④ [法]孟德斯鸠：《论法的精神》，张雁深译，商务印书馆 1982 年版，第 6 页。

⑤ [德]黑格尔：《法哲学原理》，范扬、张企泰译，商务印书馆 1961 年版，第 10 页。

⑥ [德]黑格尔：《法哲学原理》，范扬、张企泰译，商务印书馆 1961 年版，第 36 页。

⑦ [德]黑格尔：《法哲学原理》，范扬、张企泰译，商务印书馆 1961 年版，第 4 页。

为方式，在行为方式中，用习常使用但却并非十分准确的语言来说，习惯法渐次形成；就是说，法律首先产生于习俗和人民的信仰，其次乃假手于法学——职是之故，法完全是由沉潜于内、默无言声而孜孜矻矻的伟力，而非法律制定者的专断意志所孕就的。”① 法最初体现为习惯，再进一步由习俗和人民的信念产生了法；在后来的发展阶段，职业法学家群体的推动才发挥作用。从根本上来说，这种习俗又表现为一种民族精神：“法律与民族的存在和性格的有机联系，亦同样展现于时代的进步中。这里，再一次地，法律堪与语言相比。对于法律来说，一如语言，并无决然断裂的时刻；如同民族之存在和性格中的其他的一般性取向一般，法律亦同样受制于此运动和发展。此种发展，如同其最为始初的情形，循随同一内在必然性规律。法律随着民族的成长而成长，随着民族的壮大而壮大，最后，随着民族对于其民族性的丧失而消亡。”②

2. 从法的表现形式定义法的观点

(1) 法表现为规则。这种观点最为直观、也是最容易被人们理解和接受的法定义。中国古代法家重要代表管仲指出：“尺寸也、绳墨也、规矩也、衡石也、斗斛也、角量也，谓之法。”③ 又说“法者，天下之程式也，万事之仪表也”④。这种观点是古代中国法家从实用主义的角度，给出的既容易被人们理解、也有利于实施的法概念。当代西方分析法学代表人物、英国法学家H. L. A. 哈特在其代表性著作《法律的概念》中更是明确提出了法是由初级规则（primary rule）和次级规则（secondary rule）组成的规则体：“如果我们要周延地处理法体系的复杂性，就需要去区分两种相关但不同类型的规则。在其中一种类型之规则的规范下（这个类型的规则可以被认为是基本的或初级的类型），不论他们愿意不愿意，人们都被要求去做或不做某些行为。另一种类型的规则在某个意义上则是依附于前一种类型的规则之上，或者说，相对初级规则而言是次级的（secondary）；因为它们规定了，人类可以通过做或说某些事，而引入新的、取消或修改旧的初级类型规则，或者以各式各样的方式确定它们的作用范围，或控制它们的运作。”⑤ 在哈特看来，两种规则承担不同的法律功能：初级规则设定义务，次级规则授予权利，两者结合构成一个国家严密的法体系。

(2) 法体现为命令。英国哲学家、法学家杰里米·边沁和法学家约翰·奥斯丁

---

① [德]萨维尼：《论立法与法学的当代使命》，许章润译，中国法制出版社 2001 年版，第11 页。

② [德]萨维尼：《论立法与法学的当代使命》，许章润译，中国法制出版社 2001 年版，第9 页。

③ 《管子·七法》。

④ 《管子·明法解第六十七》。黎翔凤：《管子校注》(下)，中华书局 2004 年版，第 1213 页。

⑤ [英]H.L.A. 哈特：《法律的概念》(第三版)，许家馨、李冠宜译，法律出版社 2018 年版，第137 页。

秉持法律命令说，开创了分析法学；法律乃是主权者的命令构成了早期分析法学的主要观点。虽然人们往往习惯于将奥斯丁作为分析法学派的创始人，但边沁对分析法学的学术贡献却是绝对不容忽视的。边沁认为，法律是主权者制定的："被承认有权制定法律的个人或群体为法律而制定出来的任何东西，俱系法律。""每项法律，在它完整的场合，要么是强制性质的，要么是非强制性质的。强制性的法律是命令。非强制性的、或者宁可说否定强制的法律，是强制性法律之完全或部分的废除。"① 法律均具有强制性，要么是命令，要么是命令的废除。边沁的法律概念，在其生前未能出版的著作《论一般法律》中进一步完善："法律可以定义为，由一个国家内的主权者所创制的、或者所采纳的、用以宣示其意志的符号的集合，该等符号是关于某个特定的个人或某种特定类型的人们在某个特定的情形中应遵守的行为，而处在该情形中的该等人是、或者被推定是受制于主权者的权力。"② 奥斯丁对法律的定义亦有明确表述："法律，是强制约束一个人或一些人的命令。"③ 当然，命令说有着鲜明的学术传承。这种观点早在启蒙运动早期的法国学者博丹、英国哲学家霍布斯那里，就已经存在；后世学者则对此观点作了更为深入的阐释。

（3）法表现为判决。美国法学家约翰·奇普曼·格雷认为，"不判决，无法律"。④ 如果说给法律下一个比较明确的定义："国家或任何人类组织化团体的法律都由规则构成，并由作为该团体司法机构的法院发布，用以确定法律权利与义务。"⑤ 此定义从法律的渊源、表现形式以及作用等角度，对法律概念进行了比较全面的描述。法律是法院在判决中所规定的东西，那么成文法、判例、专家意见甚至道德、习惯也就自然成了与判决有紧密关联的法的渊源。美国联邦最高法院大法官霍姆斯在其颇具影响的名篇《法律之道》中，多次提及法律乃是坏人对法院将作出何种判决的"预测"，此种法律概念虽然往往被人们概括为"预测论"，但也显示出其与法院判决的密切联系。

3. 从法的作用定义法的观点

（1）法律是实现政治统治的工具。中国法家不仅从法的形式定义法，而且更重视法律的政治统治功能。管子认为，法律是君主用来实现统治的实用的准则，法律

---

① [英]边沁：《道德与立法原理导论》，时殷弘译，商务印书馆 2000 年版，第 369、370 页。

② [英]杰里米·边沁：《论一般法律》，毛国权译，上海三联书店 2008 年版，第 1 页。

③ [英]约翰·奥斯丁：《法理学的范围》，刘星译，北京大学出版社 2013 年版，第 33 页。

④ [美]约翰·奇普曼·格雷：《法律的性质与渊源》，马驰译，中国政法大学出版社 2012 年版，第 83—84 页。

⑤ [美]约翰·奇普曼·格雷：《法律的性质与渊源》，马驰译，中国政法大学出版社 2012 年版，第 71 页。

乃是“天下之至道也，圣君之实用也”①。法律一方面关系百姓命运，决断狐疑、明辨是非，“所以决疑而明是非也，百姓所县命也”；② 另一方面在实现政治统治和社会管理方面也发挥着巨大作用：“夫法者，所以兴功惧暴也。律者，所以定分止争也。令者，所以令人知事也。”③ 法家的另一位代表人物韩非子也认为：“法者，宪令著于官府，刑罚必于民心，赏存乎慎法，而罚加乎奸令者也。”④ 这种观点与管子的看法似不谋而合。

(2) 法律是实现正义的工具。在西方法治文明中，亚里士多德第一次系统地提出了法治理论，认为法治是实现正义的重要手段。“要使事物合于正义，须有毫无偏私的权衡；法恰恰是这样一个中道的权衡。”⑤ 法律与正义之间存在着密切联系是古今中外一种主流的观点，甚至一些思想家用正义来定义法律。

(3) 从法律的社会作用定义法。这种观点为法律社会学、法律人类学学者所倡导。例如，美国法人类学家霍贝尔指出法律就是这样一种社会规范，“如果对它置之不理或违反时，照例就会受到拥有社会承认的，可以这样行为的特权人物或集团，以运用物质力量相威胁或事实上加以运用。”⑥ 美国法律社会学的集大成者罗斯科·庞德从社会控制的角度定义法，在分析了几种不同的法概念后，他认为“社会控制”的观念可以将不同的法的定义整合起来，因此法应当是这样一种制度：“我们可以设想一种制度，它是依照一批在司法和行政过程中使用的权威性法令来实施的高度专门形式的社会控制。”⑦ 美国当代法学家朗·富勒认为：“法律是使人类行为服从于规则之治的事业。”⑧ 这一法律的概念，也常常被人们概括为“事业论”的法概念。

（三）马克思主义的法概念

与上述法概念存在本质不同，马克思主义的法概念以辩证唯物主义和历史唯物主义为世界观和方法论。从形式上，马克思主义经典作家也区分了“法”与“法律”的差别，但二者作为上层建筑的具体表现都建立在一定社会的经济基础之上，正因如此马克思主义的法概念与此前“二元论”的法概念有根本不同。

1. 马克思主义经典作家的表述

在标志着马克思主义唯物史观确立的著作《德意志意识形态》一书中，马克思

---

① 《管子·任法》。
② 《管子·禁藏》。
③ 《管子·七臣七主第五十二》。黎翔凤：《管子校注》(中)，中华书局 2004 年版，第 998 页。
④ 《韩非子·定法第四十三》。
⑤ [古希腊]亚里士多德：《政治学》，吴寿彭译，商务印书馆 1981 年版，第 169 页。
⑥ [美]霍贝尔：《原始人的法》，严存生等译，法律出版社 2006 年版，第 27 页。
⑦ [美]庞德：《通过法律的社会控制》，沈宗灵译，商务印书馆 2008 年版，第 25 页。
⑧ [美]富勒：《法律的道德性》，郑戈译，商务印书馆 2005 年版，第 124—125 页。

和恩格斯明确在区分“法”与“法律”的基础上，具体说明了国家和法作为上层建筑对所有制的依赖关系，从而清晰地揭示了国家和法（法律）的阶级实质。“因为国家是统治阶级的各个人借以实现其共同利益的形式，是该时代的整个市民社会获得集中表现的形式，所以可以得出结论：一切共同的规章都是以国家为中介的，都获得了政治形式。由此便产生了一种错觉，好像法律是以意志为基础的，而且是以脱离其现实基础的意志即自由意志为基础的。同样，法随后也被归结为法律。”① 直观之，“法”似乎是以自由意志为基础的——深究后才会发现这是“一种错觉”；但这种“错觉”至少说明“法”与社会的物质生活条件以及人们的交往形式有着紧密的联结。“法”是建立在经济基础之上的、反映统治阶级主观意志的法权要求。

“法律”则是统治阶级的将“法”赋予法律形式的产物。马克思主义经典作家认为，统治阶级把自己的意志赋予特定形式，上升为“法律”，乃是统治阶级组织其力量的重要手段：“占统治地位的个人除了必须以国家的形式组织自己的力量外，他们还必须给予他们自己的由这些特定关系所决定的意志以国家意志即法律的一般表现形式。这种表现形式的内容总是决定于这个阶级的关系，这是由例如私法和刑法非常清楚地证明了的。”② 这种观点在1848年发表的《共产党宣言》中有了更为明确的表达：“你们的观念本身是资产阶级的生产关系和所有制关系的产物，正像你们的法不过是被奉为法律的你们这个阶级的意志一样，而这种意志的内容是由你们这个阶级的物质生活条件来决定的。”③ “法律”是上升为统治阶级意志的法权要求——“法”，二者的内容由统治阶级的物质生活条件所决定。

2. 法律的概念

根据马克思主义的基本原理，结合汉语一般将“法”指向“国法”，法律的习惯表述，我们可以把法定义为：法是由国家专门机关以制定或认可等形式创制的、并以国家强制力保证实施的调整行为关系的规范体系，它是客观规律与主观意志的结合，是阶级统治和社会管理的重要手段，它以权利义务为调整机制，目的在于实现统治阶级认为有利的社会关系与社会秩序。

马克思主义经典作家关于法的论述以及由此得出的法概念，与此前的法概念相比具有如下特点：第一，法首先表现为统治阶级意志，它以统治阶级的法权要求为出发点和归宿；第二，法与国家之间存在紧密关系，国家在统治阶级意志外化为法律的过程中发挥了重要作用；第三，作为统治阶级意志表现的“法”，归根到底是由统治阶级赖以存在的社会物质生活条件所决定的。物质生活条件构成了法最深层次

① 《马克思恩格斯选集》第1卷，人民出版社2012年版，第212页。
② 《马克思恩格斯全集》第3卷，人民出版社1965年版，第378页。
③ 《马克思恩格斯文集》第2卷，人民出版社2009年版，第48页。

的决定性因素，这也是马克思主义唯物史观在法律概念中的具体表现。

3. 法的本质

不同的法概念必然意味着不同的法本质。透过法现象的直观外在表现，马克思主义法的本质主要表现为以下三个方面。

（1）法是意志性与规律性的统一。根据马克思主义的基本原理，法是人类意识活动的产物，是人能动的意识创造。从这层意义上看，法的意志属性首先表现为法是统治阶级意志的体现。另外，法所体现的统治阶级意志还需要统治阶级整体将其上升为国家意志。因此，从一个国家特定的法律制度到法律体系，都是该国统治阶级主观意志活动的产物。

但是，任何人——包括统治阶级——的意志也并非是一种任性，人的意志要受其赖以生活的物质生活条件的限制。“只有毫无历史知识的人才不知道：君主们在任何时候都不得不服从经济条件，并且从来不能向经济条件发号施令。无论是政治的立法或市民的立法，都只是表明和记载经济关系的要求而已。”① 客观物质生活条件的运动有其特定的规律，法的规律性体现在它必须反映特定社会的发展规律。只有反映人们对社会发展客观规律的认识、并将这种规律性认识通过立法者的主观意志表达出来的法律，才能在社会中得到较好实施。

（2）法是阶级性与共同性的统一。法的阶级性体现在法表达了统治阶级意志，是统治阶级实施政治统治的重要手段。马克思主义在承认法的阶级性的同时，并不否定法的共同性。

法的共同性，是指法律的某些内容、形式、作用效果并不因其反映统治阶级意志而发生改变，它们在不同的国家带有相同或相似性。例如，不同性质国家之间的法律可能具有相同或相似性；另外，同一个国家在不同时期的不同统治阶级却可能采用相同或相似的法律。之所以出现这种情形，主要原因包括：第一，法律的规律性影响法的共同性，法律既然反映不以人的意志为转移的客观规律，是与人类共同存在的，也就意味着法律之间会存在若干相同或相似之处。第二，法律是社会管理的重要手段，例如，发展经济、维护社会秩序稳定、维护社会公共利益、保障维护公民权益、社会治理和纠纷排解、促进教育科学文化的发展、保护生态环境等所有现代社会面临的问题，都需要以法律手段解决，这样也就促使不同国家的法律制度出现了相同或相似的内容。第三，法律是人类文明发展的成果，例如，很多国家都采用成文法的形式，不同国家的法律制度可能采用相同的法律概念，确立类似的法律制度，等等。随着人类文明的进一步发展，人类社会之间交往的逐渐增多，法律的共同性有更为鲜明的体现。

---

① 《马克思恩格斯全集》第 4 卷，人民出版社 1965 年版，第 121—122 页。

（3）法是利益性和正义性的结合。法律通过调整利益实现特定的社会目标，这一机制根源于人类的天性。对此，商君指出："夫人情好爵禄而恶刑罚，人君设二者以御民之志，而立所欲焉。"① 青年马克思也曾写道："人们为之奋斗的一切，都同他们的利益有关。"② 法律必须确定、分配、平衡各种不同的社会利益，这是法发挥作用的社会基础，否则法必然形同虚设。

法的正义性要求，法律在调整不同社会主体之间的利益关系时，必须符合公平、公正、正当、合理的要求。在自然法学派看来，不符合正义性要求的法就是"恶法"，从而不具备法的品格。法律在人类社会生活的重大利益分配中始终占有重要地位：立法可以说是对利益的第一次制度性分配；在法律实施的过程中，人们之间的利益进行第二次分配。无论哪一次利益的制度性分配，都应当符合并体现正义。

按照法本质的基本原理可以推出，我国社会主义法的本质主要表现为它是人民性与阶级性的统一；政治性与正义性的统一；科学性与先进性的统一。首先，我国社会主义法是工人阶级领导下的全国人民共同意志的体现。我国宪法第一条规定："我国是工人阶级领导的、以工农联盟为基础的人民民主专政的社会主义国家"，充分体现了我国法是人民性和阶级性的高度统一。其次，我国社会主义法体现政治性与正义性的统一，可以从两个方面来理解：一方面，我国社会主义法是中国共产党领导的广大人民意志的体现，人民在社会主义国家已经上升为统治阶级，这是法的政治性的根本体现；另一方面，社会主义法代表了社会发展进步的方向，它继承和发展了人类历史上法治文明一切有利于人民和切实保障人民权益实现的民主自由、公平正义、权力制约、权利保障等普适价值，同时它把符合社会发展方向的社会主义的核心价值观融入法治发展全过程、各环节，因此，它是真实反映人民意志、能够更好、更高、更广泛地保障法的正义性的实现。再次，我国社会主义法既是资本主义法的对立物，也是资本主义法的扬弃物，还是坚持从中国实际出发、吸收借鉴了古今中外优秀的法律文化与法制文明的优秀成果的产物，因而它具有科学性的品格；同时，社会主义法能够积极回应时代要求和人民需求，并在法治实践发展中不断推进中国特色社会主义法治体系的发展完善，因而它能够保持法的科学性要求，是体现了科学性与先进性的统一。

4. 法的特征

法律的本质外化为法的特征，从而成为不同法律之间相区分的显在标志。了解法律的特征不仅有助于我们在一般知识层面上了解法律，而且能够指导我们理解、掌握法律的运作规律。法律的基本特征大致可以归结为以下几个方面。

---

① 《商君书·错法第九》。

② 《马克思恩格斯全集》第1卷，人民出版社1995年，第187页。

（1）法的规范性。法是调整人的行为的社会规范。调整人的有意识的行为，是法律有别于其他社会规范的重要特征。例如，道德规范、宗教规范对人们的思想甚至也会有相应的规范作用。在批评法律不应该惩罚人的思想时，青年马克思在《评普鲁士最近的书报检查令》中写道："对于法律来说，除了我的行为以外，我是根本不存在的，我根本不是法律的对象。我的行为就是法律在处置我时所应依据的唯一的东西。因为我的行为是我为之要求生存权利、要求现实权利的唯一东西，而且因此我才受到现行法的支配。"① 在理解法的规范性特点上，主要把握以下三点。

第一，法律调整的对象是人的行为。人的行为是受人的自主意识决定和支配的，这是人类区别于动物的主要特征；但精神病人在精神病发病期间的举动不属于人的自主意识所决定的行为，因此该行为不应成为法律调整的对象。

第二，法律调整人的行为包括安排单个人的行为和调整人与人之间的相互关系。安排单个人的行为，是法律发挥作用的基点，调整人与人之间的关系是法律发挥作用的归宿。在理论上，我们一般将前者称为法的规范作用，后者则表现为法的社会作用。

第三，法律是社会规范。法律是国家权力机关制定的、依靠人类社会有组织的强制力而得以落实的社会规范，这是法律与自然规律乃至技术规范的重要区别。法律作为社会规范，具有概括性、一般性的特点。这里所谓的概括性、一般性，主要指法律不针对具体的人和事做出规定，而且显示其可以普遍适用性的特点。

（2）法的国家性。法的国家性是法律区别于其他社会规范的重要方面，其主要表现如下。

第一，由国家专门机关制定、修改、认可、解释。它涉及法的形式与效力来源，是法律规范产生的重要渠道。法律的制定和修改是立法的最普遍、最直观的方式。法律的认可可以表现为诸多不同情况，例如，赋予社会上已经存在的习俗、道德、宗教规范以法律效力；通过加入国际组织、加入或签署国际条约的方式，认可某些国际法规范等。法律解释是指有解释权的国家专门机关，依照法定的权限和程序，根据一定的标准、原则对法律进行的阐释。

第二，法律效力的普遍性。首先，法律效力的普遍性意味着法律在一国主权所及的范围内普遍有效。其次，法律效力的普遍性还意味着所有公民在法律面前人人平等，任何组织和个人不得有超越于法律之上的特权。法律是国家治理的重要手段，法律效力的普遍性是法治的基本要求。

第三，法律的国家强制性。国家强制力是指军队、警察、监狱、法庭等有组织的暴力，以国家强制力为后盾是法律在现实生活中得到有效实施的保证，否则法律

---

① 《马克思恩格斯全集》第1卷，人民出版社1995年，第121页。

就是毫无意义的空气震动！不可否认，任何规范都有强制力，例如，违反道德要受到舆论谴责、内心确信等言语或心理的“强制”，但违反法律的强制却表现为国家的强制，因此以国家强制力为保障乃是法律与其他社会规范的重要区别。在理解法律的国家强制性时需要注意如下几点：首先，法律的强制性具有潜在性和间接性，法律对人们行为的强制并非连续不断的，只有在法律被违反时，强制才会发生。其次，国家强制并非法律实施的唯一后盾，一个国家的经济、政治、文化环境也在很大程度上影响着法律的实施效果。最后，国家强制性在很大程度上是对人们自觉守法的补救措施，法律在大多数情况下都会被人们自觉遵守；如果一个国家的法律在大多数情况下都要依靠强制力才能得到实现，那么社会的运行成本将大大提升，高水平的国家治理与稳定的社会秩序也是难以企及的。

在理解法的国家性时，不能忽视法律是人类社会发展的重要文明成果。因此各国法律制度之间可能具有某些相似性，也为法律的继承与移植提供了特定的理论与现实基础。

(3) 法的相互性。作为调整人类行为的社会规范，相互性是流淌在法律血液中的原始基因。从法人类学的角度定义法，最能体现法的相互性特征。英国人类学家马林诺夫斯基指出：“法律规则与其他规则之所以不同，就在于它们能被感受并确定为一个人的义务和另一个人的权利要求。它们不仅只依靠心理动机，而是正如我们所知道的那样，是由建立在互赖基础上和互惠服务的同等安排的认同上的特定社会约束力机制所强制执行的，并将这些权利主张融入错综复杂的关系网络中才能得以实现。”① 法律是基于人类交往的相互性而设定的行为规则，离开相互性去定义法律，最有可能退回到将法律视为主权者命令的单向度强制境地。交往的相互性，是人类社会本质的必然反映。人类交往的相互性原理，决定了个体必须与他人结成群体，才能实现自己的需要。为了达到这个效果，法律制度在调整群体关系，促进人类竞争合作方面规定了权利与义务的双向调节机制，以此适应人类社会的相互性。简言之，规定权利和义务是法律相互性的最重要表现形式。

在理解法律的相互性特点时，首先需要把握权利和义务构成了法律的主要内容。权利和义务是主体法律地位的体现，无论一个国家法律体系的主导价值倾向于权利还是义务，立法者从来没有也不能忽视法律权利和法律义务的设定。正是通过权利和义务的设定而体现出来的价值倾向，法律引导人们按照特定的利益目标择定行为模式。其次，权利和义务是两个截然不同的利益调整手段。前者主动激发法律主体的行为，后者被动约束法律主体的行为；前者表征法律主体的单方利益，后者确定

---

① ［英］马林诺夫斯基：《原始社会的犯罪与习俗》，原江译，云南人民出版社 2002 年版，第 35 页。

法律主体的特定负担。总之，权利和义务在调整行为的机制上存在着巨大的不同，这种差异性相合相生，推动法律制度的正常运转。

(4) 法的程序性。法律的制定、实施都必须严格按照法定的时间和空间上的步骤和方式展开，这是法律与其他社会规范的重要区别。法律程序具有极强的形式性：如果说权利和义务是法律的内容，那么程序就是法律的形式表现。当然，作为形式的程序对作为内容的权利义务的公正实现具有极其重要的意义。此外，法律程序还具有相对的独立性，其发展具有稳定性、连续性，而且程序传统完全可以自成一派——如大陆法系和英美法系的法律程序可以存在重大的差别。

法律程序之于实体法律的重要意义，决定了正当程序的理念有着悠久的发展历史。一般来说，人们把1215年英国的《大宪章》作为“正当程序”原则的源头。例如，其第三十九条规定：“除非依据国内法律，任何自由民不受监禁人身、侵占财产、剥夺公民权、流放以及其他任何形式的惩罚，也不受公众攻击和驱逐。”对着时间的推移，“正当法律程序”甚至发展成为英美法律中程序的最高原则。

（四）法律的价值与作用

法律的价值与作用是法律概念的外延，二者分别从自身存在的静态意义以及法律与其调整对象之间动态关系的角度，阐释法的规定性。

1. 法的价值

(1) 关于法律价值的不同理论。法律价值理论因理论性较强而极具弹性，故当代中国法学界呈现出百舸争流的法律价值理论景象。学者们从不同的视角，采用不同的方法审视法律价值理论，最终表现为不同的法律价值形态体系。

张文显教授主张根据评价法律的生产力标准、人道主义标准、现实主义原则和历史主义原则，将法的价值分为目的价值和形式价值两大方面：目的价值居于核心地位，强调法治的理想性因素；形式价值则强调使法自身逻辑自洽的形式品格。按照这样的法律价值分析逻辑，法的目的价值包括人权、秩序、自由、正义、效率、人身安全、人格尊严、社会公共福利、经济的可持续发展、善良风俗的维持、环境的保护与改善等方面；而法的形式价值则表现为法的不溯及既往、法律用语的明确性、法律应当公开等方面。①

孙国华、朱景文教授则按照另一种方法分析法的价值问题。他们认为法的价值包括三个方面：①法所中介的价值，例如自由、平等、正义、秩序、效益等；②法的工具性价值，例如法的确认性价值、分配性价值、衡量性价值、保护性价值、认识性价值等；③法本身的价值（或法律价值），包括法律能够协调对立双方使之共

---

① 参见张文显主编：《法理学》(第五版)，高等教育出版社、北京大学出版社2018年版，第310—316页。

处，法律能够促进社会生活和谐、稳定，法律能够使国家权力的运用合理化、经常化、系统化、公开化等。①

公丕祥教授将法的价值形态体系归结为利益、秩序、正义、自由、效率五大价值。② 付子堂教授则将法律的价值体系归纳为秩序、利益、平等、自由、人权、正义六个大的方面。③ 卓泽渊教授在《法律价值论》一书中对法的价值进行了专门深入的研究，认为法的价值表现形态极为多样，包括效益、文明、民主、法治、理性、权利、自由、平等、人权、正义、人的全面发展等。

以上所述关于法律价值的不同学说均有其合理性，也非常全面，但由此也导致了内容过于庞杂而不可避免存在重复，以致在体系上难以协调的问题。因此，需要一种更为简明的法律价值分析方法。

（2）法律价值的概念和特点。19 世纪下半叶，“价值”一词被视为现代西方价值哲学创始人的德国哲学家赫尔曼·洛采引入哲学、人文科学之中。此后，该词经常出现在经济学、政治学、伦理学、法学等各学科的讨论中。一般来说，在不同领域人们对“价值”的含义存在不同理解：在经济学意义上，它主要指体现在商品中的劳动价值；在日常生活中，它往往指涉客观事物的有用性或具体效用；在哲学意义上，“价值”往往指客体对于主体的积极意义。关于法律价值的讨论，无疑属于哲学——更准确地说属于法哲学的研究范畴。

无论人们对“价值”的定义存在多大的差别，其中有一点是永远不能也不会改变的：价值的主体只能是人或人的延伸。价值的本质属性必然是表明主、客体之间关系的范畴，是指客体满足主体需要的一种性能。正因如此，“凡是谈论价值，从根本上说都应当是相对人而言的，价值为人而产生的，为人而存在，人是一切价值的主体”。④

按照价值的基本含义，法的价值是指作为客体的法，在与不同社会主体之间发生关系的过程中表现出来的，满足个人、群体、社会和国家需要的积极意义。法的价值具有客观性和主体性的特征。

法律价值的客观性，是指无论社会主体怎样认识法律价值的内涵与性质，法律对于社会主体的积极意义都是客观存在的。从这个角度看，法律价值与主体对法律价值的认识和评价不是一回事：前者是客观的，而后者是主观的。例如，对抢劫行为采取刑事制裁措施，体现了特定刑法规范维护社会秩序的价值，这种价值是不以

① 参见孙国华、朱景文主编：《法理学》（第三版），中国人民大学出版社 2015 年版，第 54—57 页。

② 参见公丕祥主编：《法理学》（第三版），复旦大学出版社 2016 年版，第 54—69 页。

③ 参见付子堂主编：《法理学进阶》（第二版），法律出版社 2006 年版，第 77—176 页。

④ 王宏维：《社会价值：统摄与驱动》，人民出版社 1995 年版，第 37 页。

人的意志为转移的；但是在被采取刑事强制措施的被告人看来，刑法可能对他是不公平的。

法律价值的主体性，是指法律对不同的主体甚至不同的时间、空间的同一主体也存在不同价值。法律价值的主体性需要通过法律价值的变异性和多维性进行展开解释。法律价值的变异性，是指法律价值根据社会主体需要和利益的变化而变化；法律价值的多维性，是指基于社会主体需要和利益的多方面性、多层次性，法律满足主体需要和利益的积极意义也是多方面的、多层次的。例如，改革开放之初的1981年，我国社会的主要矛盾是人民日益增长的物质文化需要同落后的社会生产之间的矛盾；经过四十多年的高速发展，十九大报告指出中国特色社会主义进入新时代，我国社会的主要矛盾已经转化为人民日益增长的美好生活需要和不平衡不充分的发展之间的矛盾。法律作为国家治理的重要手段，我国公民、社会组织、执政党以及国家等不同社会主体对法律价值的诉求，就会随社会的发展而不断发生变化。

归根到底，把握社会主体的人这一中心，是分析法律价值的钥匙。

（3）法律价值的主要表现形态。法律价值的表现形态是对法律价值进行理论分析的结果。如果从法律价值是表明法律与社会主体的人之间关系的范畴出发，法律价值的表现形态整体上包括两大方面：法律自身有什么价值以及作为社会主体的人需要法律提供哪些价值。讨论法律价值的前提是法律自身具有价值，这一价值在抽象的价值目标上看应该是“正义”。法律价值表现形态的第二个方面又取决于人的属性。如果根据马克思主义的基本原理，将人的属性在理论上区分为自然属性与社会属性，那么作为社会主体的人需要法律提供的价值当为自由和秩序。因此，我们认为正义、自由和秩序构成法律价值形态的“基本型”。

第一，正义。正义是人类追求的共同理想，是法律的核心价值。不同时代的思想家对正义进行不同的界定。例如，古希腊思想家亚里士多德把正义分为分配的正义和矫正的正义；德国哲学家叔本华提出了积极正义和消极正义的概念；苏格兰哲学家大卫·休谟认为，由于资源的缺乏以及人类有限的利他主义，正义的满足则需要具备主观和客观两个条件。著名法学家汉斯·凯尔森1952年在加利福尼亚大学所作的告别演说则集中表达了相对正义论的正义观，认为正义是主观的、相对的、有条件的，正义不过是个人或个别集团的感情因素的任意表露；当代美国学者约翰·罗尔斯则提出了“社会正义”和个人正义的正义论，认为社会正义是社会制度是否正义的问题，并认为后者由于关涉面广泛而成为正义的首要问题。当代中国，人们一般认为作为社会基本结构的社会体制的正义，对人们的生活有着更为根本和决定意义的影响。

人们往往根据不同的需要对正义作出不同的分类。从法学研究和法律实践的角度看，实质正义与形式正义以及与此分类相应的实体正义与程序正义尤为重要。一般而言，实体正义是指在通过实体法律权利和义务来公正地分配社会利益与负担的过程中，以法律规则形式所体现出来的正义；程序正义是指为了实现实体法律权利与义务，通过法律制度设定一系列必要程序所体现出来的正义。无论何种正义分类或表现形式，作为其根本的正义总是表现出多变甚至看似有些对立的特点。例如，正义必须反映人类文明的基本共识与人类生活的根本理想，从而显出普遍性的特点；但上述普遍性的正义只能在具体的和特殊的人类生活境况之中存在并得到体现，从而使正义又表现出特殊性的一面。正义一方面因为表现不同时代人们对正义的认识、理解和态度，而显出时代性的特点；另一方面又反映出人作为社会性的存在所共同的情感、理想和需求，而打上了超时代性的烙印。总之，正义的复杂性、多变性，需要从多维的视角进行理解和把握。

正义是法律自身的价值，因此正义之于法律的作用主要表现在三个方面。首先，正义是法律的存在根据和评价标准。正义是检视法律善恶的根本标准——在自然法学派看来，恶法甚至不具备法的资格。其次，正义是法律发展和进步的动因。社会发展引发的正义观的进步与变迁，引导着法律制度的更新，并使之最大限度地符合正义的时代要求。再次，正义作为原则可以直接适用于具体的法律实践。在法律推理、法律解释等法律适用过程中，正义价值往往成为解决疑难案件、填补法律空白或漏洞的重要依据。

对于正义的实现而言，法律亦具有举足轻重的重要作用。首先，法律将正义的原则与观念融入法律规范与制度之中，通过对社会生活的主要领域及其重要的社会关系实行法治化治理，全面促进和保障社会正义。其次，在立法过程中，通过法律权利和义务的双向调节机制，法律公正地分配社会的利益和负担，使实体正义与程序正义得到具体落实。最后，在法律实施过程中，通过法律效果上的认可与惩罚机制，在执法与司法上保障实体正义与程序正义的实现。

马克思主义认为，正义作为一种观念始终是以特定社会的物质生活条件为基础的。在《论住宅问题》中，恩格斯抨击了蒲鲁东主义者倡导的“永恒公平”。永恒公平作为人类生活状态一再接近的理念，以抽象的形式存在是没有意义的。“这个公平始终只是现存经济关系的或者反映其保守方面，或者反映其革命方面的观念化的神圣化的表现。”① 为由于具体的、现实的正义观念保持一致，法律才能永葆生机。

第二，自由。早在古希腊、古罗马时期，“自由”作为受奴役相对立的理念与制度就已广泛使用。例如，男子达到一定年龄便可摆脱父权的控制，奴隶在法律规定的条件下可以被解放成为自由人。尽管这一时期希腊哲学与罗马法律都未对“自由”进行严格的概念界定，但现实生活中却积累了大量的关于“自由”的经验认知。近

① 《马克思恩格斯选集》第3卷，人民出版社2012年版，第261页。

现代以来，西方很多著名的思想家对自由都进行过界定。例如，英国哲学家霍布斯认为自由就是一种自由的感觉；而苏格兰哲学家大卫·休谟则认为自由意味着选择的自由；英国思想家的约翰·密尔认为，自由即自决，就是用我们自己认为好的方法实现我们认为好的事情。法国思想家卢梭认为，自由就是依法行事，法律是公意——当然包括行为者本人意志的体现，依法行事就是实现自己的意志；违反法律就是一个人不愿意自由，因此受到强制就等于法律强迫违法者自由。孟德斯鸠则把自由分为哲学意义上的自由和法律意义上的自由：哲学意义上的自由，是对事物客观必然性的理性认识和自觉运用，它表示的是一个主观意志与客观规律的范畴；法律意义上的自由，是哲学上自由的一个具体领域，它属于个人与社会之间关系的范畴，它意味着人们可以做法律所允许的一切事情。1958年，以赛亚·伯林在担任牛津大学社会和政治学说史教授时，发表了《两种自由观》的就职演说，提出了积极自由（positive）和消极（negative）自由的区分。消极自由，意味着："在什么样的限度内，某一个主体（一个人或一群人），可以、或应当被容许，做他所能做的事，或成为他所能成为的角色，而不受到别人的干涉?"积极自由，是指："什么东西、或什么人，有权控制、或干涉，从而决定某人应该去做这件事、成为这种人，而不应该去做另一件事、成为另一种人?"① 这些不同的自由概念，无不给人留下深刻印象。

马克思主义经典作家在继承并扬弃了黑格尔关于从必然性的角度定义自由的思路外，又进一步将"自由"问题与特定社会的物质生活条件联系起来。更为重要的是，马克思主义经典作家把自由最终与必然和实践辩证地连接起来。在马克思主义看来，哲学意义上的自由是对必然性的认识和对客观世界的改造，从而实现了人类关于自由问题认识的伟大飞跃。当然，青年马克思已经非常清楚地认识到了"自由确实是人的本质，因此就连自由的反对者在反对自由的现实的同时也实现着自由……没有一个人反对自由，如果有的话，最多也只是反对别人的自由。可见，各种自由向来就是存在的，不过有时表现为特殊的特权，有时表现为普遍的权利而已"。② 同时，法律与自由之间也存在着非常密切的关系，"法律上所承认的自由在一个国家中是以法律形式存在的。法律不是压制自由的措施，正如重力定律不是阻止运动的措施一样。……法律是肯定的、明确的、普遍的规范，在这些规范中自由获得了一种与个人无关的、理论的、不取决于个别人的任性的存在。法典就是人民自由的圣经"。③ 概括起来，自由是人的本性，是人的存在方式；是人不受约束的状态。法学上的自由则意味着主体行为与法律规定的一致性，也就是说社会主体可以

---

① 刘军宁等编：《市场逻辑与国家观念》，生活·读书·新知三联书店1995年版，第200—201页。

② 《马克思恩格斯全集》第1卷，人民出版社1995年，第167页。

③ 《马克思恩格斯全集》第1卷，人民出版社1995年，第176页。

自主选择和从事某种行为，但这种行为必须与法律规定相一致。

自由的价值从人的主体性角度能够得到充分论证。首先，自由确证和体现了人的主体性。社会主体的行为要受到限制，但这种限制必须是法律的限制，这也是约翰·密尔的基本观点，“这里所要讨论的乃是公民自由或称社会自由，也就是要探讨社会所能合法施用于个人的权力的性质和限度”。① 按照自己的意志做不违背法律的事情就是社会主体性的重要表现形式。其次，自由是人发挥创造性的重要前提。“人类要成为思考中高贵而美丽的对象，不能靠着把自身中一切个人性的东西都磨成一律，而要靠在他人权利和利益所许的限度之内把它培养起来和发扬出来。……个性与发展乃是一回事。”② 首创性是人独立存在的最重要表征，因此确保个性，也就保证了人的首创性，也就保证了人的主体性。最后，自由是人类发展的动力。马克思主义经典作家在其思想成熟的作品《共产党宣言》中，明确了自由社会是人类社会发展的最终归宿，“代替那存在着阶级和阶级对立的资产阶级旧社会的，将是这样一个联合体，在那里，每个人的自由发展是一切人的自由发展的条件”。③

在现代法治社会中，法律是保障自由实现的最重要手段。首先，法律确认自由。法律不仅通过确定权利义务的方式，设定社会主体的自由范围；还通过同样方式设定社会主体自由的实现方式。其次，法律划定国家权力的合理范围，明确公权力正当行使的程序，从而排除国家权力对某些个人自由的干涉——特别是在私权领域，保障个人的生活选择不受公权力的干预。再次，法律对社会主体享有的自由进行界定和限制，防止主体不受限制的自由而造成相互侵害。例如，国家以法律手段为个人发展提供平等的机会，使个人能自由地追求自己的合法目标。最后，法律为各种侵害社会主体自由的非法行为提供救济手段与程序。当然，法律禁止社会主体任意放弃某些必需的自由，也是法律保障自由的重要表现。

第三，秩序。秩序是指在一定时空范围内事物之间以及事物内部要素之间相对稳定的结构状态。在所有的秩序分类中，自然秩序与社会秩序之分有重大意义；对于人类而言，良好的社会秩序是社会进步的基础。因此，社会秩序必然是法律追求的重要价值之一。

在社会学的意义上看，法律与秩序更像是同义语，“规则和秩序本身，对任何要摆脱单纯偶然性或任意性而取得社会的固定性和独立性的生产方式来说，是一个必不可少的要素”。④ 关于法律与秩序之间的密切联系，人们有过颇多的论述。将这些论点概括起来，其核心无非是：任何法律制度都追求社会发展的连续性、稳定性和

---

① ［英］约翰·密尔：《论自由》，程崇华译，商务印书馆 1959 年版，第 1 页。

② ［英］约翰·密尔：《论自由》，程崇华译，商务印书馆 1959 年版，第 67—68 页。

③ 《马克思恩格斯文集》第 2 卷，人民出版社 2009 年版，第 53 页。

④ 《马克思恩格斯全集》第 25 卷，人民出版社 1974 年版，第 894 页。

有序性。“所有秩序，无论是我们在生命伊始的混沌状态中所发现的，或是我们所要致力于促成的，都可从法律引申出它们的名称。”① 秩序所以构成法的基本价值追求，最根本的原因在于二者内在的包容关系：良好的法律得到严格的执行，其结果必然造就良善的秩序；而良善的秩序也必然内在地包含着法律规则的主旨。正是从这个意义上来说，“与法律永相伴随的基本价值，便是社会秩序。消除社会混乱是社会生活的必要条件”。② 因此，法律秩序就是通过法律调整建立起来的人与人、人与社会之间相对稳定、和谐有序的状态。法律不仅有助于解决社会纠纷和矛盾，维护正常社会秩序，同时秩序又有利于调整和解决社会纠纷，鼓励社会合作、促进社会和谐。

法律建立与维护社会秩序有其特殊机制。法律通过对个人行为的安排和对社会关系的调整实现社会秩序。对个人行为的安排和社会关系的调整必须因势利导，抓住公平分配利益的主线，才真正有助于社会秩序的实现。诚如庞德所云：“一个法律制度通过下面一系列办法来达到，或无论如何力图达到法律秩序的目的：承认某些利益；由司法过程（今天还要加上行政过程）按照一种权威性技术所发展和适用的各种法令来确定在什么限度内承认与实现那些利益；以及努力保障在确定限度内被承认的利益。”③ 换言之，秩序的目的在某种意义上也是为了恰当地保护社会成员的利益。

法律有助于社会秩序的建立和维护。在建立社会秩序方面，法律通常依照人们所向往的理想社会秩序来设计；法律一方面通过赋予社会主体相应的权利和自由引导各种行为，另一方面通过给社会主体施加相应的义务与责任，以约束各种行为从而建立社会秩序。在维护社会秩序方面，法律既有助于维护合理的政治统治秩序和权力运行秩序，也有助于维护正常的经济、文化和社会生活秩序。

(4) 法律价值的冲突与协调。法律价值内涵的复杂性以及社会生活的多变性，导致不同法律价值时有冲突。例如，由于效益和公平之间的矛盾，社会正义的实现在很大程度上需要以牺牲效率为代价；同样，秩序与自由、秩序与正义之间也会出现特定的矛盾，甚至有时会出现二者择一的困难局面。

从社会主体的角度看，法律价值冲突主要有以下几个情况：个体之间法律所承认的价值发生冲突，如一个人的自由可能导致与他人利益的冲突；共同体之间发生法律所承认的价值冲突，如国际人权与特定国家主权之间的冲突；个体与共同体之

---

① [德]拉德布鲁赫：《法学导论》，米健、朱林译，中国大百科全书出版社 1997 年版，第 1 页。

② [英]彼得・斯坦、[英]约翰・香德：《西方社会的法律价值》，王献平译，中国法制出版社 2004 年版，第 45 页。

③ [美]罗斯科・庞德：《通过法律的社会控制 法律的任务》，沈宗灵、董世忠译，商务印书馆 1984 年版，第 35 页。

间的价值冲突，比较典型情况发生在个人自由与社会秩序之间出现矛盾的情形。

当代中国法学界的主流观点认为，解决价值冲突的原则一般有三个方面：第一，价值位阶原则。即不同位阶的法律价值发生冲突时，某种法律价值优先于另一种法律价值。如秩序、自由、正义等法律价值，与某些非基本的法律价值在价值位阶上并非并列的。根据基本价值优位的思路，基本价值优于非基本的法律价值。第二，个案平衡原则。即指处于同一位阶上的法律价值之间发生冲突时，必须综合考虑主体之间的特定情形、需求和利益，使个案的解决能够适当兼顾双方的利益。民法上的公平原则解决民事争端，与个案平衡原则要求的情形非常类似。第三，比例原则。即为保护某种较为优越的法律价值必须侵害另外一种法益时，不得逾越达此目的所必要的程度。如为了维护公共秩序，必要时可以实行交通管制，但应尽可能实现最小损害或最少限制。正当防卫和紧急避险不应过当，也在一定程度上体现了比例原则。

2. 法的作用

法律以单个人的行为以及人与人之间的行为关系为调整对象。因此，法的作用就是指法对人的行为以及社会关系产生的影响，是国家权力和社会经济、政治、文化等各种运行状况的具体表现。按照美国法学家罗斯科·庞德的说法，法律、宗教和道德是三种重要的社会控制手段，但是，“从十六世纪以来，社会政治组织已经成为首要的了……所有其他社会控制的手段被认为只能行使从属于法律并在法律确定范围内的纪律性权力”。[①] 粗略计算，法律成为最重要的社会控制手段已经有了近五百年的历史。在法律作用已无法被人们忽视的情况下，法律作用的研究也成为法学理论研究的重要方面。从当代中国法学界的主流观点看，以法对个人行为的作用与法对社会关系的作用为标准，法的作用可被分为法的规范作用和法的社会作用两大方面。

(1) 法的规范作用。法的规范作用是基于法的规范性特征，考察法对个人行为的作用方式与渠道。根据当代中国法理学界的主流观点，法的规范作用主要表现为五个方面。

第一，指引作用。指引作用是法律规范对人的行为发挥的导向作用。例如，《中华人民共和国民法典》（以下简称《民法典》）第十八条第二款规定：“十六周岁以上的未成年人，以自己的劳动收入为主要生活来源的，视为完全民事行为能力人。”该规定对“十六周岁以上的未成年人”如何决定自己的行为，以便以“完全民事行为能力人”的资格进行活动作了明确的指导。必须指出：法的指引作用表现为一种规范性指引，这种指引不针对具体的人、具体的事；像人民法院作出

---

① [美]罗斯科·庞德：《通过法律的社会控制》，沈宗灵译，商务印书馆 2010 年版，第 11 页。

的判决书，就是对诉讼双方当事人行为的特定指引，而与这里提及的规范性指引存在本质不同。

根据不同标准，法律的指引作用可以被分为不同种类，如原则的指引和具体的指引、羁束的指引和非羁束的指引等。但确定的指引和有选择的指引，在法的指引作用分类中比较多见。此种分类方法的依据是法律规范中所确定的行为模式：当法律规范对人们的行为作出没有选择余地的设定义务（应为模式和勿为模式）的行为模式时，该指引就是确定的指引；当法律规范给行为人提供了可供其自由意志选择的行为方式、为行为人设定了权利（可为模式）的行为模式时，该指引则为有选择的指引。设定权利和义务是确定的指引和有选择的指引的重要区别。

第二，预测作用。预测作用是指行为人可以根据法律规定预估、测算人们相互之间将会如何行为及可能产生怎样的行为后果等，从而对个人的行为做出合理安排。例如，合同缔约双方一般情况下都会预测相对人依法履行合同；如果相对人违约，则双方均可以根据《民法典》的规定，预测解决争端的手段；如果是诉讼，预测应该到哪里进行诉讼；预测违约的后果；等等。法律预测作用发挥的基础，在于法律的规范性、稳定性与确定性。法的预测作用可以在很大程度上使法律在没有国家强制力介入的情况下发生作用。

第三，评价作用。评价作用是法律作为评价人们行为的标准而发生作用的一种规范作用。例如，律师对当事人缔结的合同的有效性进行评价；法官对刑事案件当事人的被控行为作出判决等。法律的评价作用可分为两大方面：专门的评价和一般的评价。前者是法律授权的国家机关、组织及成员对他人行为的评价，如公安机关、检察机关、审判机关以及仲裁机关等依据法律对特定行为作出的判决、裁定或决定。这种评价代表国家进行，以国家强制力为后盾，具有法律约束力，因此也被称为效力性的评价。后者是普通社会主体——包括除公权力机关以外的企事业单位、社会组织、各类智库等组织或个人以舆论等形式对他人行为作出的评判，没有国家强制力和法律约束力，因此也被称为舆论性评价。

第四，教育作用。法的教育作用是指通过法的实施对人们今后的行为发生的直接或间接引导作用，是法律在思想意识形态领域发挥作用的表现形式。法把体现在其中的某种思想、观念和价值观灌输给社会成员，使社会成员在内心深处确立对法的特定信念，进而达到把法的外在规范内化为尊法守法护法的良好行为习惯和心理思维模式。法的教育作用主要包括示警作用和示范作用：前者通过对违法行为的制裁，对包括违法者本人在内的社会主体起到警戒作用；后者通过对合法行为的保护、赞赏或者奖励，对社会主体起到激励和褒奖作用。

第五，强制作用。为了保障在现实生活中得到有效实施，法律运用国家强制力制裁、惩罚违法行为，法的强制作用以国家强制力为后盾。法律的制裁方式多样，在当代中国，法律制裁大体可以分为违宪制裁、刑事制裁、民事制裁和行政制裁四个方面。通过强制作用惩治违法犯罪行为、维护公民权利，维护法的严肃性和权威性。法的强制作用是任何法律不可或缺的重要品质，是法发挥其他作用的保证。

法的规范作用是所有法律都具备的特征，它更多关注法自身发挥作用的形式，而很少关注法律作用背后的价值因素。不论何种社会历史类型的法，法的规范作用都会表现出上文提及的规范性。需要注意法的不同规范作用之间总是相互支撑、相互影响的，例如，法发挥预测作用的同时，也可能会体现出其教育作用。因此，需要对法的规范作用进行整体上的理解与把握。

（2）法的社会作用。法的社会作用是指法通过对社会关系的调整与影响，为实现一定的社会目标而发挥的作用，它通过法的规范作用而产生，但最终体现了法律的社会本质。根据马克思主义关于法律现象的基本原理，法的社会作用可以分为阶级统治作用和社会管理作用两大类。

第一，法的阶级统治作用。法的阶级统治作用是指法在统治阶级维护其经济、政治、文化领域的支配地位所发挥的作用。法的阶级统治作用首先表现为法在调整不同阶级、阶层之间利益关系的作用，承担着运用宪法、法律维护国家统一、领土完整、抵御外敌入侵、保障国家安全利益的重要作用。例如，以法律手段确立何者为统治阶级、统治阶级的政权组织形式等等。在社会主义国家，法的阶级统治作用甚至表现在法律如何为正确处理人民内部矛盾、正确处理人民日益增长的美好生活需要和不平衡不充分的发展之间的矛盾提供法治保障方面。

第二，法的社会管理作用。法的社会管理作用主要表现在：维护人类社会的基本生活条件，包括维护良好的社会治安，保障社会成员的基本人身安全，保障环境与资源合理利用等；维护生产和交换条件，即通过立法和法律实施来维护生产管理，保障基本劳动条件，促进公共设施建设等；促进教育、科学和文化、卫生事业的发展，如通过法律保护人们的受教育权，鼓励兴办教育和科技发明，保护人类优秀的文化遗产等。

法的阶级统治作用和法的社会管理作用之间存在着明显的区别。前者的主要功能在于实现政治统治，后者的主要功能在于实现阶级统治以外的社会管理；前者主要有利于统治阶级，后者至少在客观上有利于全社会，甚至执行社会管理作用的法在不同的社会制度下能够相互借鉴。还要看到：执行社会管理作用的法虽然主要体现着法的社会性，但在本质上与法在维护阶级统治方面的作用并不矛盾——法的两种社会作用之间相辅相成、缺一不可。在阶级统治能够形成并正常运转的社会中，法的社会管理作用才能得到发挥；法的社会管理作用能够发挥重要作用，则有利于形成与维护该社会的阶级统治秩序。

经典著作

“政治统治到处都是以执行某种社会职能为基础，而且政治统治只有在它执行了它的这种社会职能时才能持续下去。不管在波斯和印度兴起和衰落的专制政府有多少，每一个专制政府都十分清楚地知道它们首先是河谷灌溉的总管，在那里，没有灌溉就不可能有农业。”

——恩格斯《反杜林论》，《马克思恩格斯选集》第3卷，人民出版社2012年版，第560页。

(3) 法作用的局限性。近代以来，法以其独特的社会关系调整方式对人类生活发生了重要影响。“在近代世界，法律成了社会控制的主要手段。在当前的社会中，我们主要依靠的是政治组织社会的强力。我们力图通过有秩序地和系统地适用强力，来调整关系和安排行为。”① 在看到法律作用重要性的同时，我们仍需在认识上避免跌入法律虚无主义、法律万能论的误区。法律是现代社会最重要的社会关系调整手段，但不是唯一的手段，毕竟法律有其特定的局限性。

第一，法律调整对象的局限。法律只能调整人们的行为，而情感、思想等主观活动不在法律调整法律之内，但人们的主观意识对行为又有着重要的影响。其次，法律只调整统治阶级认为重要的社会关系，而那些统治阶级认为不重要的社会关系，如友情、爱情等社会关系往往并不一定以明确的法律制度的形式获得表达。

第二，法律调整方式的局限。法律是一种社会规范，因此必然具有抽象性、稳定性等特征。法律的抽象性，决定了法律在适用过程中总是需要解释；而法律的稳定性，往往使法律落后于具体的现实社会生活。另外，立法者认识能力上的局限性也会使法律存在不合理、不科学之处。

第三，法律实施过程的局限。首先，法律实施需要高素质的法律法治专门队伍。“徒善不足以为政，徒法不能以自行。”没有高素质的立法者，就没有良好的法律；没有良好法律素质和职业道德的专业队伍，法律的作用难以发挥。其次，法律的实施还需要大多数社会成员的支持，如果社会主体缺乏相应的法律意识，缺乏自觉遵守法律的道德风尚和习惯，法律的实施效果也会大打折扣。另外，在实施的过程中，法律需要与其他社会规范综合作用才能收到良好的效果。法是调整社会关系的重要但非唯一的手段，国家还可以运用经济、政治、行政、思想道德、政策、纪律、习

① [美]罗斯科·庞德：《通过法律的社会控制》，沈宗灵译，商务印书馆2008年版，第9—10页。

俗、舆论等多种手段调整社会关系。在社会生活调整中，法律必须根据特定的情况，与其他社会控制手段协调发挥作用。

认识法作用的局限性有助于树立科学的法治观。

二、法的要素

（一）关于法的要素的不同学说

法律要素是构成实在法的最基本成分，是分析法律构成单位的切入点，是法学研究的基本理论问题之一，因此也成为各国法学家共同关注的主题之一。但各法学派别基于其分析法律的不同视角与不同方法，对构成法律要素的基本理论也存在较大差别。

法律要素的理论分析始于法学成为一门独立的学科，并随法学研究的发展而日趋深入。19世纪英国法学家约翰·奥斯丁作为分析法学派的创始人，在法学史上最先展开法律要素的分析，并使之成为其法学理论的基点。他认为，法律就是不受限制的主权者的命令，命令、义务和制裁三个要素乃是法律的基本成分。奥斯丁认为，严格意义的法就是主权者发出的、以制裁为后盾的各种命令的集合。新分析法学派的代表人物H.L.A.哈特认为奥斯丁关于法律概念的分析过于简单而无法涵盖现实生活中法律的全部形态，因此在《法律的概念》中用了较大篇幅在批判奥斯丁学说的基础上，提出了法律由初级规则和次级规则构成的法律要素理论。初级规则是设定义务的规则，要求人们为或不为一定行为而无论人们的主观意愿——单纯由初级规则构成规则体系的情况只存在于简单社会中。在现代大型的复杂社会中，还需要授予权利的次级规则弥补初级规则的不足，次级规则包括承认规则、改变规则和审判规则。在哈特的理论框架内，法律由两种不同的规则构成了逻辑自洽的整体。① 新自然法学派罗纳德·德沃金则针对哈特的理论提出了法律由规则、原则与政策三要素构成的法律要素理论。德沃金认为，哈特关于法律元素的分析过于简单，无法反映与分析复杂的法律实践；哈特的法律要素理论忽视了法律构成中的非规则成分。在《认真对待权利》一书中，德沃金在以两章的篇幅分析了“规则模式”后，在接下来对疑难案件的分析中，提出了规则以外的其他标准——原则与政策往往在疑难案件的解决过程发挥极大作用。德沃金认为原则构成法律的一部分，但并非所有原则均可以从法律文本中引用或推导出来。② 社会法学派的集大成者、美国法学家罗斯科·庞德认为，如果把法律理解为一批据以作出司法或行政决定的权威性资料或

---

① 参见[英]H.L.A.哈特：《法律的概念》，许家馨、李冠宜译，法律出版社2018年版，第68—157页。

② see Ronald Dworkin, “*Taking Rights seriously*”, Cambridge: Harvard University Press, 1977, pp.14-130.

指示，法律则是由律令、技术和理想三要素组成。其中“律令”部分又包括规则、原则、概念、标准四个方面，而规则在律令中占据主导地位。法律中的“技术成分”则是指解释和适用法的规定、概念的方法，以及在权威性资料中查找审理特殊案件的根据的方法。而法律中的理想成分，是发达法律体系的必要组成要素。“就产生了作为发达的法律体系的第三要素，即一套公认的关于社会和法律秩序的图像（因为一个理想就是一个图像），关于社会控制的目的的图像，以及关于整个法律体系及其各个部分的图像。”①

在阐释法律要素的含义时，需要说明这一概念与法律模式（model of law）的关系。法律模式的概念在哈特发表了《法律的概念》后成为一个热度很高的词语，西方法学界出现了大量研究法律模式的研究成果，包括德沃金在《认真对待权利》中都用了“规则模式”（model of rules）的概念。实则二者作为关联性较强的概念，都是在分析法律由何种要素构成时运用的工具。区别则在于法律要素重在表述构成法律的基本单元的微观层面；而法律模式则重在表达构成法律的要素的外在表现形式，强调法律要素的宏观表象层面。

在当代西方法律思想发展过程中，自然法学、分析法学和社会学法学都提出了各自的法律构成要素。我国法学界的主流观点认为，法的要素主要包括法律规则、法律原则和法律概念三大部类。

（二）法律规则

1. 法律规则的概念与特点

法律规则是采取一定的结构形式具体规定人们的法律权利、法律义务以及相应法律后果，或赋予某种事实状态以法律意义的指示和规定的行为规范。

在汉语的日常语境下，人们很少或很难区分法律规则与法律规范，甚至将二者等同起来。例如，人们在谈论社会规范时，往往把法律规范与政治规范、道德规范、宗教规范甚至技术规范、语言规范、运动规范混同起来，而很少单独涉及“规则”与规范的不同。在西方语境下，二者存在一些差别：规则（rule）重在强调按照要求行事，否则可能有不利后果，规则的操作性更强；规范（norm）则重在强调提供了某种标准，甚至可以包括规则、原则，其操作性相较于“规则”可能较弱。

法律规则不同于法律条文。我国法学理论界一直区分法律规则与法律条文，认为法律规则是法律条文的内容，法律条文是法律规则的表现形式。从理论和法律运行的实际情况看，并非所有法律条文都直接规定了法律规则，也不是每一个条文都完整地表述一个规则，有时只表述一个法律规则或一个规则的某个部分。

---

① ［美］罗斯科·庞德：《通过法律的社会控制 法律的任务》，沈宗灵、董世忠译，商务印书馆1984年版，第100—101页。

从内容和表现形式看，法律规则与法律原则和政策相比，具有微观指导性、可操作性较强、确定性程度较高、可预测性等特征。法律规则的特点大致包括以下四个方面：第一，法律规则是由国家制定或认可的行为规则，具有国家强制性。第二，法律规则使用同一标准，对社会主体提供规范性、概括性的调整，而不针对具体的人或事。第三，法律规则确定了可为、应为、勿为的行为模式，是具体可操作的。第四，法律规则明确规定了社会主体的法律权利、义务和法律后果，或者赋予特定的事实状态以法律意义。这些特点使法律规则有别于其他社会关系调整措施，从而成为社会成员行为的权威性根据。

2. 法律规则的逻辑构成

法律规则的逻辑结构的理论目标，在于分析、解决一条完整的法律规则由哪些要素组成？这些不同的要素之间存在怎样的联系？不同的要素彼此之间怎样构成一个有机的整体？法律规则具有严密的内在逻辑结构，这是法律规则与道德、习惯等其他社会规范区别的重要之处。由于这一问题的复杂性，中外法学家并未对此问题形成一致意见。我国法学界关于法律规则的逻辑结构也存在不同看法：有学者认为法律规则的逻辑结构包括假定、处理和后果三个要素；① 有学者认为法律规则的逻辑结构包含假定、处理和制裁三个要素；② 还有学者认为法律规则的逻辑结构包括行为模式和法律后果两个要素。通观当代中国法学界关于法律规则逻辑结构的学说，假定条件、行为模式、法律后果三要素说占据主导地位。

假定条件，是法律规则中该规则适用条件的规定，即某法律规则适用的时空条件、适用对象以及在何种情况下对人的行为有约束力的问题。它一方面包括法律规则的适用条件，即法律规则的生效时间、空间和对谁生效等问题；另一方面它也包括行为主体的行为条件，如法律关系产生、变更或消灭的事实规定。主体行为条件的内容较为广泛，包括行为主体的资格构成（行为主体身份条件与免责条件等）和行为的情境条件（行为的时间、地点、程序和状态等）。在立法实践中，假定条件不一定明确表现在法律条文中，或者基于立法的规范性要求在其他条文中作出规定，但假定条件作为法律规则的逻辑结构是不可或缺的规则组成部分。某些情况下，我们甚至可以根据法律规则的内在逻辑，从法律条文的上下文或若干法律条文的内容规定推导出假定条件。

行为模式是指法律规则中关于行为方式、方法的规定，即法律关于可为、应为、勿为的规定。根据法律规则对社会主体行为要求的内容和性质不同，我们可将法律规则中的行为模式分为可为模式、应为模式和勿为模式三种。与此相对应的法律规

① 参见张文显主编：《法理学》(第三版)，法律出版社 2007 年，第 116—117 页。

② 参见朱景文主编：《法理学》(第二版)，中国人民大学出版社 2007 年版，第 238 页。

则分别是授权性法律规则、命令性法律规则和禁止性法律规则。命令性法律规则和禁止性法律规则又被合称为义务性法律规则。

法律后果是指法律规则中对相关行为给予的肯定或否定评价。如果说假定条件、行为模式是行为的前提与本身，那么法律后果则是对人们所采取的特定行为模式是否合乎法律规定及应该引发何种法律后果的认定。因此，法律后果可分为肯定性法律后果和否定性法律后果：前者是法律规则中规定人们按规则要求的模式而为，在法律上应该予以肯定的后果，它表现为法律规则对人们行为的保护、许可或奖励；后者是法律规则中规定人们未按规定的行为模式而为，应该承担的不利法律后果，它表现为法律规则对人们行为的制裁、不予保护、撤销、停止或补偿、赔偿等。法律后果是法律规则不可缺少的要素。在立法实践中，法律条文一般不明确表述合法的后果，而违法后果规定了人们违反法律所应承担法律责任的后果，必须在立法上予以明文规定。

法律规则的逻辑结构虽然往往不表现于同一个条文中，甚至有些法律规则在形式上只有行为模式和法律后果两项要素，但在逻辑结构上，我国学界主流观点认为任何一个完整的法律规则都是由上述三要素构成的。

3. 法律规则的分类

在法学研究和法律实践中，人们往往运用不同的法律规则定义、说明某种特定的法律现象。这也凸显了法律规则分类的重要理论与实践价值。法律规则可以根据不同的标准而分为不同种类。

（1）授权性规则、义务性规则和权义复合性规则

这是根据法律规则的权利义务内容为标准进行的法律规则分类。授权性规则规定了人们有权为或不为一定行为的规则，规则中设定了“可为模式”的规则。授权性规则为权利主体提供一定的选择自由，对于权利主体来说不具有强制性。义务性规则规定了人们的法律义务，即确定人们应为或勿为某种行为的规则。义务性规则是对义务主体的约束，具有强制性、必要性和利他性的特点。义务性规则包括命令性规则和禁止性规则：与命令性规则设定了“应为模式”不同，禁止性规则设定了“勿为模式”，是一种禁止人们做一定行为的规则。权义复合性规则是指兼具授予权利、设定义务两种性质的法律规则，例如，法律授予特定机关、组织公权力的规则通常是权义复合性规则。

（2）强行性规则和任意性规则

这是以法律规则的刚性程度为标准进行的规则分类。强行性规则是指规则规定的权利义务具有肯定形式和强制性，不允许当事人之间相互协议或任何一方任意变更的法律规则。一般来说，公法类法律——特别是行政法、刑法等，因为涉及公共利益，强行性规则较多。任意性规则是指法律规则规定的权利、义务具有相对肯定

形式，在一定范围内，允许人们自行选择或协商确定法律关系中权利义务的法律规则。在民商法等私法类法律中，由于主要涉及私人利益，因此任意性规则较多。当然，强行性规则和任意性规则的划分具有相对性，公法中也有任意性规则，民商法中也大量存在强行性规则。

（3）确定性规则、委任性规则和准用性规则

这是按照法律规则内容的确定性程度对规则的分类。确定性规则是指内容已明确肯定，无须再援引或参照其他规则来确定其内容的法律规则。在现实中，大多数法律条文中都表达了确定性法律规则的内容。委任性规则是指内容尚未确定，具体内容尚待相应国家机关通过相应途径或程序加以确定的法律规则。例如，我国《选举法》第六十条规定："省、自治区、直辖市的人民代表大会及其常务委员会根据本法可以制定选举实施细则，报全国人民代表大会常务委员会备案。"准用性规则是指内容本身没有规定人们具体的行为模式，可以援引或参照其他相应内容规定的规则。例如，我国《商业银行法》第十七条规定："商业银行的组织形式、组织机构运用《中华人民共和国公司法》的规定。"就属于典型的表述准用性规则的条文。

除了上述三种主要分类外，法律规则还可以根据不同标准分成不同的种类。例如，根据法律规则的不同形式特征，可分为规范性规则和标准性规则：前者指规则的内容明确、肯定和具体，且可直接适用的规则；后者指规则的部分内容或全部内容具有一定的伸缩性，需通过法律解释或法律实施机关制定具体标准或实施细则方可适用且可适当裁量的法律规则。按照规则所调整的行为是否可能发生于该规则产生之前，分为调整性规则和构成性规则：前者是对已经存在的各种行为方式进行评价，并通过授予权利或设定义务来调整相关行为的法律规则；后者是指以规则产生为基础而导致某些行为方式的出现，并对其加以调整的法律规则，规则所指向的行为在逻辑上依赖于规则本身，如授予审判权的规则。

（三）法律原则

1. 法律原则的内涵

原则一词来源于拉丁语 principium，意为"第一""起源"或"基础"。法律原则是指在一定的法律体系中，为其他规则提供基础或本原的综合性规则或原理，它具有较强的稳定性并构成一国法律体系的基础。法律原则有时可能是抽象的，如法律面前人人平等原则、诚实信用原则、无罪推定原则等；有时也可能是具体的，如法官不得以无法律根据为由拒绝审理案件、任何人不能做自己案件的审判者。

区分法律原则与法律规则之差异有助于我们全方位、更准确地把握法律原则。两者的不同表现在诸多方面：第一，两者的内容明确性不同。法律规则规定了明确、

具体的权利义务内容，而法律原则不仅没有设定明确的行为模式，更没有设定明确的法律后果，其要求比较笼统、模糊。第二，两者的适用范围不同。法律规则因其明确性往往只适用于某一类型行为，如我国《民法典》第十七条规定："十八周岁以上的自然人为成年人。不满十八周岁的自然人为未成年人。"其适用范围非常明确。相反，该法第七条规定："民事主体从事民事活动，应当遵循诚信原则，秉持诚实，恪守承诺"的适用范围，则适用于所有民事活动。法律原则以其适用上的宏观指导性，而比法律规则的适用范围宽泛得多。第三，两者的适用方式不同。一般来说，法律规则以"全有或全无"的方式应用于个案。由于法律规则明确、具体，其规定的事实是既定的，当既定事实符合法律规则的适用条件时，该规则能够适用；反之则排除该规则适用的可能性。法律原则不以"全有或全无"的方式应用于个案。上文提及的民法中的"诚实信用"原则因其柔性无法以"全有或全无"的方式适用，甚至当两个原则在个案中冲突时，法官还可以根据案件的具体情况在不同强度的原则间作出权衡。

2. 法律原则的分类

法律原则按照不同标准，可以被分为不同的种类。这些不同种类的法律原则概念，在具体法学研究与法律实践中扮演着不同的角色，肩负着不同的法律叙事。

（1）政策性原则和公理性原则

这是按照法律原则产生基础的不同，对法律原则进行的分类。政策性原则是国家关于必须达到的目的或目标、或实现某一时期、某一方面的任务而做出的方略，通常关涉到经济、政治、文化、社会和生态文明等领域的国家整体发展目标、战略措施等问题。例如，我国宪法中规定的"四项基本原则"为政策性原则，这种原则因时空的不同，而具有鲜明的针对性、民族性和时代性特点。公理性原则是从法律运行的历史和现实中累积起来并得到人们广泛承认的，甚至在很大程度上被奉为法律公理的一种法律原则，属于严格意义上的法律原则。例如，法律面前人人平等原则、无罪推定原则、普选权等原则，在国际范围内都具有较大的普适性。

（2）基本原则和具体原则

这种分类方法的根据，是法律原则对人的行为及其条件之覆盖面的宽窄和适用范围的大小。基本原则是整个法律体系或某一法律部门所适用的、体现法的基本价值的原则，如一个国家宪法所规定的各项原则。具体原则是指以基本原则为基础、适用于某一法律部门特定情形的原则，如刑法中的罪刑法定原则、英美契约法中的要约原则等。

（3）实体性原则和程序性原则

按照法律原则涉及的内容不同，可以把法律原则分为实体性和程序性原则。前者是指直接涉及实体性权利和义务等的原则，宪法、民法、刑法、行政法中所规定的多数原则就属于此类；后者则是直接涉及程序法问题的原则，如诉讼法中规定的辩护原则、无罪推定原则等。

3. 法律原则的作用

法律原则不仅对我们理解一个国家的法律制度有导向性，更重要的是它在立法、法律实施等法律实践环节始终发挥着重要作用。

（1）法律原则在立法方面的作用

首先，法律原则直接决定了一个国家法律制度的基本性质与价值导向。法律原则是一个国家法律精神最集中的体现，认识、把握一个国家法律体系的基本原则就能准确把握一个国家法律制度的基本原理和运作机制。如我国宪法规定的“坚持四项基本原则”，是定位我国法律制度性质和价值取向的重要根据。

其次，法律原则是一个国家法律制度内部协调统一的重要保障。由于必须面对并处理千变万化的社会生活事务，现代国家法律体系已经异常庞杂。数量如此之巨、种类如此之多的法律规则构成的庞大法律体系很难保持协调一致，而近现代各国的立法经验表明，法律原则在消弭法律制度的内部矛盾、推进特定法律体系的协调统一方面具有突出作用。

再次，法律原则对一个国家法律发展具有导向作用。以当代中国为例，改革开放以来，我国的经济、政治、社会和文化生活等各个领域发生了天翻地覆的变化，我国的法律制度也随着社会的发展而不断发展、完善。无论在改革开放过程中采取怎样的法律改革措施，坚持中国共产党的领导、坚持以人民为中心、坚持中国特色社会主义道路等基本原则，都指明了当代中国法律发展的基本方向。

（2）法律原则在法律实施中的作用

在执法、司法、守法等法律实施环节，法律原则还具有强烈的实践意义。其具体作用可以概括为以下诸方面。

第一，法律原则有时可以作为疑难案件的裁判依据。作为正式法律渊源的法律原则，可以直接作为裁判依据。19 世纪 80 年代发生在美国的里格斯诉帕尔默遗产继承案，法官就根据“任何人不得从其有损他人的行为中获得利益”这一原则褫夺了被告人的遗产继承权。

经典案例

里格斯诉帕尔默案（Riggs v. Palmer，115 N. Y. 506）。该案 1889 年由美国纽约上诉法院审理。在该案中，帕尔默是其祖父所立遗嘱中指定的财产继承人，因害怕其祖父撤销遗嘱并及早获得该项财产，帕尔默将其祖父毒死。因此，帕尔默被姑妈里格斯诉至法院。案件审理过程中，法官必须解决帕尔默是否有权根据遗嘱继承被害人的财产这一棘手问题。毕竟，根据纽约州的相关法律规定，该遗嘱在形式上具有法律效力。显然，法官如果根据该项法律判决帕尔默有权继承该项财产，必将带来不公正的结果。在此情况下，法官根据“任何人不得从其有损他人的行为中获益”的原则，褫夺了帕尔默的继承权。

——参见［美］罗纳德·德沃金：《认真对待权利》，信春鹰、吴玉章译，上海三联书店2008年版，第42—43页。

第二，指导法律解释与法律推理。法律解释与法律推理是法律适用过程中非常关键的两个环节，其中必然涉及对法律规定进行价值判断。在将抽象的法律规则运用于具体案件的过程中，法律原则成为正确理解法律规则的根据和指南。在法律解释中，法律原则使对法律规则的正确理解成为可能；在法律推理过程中，法律原则能够促进法律结果更接近立法目标。

第三，法律原则可能填补规则存在的漏洞。任何国家的法律制度都无法穷尽千变万化的社会生活，这是法律保守性、滞后性带来的必然后果。当法律规则没有规定特定社会关系时，法律原则就成为弥补法律规则漏洞的必不可少的手段。它不仅可以对法律规则空白地带的社会关系进行调整，也可以排除某些法律规则的不合理运用。

第四，法律原则可以对自由裁量给予必要的限制。无论法律规定如何详尽，它在调整方法上都必须给法官留下相应的操作空间，以方便法官在不同的时空条件下作出必要变通，以实现最初的立法目标。例如，刑法上的量刑幅度、行政法上的罚款幅度等规定，都为适用法律的机构及工作人员提供了自由选择空间。法律原则有利于将自由裁量权的行使控制在合理的空间之内，使自由裁量权充分发挥作用的同时，也可以防止自由裁量权的滥用。

（四）法律概念

法律概念是对各种法律现象进行概括，抽象出某类法律现象具有的共性而形成的权威性范畴。在法律发展史上，法律概念的科学性与完备性是衡量某种法律文明及其发达程度的重要标志。在法律文明形成初期，由于缺少相应概括性、抽象性的法律规则，人们往往采用个别性调整解决人们之间的纷争。由于法定性的特点，法律概念与社会生活中的其他概念有所不同。法律概念首先需要具有可适用性、可操作性；法律概念必须明确、具体，尽量减少人们的理解歧义。

在现实的社会生活中，法律概念承担着具体的功能。首先是法律概念的认知功能。法律概念不仅表明了人们对社会生活的认知和理解，也是人们认识和理解法律的媒介。不借助法律概念，人们便无法认识法律的内容。其次是法律概念的表达功能。没有法律概念，人们在日常的法律实践中就缺少了交流工具，甚至无法进行法律实践活动。再次是法律概念提高法律科学化的程度。法律概念是人们理性分析法律现象的逻辑起点，丰富而明确的法律概念可以提高法律的明确化程度和专业化程度，使法律工作成为一种专业化、职业化程度很强的独立职业。

法律概念可以根据不同的标准进行分类。根据法律概念涉及内容的不同，将法律概念分为涉人概念、涉事概念、涉物概念；根据法律概念涵盖范围的大小，可分为一般法律概念和部门法律概念。相对上述分类方法，按照法律关系涉及的不同因素，将法律概念分为主体概念、关系概念、客体概念和事实概念的分类方法更为重要。法律主体概念是用来表达各种法律关系主体，如公民、法人、原告、行政机关等；法律关系概念用以表达法律关系主体间的权利义务关系，如所有权、留置权、赔偿责任等；法律客体概念用以表达各种权利义务所指向的对象，如汇票、文物等；法律事实概念则用来表达各种事件和行为，如租赁、不可抗力、违约等。

第二节　法的渊源、分类与效力

一、法的渊源

（一）法的渊源释义

渊源（sources）一词含有来源、根源、源头、源泉之意，故法的渊源（sources of law）有时也被称为法律渊源、法源，其意在追寻法的源头。因为“渊源”含义的复杂性，加之长期以来人们对法来源的不断阐释，法的渊源也被赋予多重含义。

法的历史渊源，通常是指历史上那些能够引起法律制度或法律原则产生、发展、变化的历史事件或行为，如人们把古罗马时期的十二表法视为大陆法系的历史渊源。法的理论渊源往往指在特定历史阶段对法的创制产生重大影响的理论学说或思想基础，如17、18世纪的启蒙思想被视为若干西方资本主义国家法的理论渊源，马克思主义法治理论是社会主义法的理论渊源。法的实质渊源是指法律在其起源的终极意义上来自自然理性、神的意志还是国家权力等，如按照马克思主义的基本原理，法最终来源于社会物质生活条件——这是马克思主义关于法的实质渊源的解释。法的效力渊源主要指法律约束力的发生基础，例如，分析法学认为法的效力与国家权力紧密相关，历史法学认为法的效力来源于民族的法律信念等。

当代中国法学界讨论法的渊源，主要是指法的形式渊源。所谓法的形式渊源，是指具有法律效力、法律强制力以及法律权威性的法的外在表现形式；亦即法的表现形式，因此国内有时也将其称为“法的形式”。法的形式渊源因不同国家不同的发展阶段、不同的法律文化传统而有不同表现形式。如制定法是大陆法系国家主要的法律渊源；而判例法则是英美法系国家的主要法律渊源。

（二）法的渊源的主要形式

法的形式渊源可以分为法的正式渊源和非正式渊源。

1. 法的正式渊源

法的正式渊源，又称直接渊源或法定渊源，是指有立法权的国家机关制定、认可的，体现为具有法律效力的各种规范性法律文件的法的表现形式。某一行为规则之所以被认为具有法律规范的效力，因为它是以特定方式创制出来的，具有特定的表现形式。

法的正式渊源通常包括制定法、判例法、习惯法和国际条约等。制定法又称成文法，是由国家机关依照一定程序制定颁布的，通常以条文形式表现出来的规范性法律文件；制定法是现代国家主要的法律渊源。判例法是与制定法相对应的一种法律渊源，往往指英美法系国家法院先前作出的判决对以后法院处理类似案件具有法律约束力的判例；英美法系国家通常以“遵循先例”原则保证判决先例的法律地位。习惯法指由习惯发展起来的一种法律渊源，习惯经长期积淀后形成人们自觉遵守的行为模式，这种行为模式经有权的国家机关认可、赋予其法律效力从而成为习惯法；习惯法既有以文字形式记载和表现出来的，也有被人们默认遵守的。国际条约是两个或两个以上国家就共同关心的问题确定相互权利义务的条约、协议或协定；国际条约是国际法的主要渊源，现在已成为大多数国家的重要法律渊源之一。

2. 法的非正式渊源

法的非正式渊源，又称间接渊源或非法定渊源，是指未被有立法权的国家机关赋予正式法律形式的、具有法律意义的准则和观念，这些准则和观念在法律实践中发挥重要作用；例如习惯、判例、政策、宗教规则、法理等。特别需要指出的是，判例与判例法存在较大区别。在大陆法系国家中，判例一般不是法的正式渊源，而仅具有非正式渊源的地位。上述非正式渊源的诸多表现形式，也构成我国法的非正式渊源。

（三）当代中国法的正式渊源

当代中国法的正式渊源是一个以宪法为核心、以制定法为主，以及其他具有正式法律效力的不同层次的规范性文件组成的整体系统。

1. 宪法

宪法是我国的根本法，是我国社会主义法律的基本渊源。宪法规定国家和社会生活中最基本、最重要的问题，在我国法律渊源体系中居于首要地位，具有最高的法律效力。宪法是我国全部立法工作的基础，是一切法律、法规和其他规范性文件的效力根据和来源。

2. 法律

这里的“法律”专指由国家最高权力机关及其常设机关，即全国人民代表大会及其常务委员会制定颁布的规范性文件，其法律效力仅次于宪法。我国的法律又可以分为基本法律和基本法律以外的法律。基本法律比较全面地规定和调整国家及社会生活某一领域基本社会关系的法律，由全国人民代表大会制定和修改。基本法律以外的法律，规定和调整除由基本法律调整的社会关系以外的、关于国家和社会生活某一方面具体社会关系，由全国人大常务委员会制定和修改。我国《立法法》对此有明确规定。

3. 行政法规

行政法规专指由国家最高行政机关——国务院——在法定职权范围内为实施宪法和法律而制定的有关国家行政管理的规范性文件。我国的行政法规是一种重要的法律渊源，其效力仅次于宪法和法律。

4. 地方性法规

在当代中国法律渊源体系中，地方性法规是一种数量最大的法律渊源。地方性法规指省、自治区、直辖市和设区的市的人民代表大会及其常务委员会根据本地区具体情况和实际需要，在法定权限内制定发布的适用于本地区的规范性文件。我国《宪法》和《立法法》对省、自治区、直辖市以及设区的市的人民代表大会及其常务委员会根据本行政区域的具体情况和实际需要，制定地方性法规的权限和程序都有比较全面的规定。

5. 自治条例和单行条例

根据宪法、组织法和民族区域自治法等法律的规定，民族自治地方的人民代表大会有权根据当地民族的政治、经济和文化特点，制定自治条例和单行条例。自治区人民代表大会制定的自治条例和单行条例，报全国人民代表大会常务委员会批准后生效；自治州、县人民代表大会制定的自治条例和单行条例，报省、自治区、直辖市人民代表大会常务委员会批准后生效。

6. 特别行政区的法律

特别行政区基本法属于基本法律，只适用于特别行政区，这是它不同于一般法律的重要特点。特别行政区的法律是根据宪法和特别行政区基本法，在特别行政区内施行的法律。依照现行宪法和特别行政区基本法的规定，特别行政区的立法机关享有自己的专属立法权，可以根据特别行政区基本法的规定和法定程序制定、修改和废除法律。

7. 行政规章

行政规章数量庞大，是我国法律正式渊源的重要部分。它主要包括两类：一是部门规章，即国务院所属各部委、中国人民银行、审计署和具有行政管理职能的机构在自己的职权范围内发布的规范性文件。二是省、自治区、直辖市和设区的市、自治州的人民政府制定的规章——这种规章也称为“地方政府规章”。

8. 国际条约和国际惯例

除我国加入、签署的国际条约构成我国法律的正式渊源外，国际惯例也是不可忽视的一部分。国际惯例是在国际交往中逐渐形成的一些习惯做法和先例，通常是不成文的，最初被某些国家反复使用，后来为各国所接受并承认其法律的效力，从而成为国际法的来源。国际惯例虽然适用面较小，但也构成我国法的正式渊源。

二、法的分类

根据不同标准，从不同角度可以对法进行若干不同的分类，从而产生不同的法律概念。

（一）成文法与不成文法

此种法律分类的标准是法律创制方式和表达形式的不同。成文法又称制定法，是指由国家特定机关制定、公布，并以成文形式表现出来的法律。不成文法是指国家认可其法律效力，但又不具有成文形式的法，一般指习惯法。不成文法还包括同制定法相对应的判例法，即由法院通过判决所确定的判例和先例。

（二）实体法与程序法

以法律规定内容的不同为标准，法律分为实体法和程序法。实体法是以规定和确认权利义务或职权与职责为主的法律，如民法、刑法、行政法等。程序法是指以保证权利义务得以实施或职权与职责得以履行的、以相关程序为主的法律，如民事诉讼法、刑事诉讼法、行政诉讼法、仲裁法等。实体法和程序法在内容方面有时也会出现相互交叉，实体法中可能涉及某些程序性规定，程序法中也可能涉及权利、义务、职权、职责的内容。

（三）根本法与普通法

这种分类的根据是法律的内容、效力和制定主体与程序的差别。根本法即宪法，它在一个国家中享有最高的法律地位和最高的法律效力。普通法的内容一般只涉及调整某一类社会关系，其法律地位和效力低于宪法，其制定和修改程序也较根本法简单。

（四）一般法与特别法

按照法律适用范围的不同，可以把法律分为一般法与特别法。一般法是指针对一般的人和事，在不特别限定的地区和期间内普遍适用的法律。例如，我国《民法典》在我国具有一般法的地位。特别法是指针对特定人、特定事或特定地区、特定时间内适用的法律。例如，《香港特别行政区基本法》《民族区域自治法》属于特别法。

（五）国内法与国际法

按照法律的创制主体和适用主体的不同，法律可以被分为国内法与国际法。国内法是指主权国家内的特定国家法律创制机关创制，并在本国主权所及范围内适用的法律。国际法是指由参与国际关系的国家或组织通过协议制定或认可，并适用于处理国家之间关系的法律，一般表现为国际条约和国际协议等。国内法的主体一般是个人或组织，国际法的主体主要是国家。

（六）公法和私法

在大陆法系国家，根据法的内容的不同，可以把法分为公法和私法。公法和私法的分类方法源于古罗马法学家乌尔比安，是一种历史悠久且极具理论意义和实践意义的法律分类。一般来说，公法是指处理国家事务以及国家和公民之间事务的法律，如宪法、行政法以及程序法往往属于公法范畴。私法是指调节私人之间关系的法律，最典型的私法是民商法。

三、法的效力

（一）法的效力的含义与等级

1. 法的效力的含义

法的效力就是指法的约束力和强制力，我国法学界通常对此概念有狭义和广义的理解。狭义的法律效力，是指规范性法律文件的效力，也就是指国家制定和颁布的法律对社会主体行为具有的普遍法律拘束力和强制力。广义的法律效力还包括非规范性法律文件的效力，如判决书、裁定书、调解书、逮捕证、违章罚款等非规范性法律文件对特定社会主体所具有的约束力和强制力。研究前者对于从理论层面理解法的效力来源、生效条件等问题具有现实意义；研究后者则有助于提升法律实践水平。此处涉及的法律效力仅指狭义的法律效力，这个层面的法律效力一般涉及法的效力等级和效力范围（主要包括对人的效力、时间效力和空间效力）两大方面。

2. 法的效力等级

法的效力等级，也被称为法的效力层次或法的效力位阶，是指构成一个国家法律体系的不同法律渊源，因制定主体、程序和效力范围等因素的影响，而具有的不同法律效力层级。一般而言，存在成文宪法的国家，宪法在所有法律渊源中往往具有最高的法律效力；其他法律则按特定的原则和标准决定其效力位阶，并共同组成一个国家“金字塔型”的法律效力层次体系。

从法学理论的角度看，影响法律效力等级的因素主要有以下几个方面：第一，法的制定主体。法律制定主体在国家机构中所占地位的高低，影响其制定的法律效力层级的高低。第二，适用范围。以“特别法优于一般法”作为一般原则，主要是指针对具体人、具体事，并在特定时间和特定区域发生法律效力的法，其效力层级高于一般法；即指两种法律对同一事项都有规定的，特别法比一般法优先适用。第三，制定时间。根据“后法优于前法”原则，针对同一事项后制定的法律效力优于先前制定的法律效力。另外，“新法优于旧法”原则要求同一位阶的法律，对同一事项做出不一致规定的，新颁布的法律优先适用。特别需要指出的是，“后法优于前法”“新法优于旧法”所针对的行为或事件，都是在后法与前法、新法与旧法生效期间所发生的，认定不同法律效力层次的基本规则。

根据上述影响法律效力等级因素的基本原理，法学理论界界定了一些法的效力等级遵循的原则。除了“特别法优于一般法”“后法优于前法”“新法优于旧法”作为认定法律效力等级的特别规则外，还有一些一般的原则，它们往往是根据法的制定主体和制定程序的不同而得出的。其中包括：第一，宪法至上原则。在一个国家的法律体系中，宪法具有最高法律效力，任何法律、法规不得与宪法相抵触。第二，等差顺序原则。在遵从宪法至上的前提下，法律高于法规，行政法规高于地方性法规，地方性法规高于地方行政规章。第三，国际法优先原则。即国际法优先国内法原则。通常情况下，国际法与国内法互不隶属，也很难说哪个效力为高。但主权国家参加的国际条约或国际惯例对该国国内法律规范有约束力，这是国际法优先原则的基本旨要。

（二）法对人的效力

法对人的效力是指法的对象效力，即法对谁有效力；这里的人既包括自然人，也包括法律拟制的人。世界各国先后采用过四种法对人的效力原则。

1. 属人主义

法律只适用于本国公民，不论其身在国内还是国外；而对身在本国的外国人不适用。

2. 属地主义

法对其管辖领土内的一切人均具有约束力和强制力，不论本国人或外国人，而本国人在外国则不受本国法的约束。

3. 保护主义

其宗旨在于维护本国利益，只要相关行为侵害了本国的利益就适用本国的法律，不管实施侵害行为者身在何方，为何国籍。

4. 折中主义

也称为结合主义，是指以属地主义为主，与属人主义、保护主义相结合的原则。这是近代以来多数国家所采用的原则，我国亦然。

根据折中主义原则，我国法律对象效力范围具体如下：（1）中国公民在法域内一律适用中国法律。（2）中国公民在国外的法律适用问题，原则上仍适用中国法律，但当中国法律与所在国的法律发生冲突时，要区别不同情况，依据具体的国际条约、协定及国内法的规定，来确定是适用中国法律还是适用外国法律。（3）中国法律对外国公民的适用包括两种情况：第一，外国公民在中国境内，一般适用中国法律，但法律另有规定的除外。例如，享有外交特权和豁免权的外国人，其在中国境内的违法问题得通过外交途径解决。第二，对中国境外的外国公民的适用问题。若外国公民在中国境外对中国国家或中国公民犯罪，按中国刑法规定的最低刑为 3 年以上有期徒刑的，可以适用中国刑法，但是按照犯罪地的刑法不构成犯罪的除外。

（三）法的时间效力

法的时间效力是指法生效的时间范围，包括法开始生效、终止效力以及法对其颁布实施前的事件和行为是否有效，即是否具有溯及力的问题。

1. 法的生效时间

法的生效时间一般根据实际需要和法律的具体性质决定，一般有如下几种情况。

第一，自法律公布之日起生效。这种情况往往由本法明文规定，也有个别情况采用更为灵活的方式。例如，2021 年 6 月 10 日通过的《中华人民共和国反外国制裁法》第十六条规定："本法自公布之日起施行。"第二，由法律明文规定该法律生效的时间。这种情况也经常采用本法规定在未来某个时间节点生效。例如，2021 年 6 月 10 日通过的《中华人民共和国数据安全法》第五十五条："本法自 2021 年 9 月 1 日起施行。"第三，法律规定达到一定期限或满足一定条件后开始生效。如我国 1986 年通过的《中华人民共和国企业破产法（试行）》（已废止）规定，该法自全民所有制工业企业法实施一段时间后试行。第四，由专门决定规定法律的生效时间。例如，香港和澳门特别行政区基本法的生效时间，由全国人大以决定的形式规定生效时间。

2. 法的效力终止

法的效力终止是指以明示或默示废止的形式而终止法律的效力。明示废止是指在新法或其他法律文件中明文规定废止旧法；默示废止是指在适用上出现新法和旧法冲突时，适用新法而使旧法在事实上废止。法律效力的终止在立法实践中也有不同形式，甚至有些法律因完成特定历史任务而自行失效。

3. 法的溯及力

法的溯及力又称为法律溯及既往的效力，是指新法颁布后，对其生效前的事件和行为是否适用的问题。如果适用则具有溯及力；反之则不具有溯及力。“法不溯及既往”是法治的基本要求，也是包括我国在内世界范围内各法治国家通行的法律原则。当然，这个原则也有例外。在刑法中，目前各国普遍采用“从旧兼从轻”原则，即新法原则上不溯及既往，但新法认为不构成犯罪或罪轻的，可以适用新法。

经典案例

罗姆清洗（Roehm Purge），又称“长刀之夜”，是指希特勒于1934年6月30日发动的一次对党内异己进行的屠杀和清洗。事件肇始于先锋队头目埃内斯特·罗姆（Ernest Roehm）拥兵自重，多次违抗希特勒的命令。在此情形下，希特勒没有以法治条件下的常规手段将罗姆逮捕、审判、定罪、处死，而是直接利用党卫队对先锋队进行了大清洗。为避人耳目，希特勒和他的随从于清洗期间巡游于德国南方，并在此期间将先锋队的重要头目一百多人全部处决。回到柏林之后，希特勒迅速通过了一部溯及既往的法律，为罗姆清洗披上了一层合法化的外衣。

——参见［美］富勒：《法律的道德性》，郑戈译，商务印书馆2005年版，第65页。

（四）法的空间效力

法的空间效力是指法生效的地域范围，亦即法在哪些地方具有法律拘束力。对主权国家而言，全国性法律的空间效力范围包括该国主权所及的领土、领海、领空和底土，以及作为领土延伸的驻外使馆、在域外的本国船舶及飞行器。地区性法律的空间范围效力，只及于地方性法律的管辖空间。如特别行政区的法律只适用于特别行政区的空间范围。

法的域外效力是指法的效力不但在国内有效，在特定情况下的效力还可以越出国境之外。例如，我国刑法从维护国家统一和国家主权原则出发，规定凡犯罪行为或者结果有一项发生在中华人民共和国领域内，就认为是在中华人民共和国领域内犯罪；对这些犯罪行为我国法院都可以行使管辖权。前文提及的我国刑法从保护主义原则出发，对外国公民在中国境外对我国及我国公民的犯罪可适用中国刑法即属于此类。

第三节 法律部门与法律体系

一、法律部门

（一）法律部门的概念和特点

法律部门又称部门法，是指根据一定的原则和标准，按照法律规范的不同性质、调整的不同社会关系和不同调整方法，所划分的一个国家同类法律规范的总称。一般来说，调整同一种类社会关系的所有法律规范构成一个相对独立的法律部门，如调整平等主体之间的财产关系和人身关系的法律规范的总和构成民商法部门。法律部门是法律体系的基本组成要素，不同法律部门的有机结合形成一个国家的法律体系。

为进一步理解法律部门的概念，需要厘清它与相关概念的关系。（1）法律部门与法律制度既有联系又有区别。法律制度与法律部门是一种交叉关系，也由同类法律规范构成：一种法律制度可能分属于几个法律部门，如法人制度涉及宪法、民法、经济法、刑法和诉讼法等多个法律部门；一个法律部门也可能包含多个法律制度，比如民商法部门就包括了所有权制度、债权制度等多个法律制度；这些法律制度还可以再细分为若干不同的法律制度，从而表现为不同的法律制度束。（2）法律部门与规范性法律文件也是两个既有联系又相互区别的概念。规范性法律文件是表现法的内容的载体，法律部门主要是由规范性法律文件构成的；但法律部门不等于规范性法律文件——一个法律部门往往由许多规范性法律文件构成。规范性法律文件的名称在少数情况下与法律部门的名称是一致的，如“宪法”即是一个规范性法律文件的简称，也可以作为一个法律部门的名称。当然，宪法作为法律部门的内涵更为丰富，它还包括《组织法》《选举法》《国籍法》《特别行政区基本法》等与宪法相关的规范性法律文件。在更多情况下，法律部门的名称与规范性法律文件的名称并不对应。如经济法部门就没有一个相同名称的规范性法律文件与之相对应。

法律部门大致表现为如下特征：第一，法律部门是主客观因素相结合的产物。一方面，法律部门的划分以特定社会客观的社会关系为基础；另一方面，立法者的主观意志活动对一个国家法律部门的形成与发展都有重要影响。第二，法律部门兼具理论性和实践性。法律部门对法学理论而言，具有重要意义，甚至法律部门的划分成为法学学科的重要基础。法律部门的实践性体现在它对立法、执法、司法等实践进程也有重要影响，甚至隶属于某一法律部门的实践只能由专门的机关实施。第三，各个法律部门的结构和内容具有相对独立性和变动性。法律部门基于法律规范的不同性质与其调整社会关系的不同进行分类，因此各个不同的法律部门之间具有相对独立性。这种相对独立性可以从两个方面理解：一方面，一个法律部门中的某个法律制度或若干法律制度可能属于其他法律部门或同样构成其他法律部门的重要组成部分；另一方面，由于一个国家政治、经济、文化等社会因素的不断发展变迁，可能会造成该国法律部门发生变动，或者造成某些大的法律部门中包含的某些子法律部门发生调整，因此法律部门的划分又是变动的。

（二）法律部门的划分标准与原则

1. 法律部门的划分标准

当代中国法学界通说认为，法律调整的对象（即社会关系的不同种类）和法律调整的方法是划分法律部门的两个主要标准。

第一，法律调整的对象，即法律调整的社会关系，是划分法律部门的首要标准。如前所述，人的行为和社会关系是法律调整的对象，人们活动和社会关系的性质，决定了调整该类社会关系的法律的性质。每部法律的制定和实施都是针对某些社会关系的，离开了特定社会关系，不仅没有法律部门，甚至法律规范亦无须存在。社会关系纷繁复杂，人们可以将社会关系分为经济关系、政治关系、宗教关系、家庭关系等，这些不同领域的社会关系经法律调整后，为不同法律部门的形成提供了现实基础。例如，一个国家通过立法手段将调整国家行政管理关系的法律规范划入行政法部门，将调整平等主体之间的财产关系和人身关系的法律规范划入民法部门。

第二，法律调整的方法，是划分法律部门的辅助标准。仅依据法律的调整对象这一标准不能解决所有法律部门的划分问题，毕竟有些法律部门无法通过社会关系的性质进行说明。以刑事法律规范为例，单纯按照社会关系类别不容易将其归入哪一个法律部门：盗窃行为侵犯公民或国家、集体的财产权；而故意伤害行为在侵害公民人身权的同时，也会侵犯公民的财产权利……这样的例子在现实的法律世界中不胜枚举。如果不考虑将法律调整方法作为法律部门的划分标准，那么一些法律部门的划分将成为不可能。例如，将承担不同的法律责任作为法律部门的划分标准属于以法律调整方法划分法律部门的表现形式；此外，法律所调整的社会关系的不同主体以及确定这种主体间权利义务关系的不同原则和形式，也属于法律调整的方法。

法律部门划分的两种标准之间存在着非常密切的关系。法律调整的方法往往受制于法律调整的社会关系的性质；而不同性质的社会关系往往也要求采用不同的调整方法。二者之间的关系是法学研究领域亟须深入的主题之一。

2. 法律部门的划分原则

除了法律部门的划分标准之外，我国法学界也对法律部门划分的原则进行了较为深入的探究，这些原则概括起来主要有以下几点。

第一，客观原则。它要求从实际出发，按照本国国情划分法律部门。法律部门的划分不是主观任意进行的，而是根植于相对稳定的社会关系。我们应该考虑到法律调整的不同社会关系的广泛程度以及法律、法规数量的多少。一般来讲，社会关系范围较广并且相应法律法规也较多的国家，相对独立的法律部门可能较多；反之，法律部门则可能较少。法律部门划分的客观原则，要求从社会关系和法律规范的实际情况出发确定法律部门的门类。例如，我国具有中国特色社会主义的法律体系中，社会法就是一个独立的法律部门。

第二，均衡原则。划分法律部门时应当注意在各种法律部门之间保持适当的平衡。各法律部门所调整的社会关系的范围既不宜太宽，也不宜过窄；每个法律部门所包含的法律、法规数量既不能太少，也不能太多。不同法律部门包含的法律、法规应保持大致的平衡。

第三，稳定原则。法律的稳定性，要求法律部门的内容和结构应该保持相对的稳定。法律部门的稳定原则，也要求划分法律部门时应当具有一定的前瞻性，即必须合理考虑将来可能制定的法律、法规。如自然资源与环境保护法作为一个法律部门，将来可能会有较大的扩容空间。

从客观方面看，由于客观世界和社会关系的不断变化，调整社会关系的法律部门也必然会随之而变化，从而使法律部门始终处于运动之中。从主观方面看，人的认识在发生变化：法律部门划分者的主观意图，关注社会关系的角度或者原则、标准有所差别，法律部门的划分也会受到影响。主客观条件的变化，使法律部门的划分只能处于相对稳定的状态：力求法律部门划分的科学和实用，既合乎逻辑又便于操作，是法治国家奋斗的方向和目标之一。

二、法律体系

（一）法律体系的概念和特点

1. 法律体系的概念

法律体系是法学理论研究的中心主题之一。英国学者约瑟夫·拉兹认为："凯尔森是公开而又充分研究法律体系概念的第一人，但是，在奥斯丁的著作中已经隐藏了一种比较完整的法律体系理论。"[①] 如今，法律作为系统的观念在法律实践和法律科学的不同阶段，正以一种可操作性理想（regulative ideal）的形式而不断展开。[②] 约琴夫·拉兹的法律体系概念颇具启发。他认为，一个完整的法律体系理论应该试图回答四个方面的问题：①回答一个法律体系的存在标准是什么的存在问题；②回答一种法律归属于一种体系的标准又是什么的特征问题；③回答所有的法律体系是否都有一个共同的结构、某类法律体系是否具有共同的结构等问题的结构问题；

① 约瑟夫·拉兹：《法律体系的概念》，吴玉章译，中国法制出版社 2003 年版，导言第 4 页。凯尔森（H. Kelsen）与系统论的创始人贝塔朗菲（L. Von. Bertalanffy）一样，都是美籍奥地利人。作为原奥地利最高宪法法院法官的凯尔森，因二战爆发，于 1940 年流亡美国，并先后在哈佛大学和加利福尼亚大学任教。按照拉兹的说法，如果凯尔森是第一个公开而又充分地研究法律体系概念的人，那么他的这种研究方法似应与贝塔朗菲有着重要关联。同时，拉兹的观点也恰好说明，以体系的方法研究法律现象虽然起步很早，但真正大规模的研究应开始于系统论萌芽或产生之后。

② see J. Bengoetxea, "Legal System as a Regulative Ideal" in H. J. Koch and U. Neumann, *Legal System and Practical Reason*, ARSP Beiheft 53 (Franz Steiner Verlag, Stuttgart, 1994), pp.65-80.

④回答所有法律体系是否都具有某些不可或缺的内容等问题的内容问题。[①]在大致理解法律体系理论应该关注的问题后，我们需要掌握法律体系的基本内涵，从而为相关研究铺平道路。

我国法学界对法律体系虽有不同的表述，但一般认为，法律体系也叫法的体系或法体系，是指一国现行的全部法律规范按照不同的法律部门分类组合而形成的体系化的有机统一整体。就其内涵而言，法律体系是由一国现行法律规范构成的体系，它既不包括完整意义的国际法，也不包括已经废止的法律、尚未制定或者虽然制定颁布但尚未生效的法律。

2. 法律体系的特点

（1）法律体系的整体性

法律体系的内部各要素间关系紧密，构成了一个不可分割的有机整体。组成法律体系的法律部门虽然种类繁多，但各法律部门在效力上层次分明，共同构成了一个在效力位阶上金字塔般的法律制度的整体。各不同的法律部门虽然在整个法律体系中发挥不同的作用，但也构成了整个体系中不可或缺的基本环节。

（2）法律体系的关联性

它意味着在共同价值观的指导下，法律体系的各个构成要素能够形成一个彼此间发生密切联系的等级结构。在某种意义上说，法律体系的关联性，也意味着法律体系的构成要素之间的等级结构性。“法律体系的等级结构的确立，对于建构合理的法律体系具有重要的意义，对于法律的有效实施也具有重要的意义。”[②] 正因如此，无论是哈特的“初级规则”和“次级规则”理论，还是凯尔森所构建的“基本规范—宪法——般规范—个别规范”的规则体系理论，其间都注意到了法律体系的构成要素之间的等级结构。在当代世界各国的法律体系中，宪法在静态的法律制度中大多具有最高的法律效力，从而居于规则体系的顶端。在法律实践中，法律的实施活动之间也存在着密切的关联。因此，若没有法律体系构成要素的等级结构，就没有它们之间的关联。

（3）法律体系的开放性

法律体系的开放性，是对法律现象进行系统研究的要求。系统研究要求对整个系统、系统的构成要素以及系统运行所依赖的环境的相互关系及其变动的规律性进行综合的考察。因此，“法律必须稳定，但又不能静止不变。”[③]

---

① 参见约瑟夫·拉兹：《法律体系的概念》，吴玉章译，中国法制出版社 2003 年版，导言第 2—3 页。

② 卓泽渊：《法治国家论》，法律出版社 2008 年版，第 343 页。

③ ［美］罗斯科·庞德：《法律史解释》，邓正来译，中国法制出版社 2002 年版，第 2 页。

从现实的角度看，法律体系的开放性的原因是多重的。法律体系所调整的社会关系的变动性决定了法律必须因时、因地而变。此外，贯穿整个法律体系的价值观也必然随着社会的变迁而不断变化。法律体系的开放性，要求法律制度必须随着社会的变迁而不断进行修正，所谓法的废、改、立就是法律制度对社会变迁的回应。另外，法律体系的开放性还表现在执法、司法机关及工作人员要以符合时代要求的法律技术、价值观念，使执法、司法活动与不断变迁的社会现实保持一致。

（4）法律体系的国家性

作为上层建筑的最核心内容，法律体系与国家密切相关。根据马克思主义的一般理论，没有国家就没有法律，也就不会有法律体系。从这个角度看，法律体系的国家性是法律体系区分于其他规则体系的重要特征之一。法律体系的国家性有诸多表现，其中很重要的一个方面就是法律体系在该国主权所及的范围内有着普遍的法律效力。另外，作为法律体系构成要素的法律制度、法律部门的制定、修改、废止、解释都必须由国家进行；构成法律体系的法律部门的变迁也由国家通过特定法律程序实现。

（二）法律体系的影响性因素

1. 国家主权的因素

对国家而言，独立、完整的主权是自由行使立法权的前提。没有国家主权而产生的立法权缺陷，必然造成该国法律体系的不完整。例如，我国清末民初时期因帝国主义列强的入侵，而出现的有损国家主权以及法律体系完整性的“领事裁判权”“会审公廨”给我国法律体系的完整性带来重大创伤。

2. 国家性质的因素

国家性质是指国家的阶级本质，即在一个国家里各个阶级在国家政治生活中的地位，其中哪个阶级是统治阶级，哪个阶级是被统治阶级。国家性质取决于在政治上占优势地位的阶级的性质。法律体系作为在政治上占优势地位的阶级实现社会控制的重要手段，其内容、性质、功能受后者的决定性影响。马克思主义将法律的历史类型区分为奴隶制法、封建制法、资本主义法和社会主义法的主要依据，也恰在于此。

3. 国家形式的因素

国家政权组织形式和国家结构形式两个方面都影响一个国家的法律体系。国家政权组织形式，主要是指如何组织、安排掌握国家权力的机关以及各机关之间的关系，从而使国家权力机关之间形成明确的分工、实现国家职能。例如，我国实行人民代表大会制度的政权组织形式，决定了我国的法律体系与资本主义国家有着根本不同。

国家结构形式主要是指国家的整体与部分、中央与地方之间的关系，国家结构形式主要包括单一制和联邦制两种类型。单一制国家由于全国只有一部宪法、一个中央国家机关体系等因素，决定了其法律体系也是一元的——我国的全国人民代表大会及常务委员会制定的法律在全国范围内发生法律效力就是最好的例证。联邦制国家由于存在联邦和联邦组成单位之间的二元政权组织系统，因此其法律体系也是二元的。以美国为例，联邦和各州各有自己的宪法，其法律机构的设置也各有不同。

4. 一个国家的经济发展水平与主流意识形态的因素

一个国家的经济发展水平决定着一个国家法律体系的创制和运作水平，这也是马克思主义唯物史观在分析法律体系问题上的具体表现。一个国家的主流意识形态作为上层建筑的重要组成部分与法律体系之间有着强烈的互动。国家的主流意识形态，亦即统治阶级的意识形态，往往成为一个国家法律体系建构和运行的指导思想。不同的指导思想，对不同法律体系的运行方式及价值目标的设定都有着关键性作用。例如，四项基本原则对我国法律体系的建立及其运行中的价值选择具有支配性的地位。

此外，一个国家法律机构的设置、法律职业者的总体素质、法学理论的研究水平等诸多因素都对一国的法律体系有着重要影响。

重要资料

2011 年 3 月 10 日上午，第十一届全国人民代表大会第四次会议在北京人民大会堂举行第二次全体会议。时任全国人民代表大会常务委员会委员长吴邦国对中国改革开放 30 多年的法治建设进行总结：

到 2010 年底，我国已制定现行有效法律 236 件、行政法规 690 多件、地方性法规 8 600 多件，并全面完成对现行法律和行政法规、地方性法规的集中清理工作。目前，涵盖社会关系各个方面的法律部门已经齐全，各法律部门中基本的、主要的法律已经制定，相应的行政法规和地方性法规比较完备，法律体系内部总体做到科学和谐统一。一个立足中国国情和实际、适应改革开放和社会主义现代化建设需要、集中体现党和人民意志的，以宪法为统帅，以宪法相关法、民法、商法等多个法律部门的法律为主干，由法律、行政法规、地方性法规等多个层次的法律规范构成的中国特色社会主义法律体系已经形成，国家经济建设、政治建设、文化建设、社会建设以及生态文明建设的各个方面实现有法可依，党的十五大提出到 2010 年形成中国特色社会主义法律体系的立法工作目标如期完成。

——吴邦国在第十一届全国人民代表大会第四次会议作全国人大常委会工作报

告，参见“中国人大网”（http：//www. npc. gov. cn/zgrdw/npc/zhibo/zzzb21/node _ 363. htm）。

（三）当代中国的法律体系

1. 当代中国法律体系的形成过程

中国特色社会主义法律体系是在中国共产党领导下，建设中国特色社会主义事业的历史进程中逐步形成的。

在1954年第一届全国人民代表大会召开前，《中国人民政治协商会议共同纲领》起到了临时宪法的作用，新中国还组织制定了《中央人民政府组织法》《工会法》《婚姻法》《土地改革法》等一系列法律、法令，开启了新中国民主法制建设的历史进程。1954年第一届全国人民代表大会第一次会议通过了新中国第一部《宪法》，同时制定了《全国人民代表大会组织法》《国务院组织法》《地方各级人民代表大会和地方各级人民委员会组织法》《人民法院组织法》《人民检察院组织法》。至1966年“文化大革命”前，我国共制定法律、法令130多部。

1978年，党的十一届三中全会提出，“为了保障人民民主，必须加强法制。必须使民主制度化、法律化，使这种制度和法律不因领导人的改变而改变，不因领导人的看法和注意力的改变而改变。……做到有法可依、有法必依、执法必严、违法必究”①，从而开启了中国改革开放和社会主义民主法制建设的历史新时期。1979年，第五届全国人民代表大会第二次会议通过了修改宪法若干规定的决议，同时制定了《全国人民代表大会和地方各级人民代表大会选举法》《地方各级人民代表大会和地方各级人民政府组织法》《人民法院组织法》《人民检察院组织法》《刑法》《刑事诉讼法》《中外合资经营企业法》等7部法律，拉开了新时期中国大规模立法工作的序幕。

我国现行宪法（即1982年宪法）先后于1988年、1993年、1999年、2004年和2018年对宪法的部分内容进行了五次修正，推动了中国经济、政治、文化和社会等各方面的发展和进步。为适应以经济建设为中心、推进改革开放的需要，我国启动大规模立法活动；1992年，中国共产党第十四次全国代表大会作出建立社会主义市场经济体制的重大战略决策，进一步加快了我国法治建设的步伐。1997年，党的十五大确立了“依法治国，建设社会主义法治国家”的基本方略，明确提出到2010年形成中国特色社会主义法律体系。

2010年，一个立足中国国情和实际、适应改革开放和社会主义现代化建设需要、集中体现党和人民意志的，以宪法为统帅，以宪法相关法、行政法、民商法、

① 《邓小平文选》第2卷，人民出版社1994年版，第146、147页。

社会法、经济法、刑法和程序法等7个法律部门的法律为主干，由法律、行政法规、地方性法规等多个层次的法律规范构成的中国特色社会主义法律体系已经形成。较为完整的法律体系对国家的经济、政治、文化、社会以及生态文明建设的各个方面进行了全方位的制度性规定，中国特色社会主义建设事业实现了有法可依。

2012年，党的十八大进一步提出“完善中国特色社会主义法律体系，加强重点领域立法，拓展人民有序参与立法途径”的立法任务。2014年，党的十八届四中全会提出“完善以宪法为核心的中国特色社会主义法律体系，加强宪法实施”的重大任务。2017年，党的十九大再次提出“坚定不移走中国特色社会主义法治道路，完善以宪法为核心的中国特色社会主义法律体系，建设中国特色社会主义法治体系，建设社会主义法治国家”的战略任务。2020年5月28日，第十三届全国人民代表大会第三次会议表决通过了《中华人民共和国民法典》，这是中华人民共和国首部以法典命名的法律。《民法典》的颁布，是中国特色社会主义法律体系日臻完善的重要标志，是坚持和完善社会主义基本经济制度、推动经济高质量发展的客观要求，既是一部真正属于人民的《民法典》，也是增进人民福祉、维护最广大人民民事权利的一个必然要求，具有重大的现实意义和深远的历史意义。

重要文献

民法典在中国特色社会主义法律体系中具有重要地位，是一部固根本、稳预期、利长远的基础性法律，对推进全面依法治国、加快建设社会主义法治国家，对发展社会主义市场经济、巩固社会主义基本经济制度，对坚持以人民为中心的发展思想、依法维护人民权益、推动我国人权事业发展，对推进国家治理体系和治理能力现代化，都具有重大意义。

民法典系统整合了新中国成立70多年来长期实践形成的民事法律规范，汲取了中华民族5 000多年优秀法律文化，借鉴了人类法治文明建设有益成果，是一部体现我国社会主义性质、符合人民利益和愿望、顺应时代发展要求的民法典，是一部体现对生命健康、财产安全、交易便利、生活幸福、人格尊严等各方面权利平等保护的民法典，是一部具有鲜明中国特色、实践特色、时代特色的民法典。

——习近平2020年5月29日在十九届中央政治局第二十次集体学习时的讲话，载《人民日报》2020年5月30日，第01版。

2. 当代中国法律体系的特色

当代中国的法律体系既与人类政治文明发展的普遍性原则相一致，又体现了中国社会主义初级阶段的基本国情，具有鲜明的中国特色。

宪法居于中国特色社会主义法律体系的核心和统帅地位。全国各族人民、一切国家机关和武装力量、各政党和各社会团体、各企业事业组织，都必须以宪法为根本的活动准则，并负有维护宪法尊严、保证宪法实施的职责。

“以人民为中心”是中国特色社会主义法律体系的本质特征。以人为本、反映人民的共同意志、保障人民的根本利益，是我国法律体系的出发点和归宿。在中国共产党的领导下，我国的法律体系与国家经济发展和社会进步相适应，为国家的科学发展、和谐发展、和平发展提供法律保障。我国的法律体系体现了中国特色社会主义的本质要求，体现了改革开放和社会主义现代化建设的时代要求。

当代中国特色社会主义法律体系是开放的和发展的。它继承了中国法律文化优秀传统，借鉴了人类法治文明成果，与开放、与时俱进的转型中国社会高度协调，我国的法律体系仍将根据时代发展的要求不断修改和完善。

3. 当代中国法律体系的构成

当代中国的法律体系部门齐全、层次分明、结构协调、体例科学。构成当代中国法律体系的法律部门主要有以下几方面。

（1）宪法及其相关法

作为部门法之一的宪法，是我国社会主义法律体系的基础，是其他部门法所有规范性法律文件的最高依据。作为一个法律部门的宪法，除了包括现行《中华人民共和国宪法》这一占主导地位的法律文件外，还包含一些附属的法律文件：《国家机关组织法》《选举法》《代表法》《国籍法》《国旗法》《特别行政区基本法》《民族区域自治法》《法官法》《检察官法》《立法法》等。

（2）行政法

行政法是有关国家行政管理活动的法律规范的总称，它由调整行政管理活动中国家机关之间、国家机关同企业事业单位、社会团体、公民之间发生的行政关系的规范性文件组成。行政法不同于行政法规：行政法作为一个法律部门，是规范和调整行政法律关系的法律的总称；行政法规是国务院制定的规范性法律文件的总称，属于法的渊源。行政法可以分为一般行政法和特别行政法两个部分。一般行政法是指对一般的行政关系加以调整的法律规范的总称，例如，《行政诉讼法》《行政处罚法》《行政许可法》《行政复议法》《公务员法》，等等。特别行政法是指对各专门行政职能部门管理活动适用的法律、法规，例如，《国家安全法》《城市居民委员会组织法》《村民委员会组织法》《监狱法》《土地管理法》等。

（3）民商法

民商法是指调整作为平等主体的公民之间、法人之间、公民与法人之间的财产关系和人身关系的法律规范的总和。民商法可以分为民法和商法两个次级法律部门，我国采取了民商合一的立法模式。民法主要包括物权、债权、人格权、知识产权、婚姻、家庭、收养、继承等方面的法律规范。商法是民法的一个特殊部分，是指调整商事法律关系主体和商业活动的法律规范的总称。商法是在民法基本原则的基础上适应现代商事活动的需要而逐渐发展起来的，主要包括公司、破产、证券、期货、保险、票据、海商等方面的法律规范。

（4）经济法

经济法是指有关国家对经济实行宏观调控的各种法律规范的总和。经济法涉及范围广泛，包括关于国民经济和社会发展规划、计划和政策的法律，关于经济体制改革的原则、方针和政策的法律，如预算法、审计法、会计法、统计法、农业法、企业法、银行法、市场秩序法、税法等。

（5）社会法

社会法是指调整国家在解决社会问题和促进社会公共事业发展的过程中所产生的各种社会关系的法律规范的总称。社会法的主要功能是解决社会问题，促进社会事业发展。社会法主要包括保护弱势群体的法律规范，如未成年人保护法、老年人权益保障法等；维护社会稳定的法律规范，如劳动法与社会保障法；促进社会公益的法律规范，如社区服务法、彩票法、人体器官与遗体捐赠法、见义勇为资助法等；促进科教、文卫、体育事业发展的法律规范，如教师法、科技进步法、义务教育法、教育法、卫生法等。

（6）刑法

刑法是指规定有关犯罪和刑罚的法律规范的总称。刑法法律部门在国家生活中起着非常重要的作用，也是人们较多关注的法律部门。我国有关犯罪和刑罚的基本规定主要集中在《中华人民共和国刑法》中。此外，若干相关单行决定也构成我国刑法部门的组成部分。

（7）程序法

程序法是指因诉讼和非诉讼活动而产生的社会关系的法律规范的总称，由诉讼程序法与非诉讼程序法构成。诉讼程序法是有关诉讼活动的法律规范的总和，简称诉讼法，主要包括刑事诉讼法、民事诉讼法、行政诉讼法。非诉讼程序法主要由仲裁法、律师法、公证法、调解法等基本法律构成。

（8）环境资源法

环境资源法是关于保护、治理和合理开发自然资源、保护环境、防止污染和其他公害，维护生态平衡的法律规范的总称；它由环境污染防治法和资源法两大方面的法律制度构成。环境污染防治法既包括防治大气污染、水污染、噪音污染、土壤污染、固体废物污染和放射物污染等相关法律法规，还包括防沙治沙、促进清洁生产、野生动物保护等领域的法律制度。资源法则主要包括对森林、草原、土地、矿山、能源和水资源的保护。在传统意义上，环境资源法隶属于经济法和行政法领域，由于当前环境保护的重要性与日俱增，加之本部门法律调整对象的特殊性和调整方法的综合性，相关法律制度形成一个独立的法律部门已经成为人们的共识。

（9）军事法

军事法是指有关国防和军队建设的法律规范的总称，军事法构成了中国特色社会主义法律体系的重要组成部分。我国现行有效的军事法律法规包括《国防法》《兵役法》《现役军官法》《预备役军官法》《军事设施保护法》《中国人民解放军军官军衔条例》等，国务院和中央军事委员会联合制定的军事行政法规，以及中央军事委员会制定的军事法规也是军事法律部门的重要组成部分。

完善以宪法为核心的中国特色社会主义法律体系任重道远。随着中国特色社会主义建设事业的不断推进和深入，在新起点上完善我国的法律体系是推进中国特色社会主义制度发展完善的内在要求，也是今后立法工作面临的重要任务。根据国内外形势的新情况新变化，广大人民群众的新要求新期待，改革、发展、稳定面临的新课题新矛盾，立法机关亦需相应法律制度建设予以回应。如加强发展社会主义民主政治的立法、继续加强经济领域立法和社会领域立法、更加注重文化科技领域立法、高度重视生态文明领域立法等成为当代中国法律建设的重要任务。因此，深入推进科学立法、民主立法，着力提高立法质量，也成为当代中国法律实务与法律理论界的重要课题。

思考题

1. 简述马克思主义法的概念、特征和本质。
2. 试述法的作用及其局限性。
3. 简述法律规则与法律原则的区别。
4. 简述当代中国法的渊源。
5. 简述法律体系的概念以及当代中国的法律体系。

第五章　法学的基本范畴（下）

法律的生命力在于实施，法律的权威也在于实施。法律规范的目的要得到实现，就不应当停留在规范的静态层面，而应当走进人们的现实生活。从法的运行环节看，法的运行是一个从法的制定到实施的过程，是一个由法的效力到法的实效的过程，因此，我们有必要探讨法律创制和法律实施。从法律规范走向现实生活的角度看，它是一个在现实生活中形成现实的权利义务关系的过程，因此，我们有必要探讨法律关系以及法律责任（对良好法律关系的恢复）。法律的运行最终落脚在法治这个基本范畴，它又涉及法律传统与现代之间的关系，因此，我们有必要探讨法律传统和法治国家这两个基本范畴。

第一节　法律创制与法律实施

一、法律创制

（一）法律创制的概念

法律创制，又称为立法。它是指由特定的主体依据法定职权和程序，制定、认可、修改、废止、解释法律和其他规范性法律文件的一项专门性活动。

在立法的定义上，有狭义和广义之分。狭义的立法是指国家最高权力机关及其常设机关，依据法定权限和法定程序，制定、认可、修改、废止和解释法律的活动。广义的立法是指特定的国家机关依据法定权限和法定程序，制定、认可、修改、废止和解释法律规范的活动。它们的主要区别在于对立法主体的认识不同。在广义的立法定义中，特定的主体既包括代表人民掌握国家立法权的议会或代表机关，也包括行政机关及其他被授权的立法主体。由于当下中国立法实践中立法主体存在多样性，除了全国人大及其常委会制定严格意义上的法律之外，还存在国务院制定的行政法规、地方人大及其常委会制定的地方性法规以及政府制定的行政规章等规范性法律文件，因此，本书采用广义的立法定义。同时，我们也需要认识到国家立法权由国家最高权力机关掌握，它在立法上的效力高于其他立法主体立法的效力。

重要文献

中国共产党十八届四中全会在《中共中央关于全面推进依法治国若干重大问题的决定》中指出："法律是治国之重器，良法是善治之前提。建设中国特色社会主义法治体系，必须坚持立法先行，发挥立法的引领和推动作用，抓住提高立法质量这个关键。要恪守以民为本、立法为民理念，贯彻社会主义核心价值观，使每一项立法都符合宪法精神、反映人民意志、得到人民拥护。要把公正、公平、公开原则贯穿立法全过程，完善立法体制机制，坚持立改废释并举，增强法律法规的及时性、系统性、针对性、有效性。"

——《中共中央关于全面推进依法治国若干重大问题的决定》，人民出版社2014年版，第8页。

（二）法律创制的特征

法律创制包括四个方面的要素，即立法主体、立法权限、立法程序、立法行为，以及立法结果。我们可以根据以上四个要素归纳出法律创制的特征。

第一，法律创制是特定的立法主体行使的专门性活动。特定的立法主体是依据宪法、法律或者经特别授权享有立法权的主体，除此之外，其他任何机关、团体或个人不能行使这项权力。

第二，法律创制是依据一定立法权限和程序进行的专门性活动。法律创制必须按照立法权限以及立法程序进行立法。各个立法主体必须依据自身的立法权限而不能超越权限立法。比如行政机关、地方立法机关不能超越立法权限对国家立法权保留的立法事项进行立法。同时，立法必须依照法定的立法程序进行。实际上，现代立法程序体现出来的民主精神是区分现代民主立法和古代专制立法的重要标志。

第三，法律创制是制定、认可、修改、废止以及解释法律和其他规范性法律文件的专门性活动。法的制定是指创制出原来没有的规范性法律文件；认可是对原来没有法律效力的规范赋予其法律效力；修改是对原来的规范性法律文件进行变更或补充；废止是对有效的规范性法律文件终止其法律效力；解释是对规范性法律文件进行具体的解释和说明。以上这些立法行为构成了法律创制的核心部分。

第四，法律创制是经由立法行为形成规范性法律文件的专门性活动。规范性法律文件是法律创制的结果，这就意味着法律创制并不是针对特定个人进行立法。立法结果是具有普遍性、一般性以及重复适用性的规范性法律文件，而非仅仅针对特定人有效的个别命令或决定。

（三）法律创制的原则

法律创制的原则是指立法者在立法活动中遵循的基本准则和指导思想。法律创制的原则关系我们基于什么指导思想和原则来启动立法以及如何立法，它既包括实体性原则，也包括程序性原则。《中华人民共和国立法法》（以下简称《立法法》）第三条至第六条的规定体现了当下中国法律创制的基本原则，即“立法应当遵循宪法的基本原则”；“立法应当依照法定的权限和程序，从国家整体利益出发，维护社会主义法制的统一和尊严”；“立法应当体现人民的意志，发扬社会主义民主，坚持立法公开，保障人民通过多种途径参与立法活动”；“立法应当从实际出发，适应经济社会发展和全面深化改革的要求，科学合理地规定公民、法人和其他组织的权利与义务、国家机关的权力与责任”。根据以上规定，我们可以归纳为法律创制的科学原则、民主原则和法治原则，又可称为科学立法原则、民主立法原则和依法立法原则。

1. 科学立法

科学立法是指立法必须尊重客观规律，特别是立法的内在规律，从实际出发，把握立法的必要性、可行性，合理配置权利与义务。恰如马克思所说，“立法者应该把自己看作一个自然科学家。他不是在创造法律，不是在发明法律，而仅仅是在表述法律，他用有意识的实在法把精神关系的内在规律表现出来。如果一个立法者用自己的臆想来代替事物的本质，那么人们就应该责备他极端任性”①。立法者不能依靠自己的想象来立法，必须立足于客观实际。立法的科学原则要求做到以下几点。

（1）尊重客观现实

立法坚持科学原则，意味着立法必须从实际出发，特别是从社会的立法需求出发，而不是依靠立法者的主观建构。尊重客观事实，从立法上讲，就必须注重论证立法的必要性和可行性。

立法的必要性是指对于某一具体的社会关系，它是否需要通过法律这种刚性的规范来规制，用其他规范来规制是否可行。我们要重视道德、习惯、风俗等其他规范对于具体社会关系的规制效果，不能陷入“立法万能主义”的窠臼。对立法的必要性进行分析，必须注意社会的自治能力，在法律同其他规范进行比较的前提下，论证立法的必要性。

立法的可行性论证主要包括两个方面。首先，立法所规定的权利义务是否能在现实生活中得到实现。立法必须从实际情况出发，不能设定那些人们难以实现的权利，也不能设定人们难以承担的义务和责任。其次，即使能够在现实中得以施行，也要考虑立法的效益。立法必须充分考虑法律在社会中施行的执法成本、司法成本、

① 《马克思恩格斯全集》第1卷，人民出版社1995年第2版，第347页。

守法成本，在取得良好效益的前提下立法，提高立法质量。

（2）科学配置权利和义务

立法过程实际上就是配置权利和义务的过程。立法的科学性要求必须合理地为社会成员配置权利和义务。科学配置权利和义务在现代社会需要做到以下几点：一是在对待民众的权利需求上，应当以最大化为原则，及时、充分地将人民的权利需求转化为法定权利；二是对民众的权利应当原则上平等地配置，不能偏私，实现权利平等、机会平等和规则平等；三是对弱者的权利应当加以差别对待以实现实质平等；四是权利的配置必须注重整体性，形成权利体系，使得单项权利得到其他权利的支撑，比如实体性权利的实现还需要程序性权利的保障。

（3）提高立法技术

一个国家立法的科学化程度在很大程度上取决于立法技术水平的高低。我们需要做到以下几点来提高立法技术：第一，树立提高立法技术的意识，立法技术的高低影响立法质量的水平。第二，切实提高具体立法中的立法技术。立法技术主要包括立法的整体规划技术、立法的结构营造技术和立法的语言表达技术。立法的整体规划技术要求一个国家具备完整、协调、效力统一的法律体系；立法的结构营造技术要求既要注重单个法律条文本身的结构营造，又要注重法条之间的配合和协调；立法的语言表达技术要求法律语言清楚明了、逻辑严密、概念运用恰当。第三，注重对国外先进立法技术的借鉴、吸收，特别是国外的规范性法律文件的系统化、规范化方面的立法技术。

2. 民主立法

民主是现代政治文明的重要价值，它也是现代立法的重要价值追求。现代立法应当坚持和贯彻民主原则，原因如下。

首先，立法权的权力属性要求立法必须具备民主性。我国《宪法》规定，中华人民共和国的一切权力属于人民。它宣示了我国是人民主权的国家，而主权的一项重要内容就是立法权。因此，从根源上讲，立法权是属于人民的，这就要求立法必须体现人民的意志，体现民主性。

其次，当下立法权行使的代议性质也要求立法应当具备民主性。确立人民意志的方式有两种：一是通过全民投票表决的直接民主方式来确立；二是通过人民选举代表组成代议机关的方式来确立。在当今各国立法实践中，后者是最主要的方式。这种依靠代议机关行使立法权的方式使得立法权的归属主体和立法权的行使主体出现分离。这就要求代议机关必须通过民主的方式真正反映人民的意志和人民真实的立法需求，而不是搞“闭门造法”。

再次，立法的民主性为制定良法提供了保障。在立法过程中，各种身份、职业、地区等具有差异性的代表能够通过民主的审议机制平等地发表不同的意见，并最终达成共识，这种方式使得立法全面地考虑到不同利益主体的利益，避免立法的偏私，为良法的制定提供了程序上的保障。

最后，立法的民主性也是人民守法的保障。恰如美国学者科恩所说，“法律可能是不好的法律（我还可以反对），但我所参与的确定法律的过程使我有义务承认它们的合法性并服从它们。……那种义务来自这一事实：我是构成社会的成员之一，社会的法律就是我的法律，制定法律时我出过力。如果法律是公正的，我可以引以为荣；如果法律是不公正的，我继续有义务为其改善而努力”①。

立法的民主性要求法律的创制过程在程序上和内容上都应当体现民主性。

首先，立法程序的民主性。立法程序的民主性主要包括立法机关组成方式的民主性和立法过程的民主性两个方面。立法机关组成方式的民主性是立法民主化的前提。我们应当保证立法机关的代表是经由民主选举产生的，能够代表人民的利益，否则，就谈不上立法的民主化。立法过程的民主性包括两个方面：立法过程的公开化及立法过程的公众参与。其一，立法过程应当实现公开化。立法过程的公开不是部分公开，而应当是全面公开，不仅正式立法程序应当公开，立法的准备阶段也应当公开。比如，在立法准备阶段中的立法规划、立法决策、立法建议和法案的草拟都应当向社会公开，在听取人民意见基础上进行科学的立法规划、立法决策及草案设计。在正式的立法程序中，应当及时通过媒体报道审议的进程和审议的结果。其二，立法过程还应当让民众积极参与。《立法法》第三十六条规定，列入常务委员会会议议程的法律案，法律委员会②、有关的专门委员会和常务委员会工作机构应当听取各方面的意见。听取意见可以采取座谈会、论证会、听证会等多种形式。法律案有关问题存在重大意见分歧或者涉及利益关系重大调整，需要进行听证的，应当召开听证会，听取有关基层和群体代表、部门、人民团体、专家、全国人民代表大会代表和社会有关方面的意见。国务院《规章制定程序条例》第十五条规定，起草规章，应当深入调查研究，总结实践经验，广泛听取有关机关、组织和公民的意见。听取意见可以采取书面征求意见、座谈会、论证会、听证会等多种形式。这些规定都为民众参与立法提供了制度保障。

其次，立法内容的民主性。立法内容的民主性是立法程序民主化的最终目的。它要求立法在根本上以维护人民的利益为宗旨，从人民的根本利益出发立法，而不是为某一个群体的利益立法。立法内容的民主性要求我们处理好各种利益之间的冲突，克服立法的部门保护主义和地方保护主义，真正体现立法的人民性。

---

① [美]科恩：《论民主》，聂崇信、朱秀贤译，商务印书馆 1988 年版，第 233 页。

② 2018 年 3 月 11 日，第十三届全国人民代表大会第一次会议通过《中华人民共和国宪法修正案》，将“全国人大法律委员会”更名为“全国人大宪法和法律委员会”。

3. 依法立法

立法是法治系统中的基础环节，它为法治提供了制度基础。立法的法治化是产生良法的重要保障。依法立法原则在立法过程中主要包括以下几个要求。

（1）宪法至上

宪法是我国的根本大法，具有最高的法律效力，是一切法律、法规制定的基础。凡是同宪法的规定和精神相违背的立法，都是无效的。鉴于立法合宪性的重要性，现代各国一般都采取了各种形式的立法审查制度，保障立法的合宪性。

宪法至上的立法原则，实际上还蕴含了一个重要的原则，即法制统一的原则。作为宪法部门的相关法，《立法法》对保持立法体系的法制统一性作了十分具体的规定。《立法法》第五章“适用与备案审查”中规定了不同法律的位阶，下位法不得违背上位法。宪法具有最高的法律效力，一切法律、行政法规、地方性法规、自治条例和单行条例、规章都不得同宪法相抵触。

（2）立法权限的法治化

立法权限的法治化原则要求立法主体必须在宪法和法律规定的权限范围内行使立法权，不能超越其权限范围。由于当下中国立法主体多样，如果不对立法权限进行规定，难免会发生冲突。《立法法》对全国人大及其常委会、国务院、地方国家权力机关以及地方政府的立法权限作了十分细致的规定，各个立法主体，尤其是行政立法主体和地方立法主体要严格遵守法律赋予的立法权限，不能超越立法权限对全国人大保留的立法事项进行立法。

（3）立法程序的法治化

立法程序的法治化原则是立法实现法治化的重要保障。一切立法活动都应当遵循法定的立法程序。立法程序对于保持立法权的正当行使具有重要的意义。透明的立法程序使得立法权的运作处于民众的监督之下，避免了立法的任意。同时，立法程序对于保障立法的科学性和民主性也有重要的意义。立法程序为利益的沟通提供了时空平台，为解决利益冲突提供了妥协机制。

（四）法律创制的程序

1. 立法程序和立法过程

任何立法活动都离不开一定的程序。从静态上看，立法程序主要表现为立法活动体现出来的方式、步骤、次序；从动态上看，立法程序主要表现为一系列先后发生的立法行为所构成的立法过程。

立法过程可以大体分为三个阶段：立法的准备阶段、从法案到法的阶段、立法的完善阶段。

立法的准备阶段，是指提出法案之前所进行的与立法有关的活动的阶段，它为正式立法程序的启动提供了前提条件和基础。立法的准备活动主要包括进行立法预测、编制立法规划、作出立法决策、收集立法建议以及法案的起草。立法在准备阶段中完成的工作是正式立法活动开展的前提，它在很大程度上影响最终通过的立法文本的质量。

从法案到法的阶段，是指从法案的提出到法的公布这一系列立法活动构成的立法阶段。它是正式的立法程序，也是法案最终成为法律的关键一环。它通常包括四个方面：提出法案；审议法案；表决法案；法的公布。我国《立法法》对此有十分详细的规定。

立法的完善阶段，是指法案经公布成为正式的法律法规后，为了使该法得到进一步地完善而进行的立法活动和立法辅助工作。它主要包括以下工作：一是对存在漏洞的法律法规进行补充；二是对跟不上时代发展的法律法规进行修改或废止；三是对需要作出具体说明和解释的法律法规进行法律解释。

2. 我国现行的正式立法程序

由于我国立法主体众多，在制定相关法律法规时立法程序也呈现出较大的差异，这里我们主要以全国人大及其常委会的立法程序为例，分析我国的正式立法程序。

（1）提出法案

提出法案是指由有立法提案权的主体，依据法定程序向有权接受提案的机关，提出的关于制定、修改、废止、补充或解释某项法律、法规的提案或法案的动议。

立法提案权的主体是指依法享有立法提案权的机构或人员。《立法法》第十四、十五条规定，全国人民代表大会主席团可以向全国人民代表大会提出法律案，由全国人民代表大会会议审议。全国人民代表大会常务委员会、国务院、中央军事委员会、最高人民法院、最高人民检察院、全国人民代表大会各专门委员会，可以向全国人民代表大会提出法律案，由主席团决定列入会议议程。一个代表团或者三十名以上的代表联名，可以向全国人民代表大会提出法律案，由主席团决定是否列入会议议程，或者先交有关的专门委员会审议、提出是否列入会议议程的意见，再决定是否列入会议议程。另外，《宪法》第六十四条规定，宪法的修改，由全国人民代表大会常务委员会或者五分之一的全国人民代表大会代表提议。

提出法案的具体程序如下。首先，需要对法律草案进行充分准备。其次，立法议案的提交。《立法法》第十六条规定，向全国人大提出的法律案，在全国人大闭会期间，可以先向全国人大常委会提出，经常委会审议后，决定提请全国人大审议。立法提案权主体提交立法议案时，还需要提供相关的材料，包括法律草案的文本以及起草说明等。再次，立法议案列入议程。根据《立法法》的规定，向全国人民代表大会提出的立法议案由全国人民代表大会主席团决定是否列入会议审议。最后，根据法定程序，立法议案可以依法撤回。

（2）审议法案

审议法案是指立法机关对列入会议议程的立法议案所涉及的法律草案进行正式审查和讨论的过程。

对于审议的程序，不同的国家也有较大的不同，甚至一个国家内部不同的立法主体对立法议案的审议也有不同的程序。有的国家的法案审议由议会大会直接行使，议会可以不将立法议案交付专门委员会审议，审议权集中于议会大会，但这种国家为数不多。有的国家如英国、爱尔兰、澳大利亚、新西兰、印度、巴基斯坦等国采取先由议会大会审议，然后交由有关专门委员会审议，最后由议会大会进行审议。前一阶段由议会审查，确定立法案的基本原则和主要内容，后一阶段主要是由专门委员会对专业性强、技术操作性强的部分进行审议，但不能够改变法案的基本原则和主要内容，最后由议会大会进行集中统一审议。有的国家如法国、意大利、美国、巴西等国则采用从专门委员会到议会大会的逐级审议方法，对立法议案的实体部分的审议来说，主要是在专门委员会，议会大会主要是就立法议案进行表决通过。

就我国而言，根据《立法法》的规定，全国人大常委会的议案审议程序大致可分为以下几个步骤：首先是常务委员会会议第一次审议，听取提案人的说明，由分组会议进行初步审议；其次是常务委员会会议第二次审议，听取法律委员会关于法律草案修改情况和主要问题的汇报，由分组会议进一步审议；最后是常务委员会会议第三次审议，听取法律委员会关于法律草案审议结果的报告，由分组会议对法律草案修改稿进行审议。

（3）法案的表决和通过

立法案的表决通过是指经过有权立法的机关或人员按照少数服从多数的原则，以多数人或绝大多数人的意志来决定立法案是否通过，使之成为法律规范。这是大多数国家通过立法案的方式。多数人的数量界限，一般是指有权参与表决的全体人员或者实际参与表决的人员的半数以上。对于一般议案来讲，只需多数人赞成即可通过，但对于重大法律议案，如宪法修正案则需要绝大多数人的赞成才能通过。《立法法》第二十四条和第四十一条规定，在全国人大立法程序中，法律草案由全体代表的过半数通过，在全国人大常委会立法程序中由常委会全体组成人员的过半数通过。《宪法》第六十四条规定，宪法的修改由全国人大以全体代表的三分之二以上的多数通过。

（4）公布法

在世界各国，法律的公布一般是由国家元首行使，也有少数国家规定由立法机关的领导机构行使。《立法法》第二十五条、第四十四条、第七十条、第七十八条、第八十五条分别对法律、行政法规、地方性法规、规章的公布作了详细的规定，它们分属于国家主席、国务院总理、地方人大主席团或人大常委会、部门首长或政府负责人公布。

关于公布法律的时间，各国规定不尽相同，有的国家规定在通过后立即公布，有的国家则没有作出强制规定，我国《立法法》也没有明确规定。

（五）立法体制与立法的等级效力

1. 立法体制

（1）立法体制概述

立法体制是指关于立法权、立法权运行和立法权载体诸方面的体系和制度所构成的有机整体。[①] 立法体制主要涉及立法权限的配置问题。它既包括中央和地方立法权限的划分制度和结构，也包括地方各级国家机关之间立法权限划分的制度和结构。

从世界各国的立法体制来看，由于各个国家的国体、政体、国家的结构形式、民族构成、历史传统等诸多因素不同，各国的立法体制也出现诸多差异。这些类型按照不同的分类标准可以分为：单一立法体制和复合立法体制；一级立法体制和多级立法体制；独立型立法体制和制衡型立法体制；集权型立法体制和分权型立法体制等。其中最为典型的分类是将当今世界各国的立法体制分为单一立法体制、复合立法体制和制衡立法体制。

单一立法体制是指立法权由一个国家机关行使的立法体制，它包括单一的一级立法体制和单一的两级立法体制。单一的一级立法体制是指立法权由中央一级的一个国家机关行使。单一的两级立法体制是指中央和地方两级立法权各由一个国家机关行使。

复合立法体制是指立法权由两个或两个以上的国家机关共同行使的立法体制。由于这些国家的立法权由两个以上的中央国家机关共同行使，形成了复合的一级立法体制。

制衡立法体制是指建立在立法、行政、司法三权既相互独立又相互制约的原则基础上的立法体制。在这种体制之下，虽然原则上立法权属于立法机关，但行政机关、司法机关对立法机关的立法有重大的影响，甚至直接参与行使立法权。

（2）当代中国的立法体制

我国现行的立法体制，由于受到国体、政体、国家的结构形式、民族构成、历史传统等诸多因素的影响，形成了独特的立法体制。总体而言，我们可以总结为“一元、两级、多层次”的立法体制。

“一元”体现在国家立法权统一由全国人民代表大会及其常务委员会行使。其他立法主体立法不得违背全国人大及其常委会制定的法律，全国人大及其常委会立法的效力高于其他立法主体立法的效力。“两级”是指我国的立法体制又分为中央立法

---

① 参见周旺生：《立法论》，北京大学出版社1994年版，第132页。

权和地方立法权两个立法权等级。“多层次”是指无论是中央立法还是地方立法，都可以各自划分为若干个层次和类别。具体而言，根据《立法法》，我国现行的立法体制如下。

第一，全国人民代表大会及其常务委员会行使国家立法权。全国人民代表大会制定和修改宪法，制定和修改刑事、民事、国家机构和其他的基本法律。全国人大常委会制定和修改除应当由全国人大制定的基本法律以外的其他法律；在全国人大闭会期间，对全国人大制定的法律进行部分补充和修改，但不得与该法律的基本原则相抵触。全国人民代表大会及其常务委员会享有专属立法权。《立法法》第八条规定，下列事项只能制定法律：“（一）国家主权的事项；（二）各级人民代表大会、人民政府、人民法院和人民检察院的产生、组织和职权；（三）民族区域自治制度、特别行政区制度、基层群众自治制度；（四）犯罪和刑罚；（五）对公民政治权利的剥夺、限制人身自由的强制措施和处罚；（六）税种的设立、税率的确定和税收征收管理等税收基本制度；（七）对非国有财产的征收、征用；（八）民事基本制度；（九）基本经济制度以及财政、海关、金融和外贸的基本制度；（十）诉讼和仲裁制度；（十一）必须由全国人民代表大会及其常务委员会制定法律的其他事项。”

第二，国务院根据宪法和法律，制定行政法规。国务院各部、委员会、中国人民银行、审计署和具有行政管理职能的直属机构，可以根据法律和国务院的行政法规、决定、命令，在本部门的权限范围内，制定规章。

第三，省、自治区、直辖市的人民代表大会及其常务委员会根据本行政区域的具体情况和实际需要，在不同宪法、法律、行政法规相抵触的前提下，可以制定地方性法规。设区的市、自治州人民代表大会及其常务委员会根据本地的具体情况和实际需要，在不同宪法、法律、行政法规和本省、自治区的地方性法规相抵触的前提下，可以对城乡建设与管理、环境保护、历史文化保护等方面的事项制定地方性法规，报省、自治区的人民代表大会常务委员会批准后施行。

第四，民族自治地方的人民代表大会有权依照当地民族的政治、经济和文化的特点，制定自治条例和单行条例。自治区的自治条例和单行条例，报全国人民代表大会常务委员会批准后生效。自治州、自治县的自治条例和单行条例，报省、自治区、直辖市的人民代表大会常务委员会批准后生效。

第五，经济特区所在地的省、市的人民代表大会及其常务委员会根据全国人民代表大会的授权决定，制定法规，在经济特区范围内实施。

第六，省、自治区、直辖市和设区的市、自治州的人民政府，可以根据法律、行政法规和本省、自治区、直辖市的地方性法规，制定规章。

2. 立法的等级效力

立法的等级效力是指以创制法律的主体在整个国家法律创制中的地位为标准，

规范性法律文件呈现出的不同的法律效力。

处理不同等级的法之间所发生的冲突，应当遵循上位法优于下位法的原则。《立法法》对上位法和下位法的等级效力作了规定：第一，宪法具有最高的法律效力，一切法律、行政法规、地方性法规、自治条例和单行条例、规章都不得同宪法相抵触；第二，法律的效力高于行政法规、地方性法规、规章；第三，行政法规的效力高于地方性法规、规章；第四，地方性法规的效力高于本级和下级地方政府规章；第五，省、自治区的人民政府制定的规章的效力高于本行政区域内设区的市、自治州的人民政府制定的规章。

典型案例

在校学生能否结婚？

1990 年，国家教育委员会颁布的规章《普通高等学校学生管理规定》（已废止）第三十条规定，在校学习期间擅自结婚而未办理退学手续的学生，作退学处理。实际上，这一规定同国家基本法律不一致，学生能否结婚，应根据国家《婚姻法》执行。这就是典型的部门规章同上位法相抵触的例子。据此，教育部在 2005 年新修改的《普通高等学校学生管理规定》中已将此条予以废除。

（六）规范性法律文件的规范化和系统化

1. 规范性法律文件规范化和系统化的涵义及意义

规范性法律文件的规范化是指立法主体在制定规范性法律文件时，要按照一定的标准和规格进行立法，从而使一个国家的规范性法律文件成为效力统一、逻辑严密、结构合理的整体。规范性法律文件的规范化要求立法主体按照法定的立法程序、立法权限进行立法，并在技术上要求做到符合一定的规格，如法名称的格式要统一、法内容的结构营造要合理、条文的编排组合要规范、立法语言要清晰严谨等。我国《立法法》为实现规范性法律文件的规范化提供了制度保障。

规范性法律文件的系统化是指对已制定的规范性法律文件按照一定的方式进行归类、整理和加工，使之系统化、完善化的活动。

规范性法律文件的规范化和系统化具有重要的意义。第一，通过规范性法律文件的规范化和系统化，使得众多的立法主体能够按照统一的规格和标准立法，既有利于人们查阅、理解、遵守法律，也有利于法律实施者实施法律。第二，通过规范性法律文件的规范化和系统化，能够及时发现并消除各种规范性法律文件的矛盾、冲突，有利于实现国家的法制统一。第三，通过规范性法律文件的规范化和系统化，能够及时发现过时的法律、失效的法律及存在漏洞的法律，有利于法律的完善。第四，通过规范性法律文件的规范化和系统化，能够提高一个国家的立法技术，从而为未来的立法，特别是法典化立法奠定坚实的基础。

2. 规范性法律文件系统化的方法

规范性法律文件系统化的方法有三种：法律清理、法律汇编和法典编纂。

（1）法律清理

法律清理是指有权的国家机关，在职权范围内对一定领域内的规范性法律文件进行集中审查，确定其或存或废或修改的专门活动。法律清理在性质上属于立法活动的范畴。只有享有立法权的国家机关才能对其制定的规范性法律文件进行清理，并且要在自身的职权范围内进行。清理的对象是一定时期和范围内已经生效的一批规范性法律文件，而非某个规范性法律文件。法律清理的结果通常包括以下几个方面：一是宣告某些法律继续有效；二是明令废止；三是宣告某些法律需要修改，并责成相关创制主体提上修改或补充的日程。在公布法律清理的结果时，将以上三个方面的内容列出目录，一并公布。法律清理的方式有集中清理、专项清理和定期清理几种。

（2）法律汇编

法律汇编是指按照一定的标准和目的对规范性法律文件进行集中排列并汇编成册的一种规范性法律文件系统化的方法。它不改变规范性法律文件的内容，因此，它不属于立法活动的范畴。法律汇编的主体可以是国家机关，也可以是组织和个人。法律汇编的目的是便于人们全面了解和查阅现行法律的规定。

（3）法典编纂

法典编纂是指有权的国家机关在法的清理和汇编的基础上，对某一法律部门或某一方面的全部现有法律规范加以审查，按照一定的原则，加以必要的补充、修改或废除，消除其中相互冲突和重叠的部分，制定出新的法律规范，最终形成一部集中统一、内在协调、系统的法律或法典的专门性立法活动。法典编纂属于立法活动的范畴，它只能由有立法权的机关按照自身的立法权限进行，同时由于它创制出新的法律规范，因此必须遵循法定的立法程序。由于法典编纂涉及整合相关同类法的内容，需要较高的立法技术，因此，它是衡量一个国家立法技术高低的重要标准。

延展阅读

五月二十八日，十三届全国人大三次会议审议通过了《中华人民共和国民法典》，这是新中国成立以来第一部以“法典”命名的法律，是新时代我国社会主义法治建设的重大成果。安排这次集体学习，目的是充分认识颁布实施民法典的重大意义，推动民法典实施，以更好推进全面依法治国、建设社会主义法治国家，更好保障人民权益。

在我国革命、建设、改革各个历史时期，我们党都高度重视民事法律制定实施。革命战争年代，我们党在中央苏区、陕甘宁边区等局部地区就制定实施了涉及土地、婚姻、劳动、财经等方面的法律。新中国成立后，我国相继制定实施了婚姻法、土地改革法等重要法律和有关户籍、工商业、合作社、城市房屋、合同等方面的一批法令。我们党还于一九五四年、一九六二年、一九七九年、二〇〇一年四次启动制定和编纂民法典相关工作，但由于条件所限没有完成。

改革开放以来，我国民事商事法制建设步伐不断加快，先后制定或修订了中外合资经营企业法、婚姻法、经济合同法、商标法、专利法、涉外经济合同法、继承法、民法通则、土地管理法、企业破产法、外资企业法、技术合同法、中外合作经营企业法、著作权法、收养法、公司法、担保法、保险法、票据法、拍卖法、合伙企业法、证券法、合同法、农村土地承包法、物权法、侵权责任法等一大批民事商事法律，为编纂民法典奠定了基础、积累了经验。

党的十八大以来，我们顺应实践发展要求和人民群众期待，把编纂民法典摆上重要日程。党的十八届四中全会作出关于全面推进依法治国若干重大问题的决定，其中对编纂民法典作出部署。之后，我主持三次中央政治局常委会会议，分别审议民法总则、民法典各分编、民法典三个草案。在各方面共同努力下，经过五年多工作，民法典终于颁布实施，实现了几代人的夙愿。

民法典在中国特色社会主义法律体系中具有重要地位，是一部固根本、稳预期、利长远的基础性法律，对推进全面依法治国、加快建设社会主义法治国家，对发展社会主义市场经济、巩固社会主义基本经济制度，对坚持以人民为中心的发展思想、依法维护人民权益、推动我国人权事业发展，对推进国家治理体系和治理能力现代化，都具有重大意义。

——习近平：《论坚持全面依法治国》，中央文献出版社 2020 年版，第 277—279 页。

二、法律实施

（一）法律实施的概念

法律实施是指法律规范在社会生活中得到现实的施行。法律实施又可以分为执法、司法、守法和法律监督这几个活动或状态。法律创制出来之后，需要国家行政机关和一些非国家行政机关的组织依照法定职权和程序加以贯彻执行，这就是执法；当守法主体在现实当中遭遇到权利义务纠纷的时候，需要一个公正的裁判者予以裁判，这就是司法；在常态情形下，守法主体能够依照法律的规定来行使自己的权利和承担自己的义务，这就是守法。

法律实施具有重要的意义。法律创制是法律实施的前提和基础，但法律创制的结果即法律规范是静态的，还停留在书本上，没有走进现实生活。法律实施是法律创制之后法律运行的更进一步的阶段，它将停留在“书本中的法”变成了同每个人息息相关的“行动中的法”。一部制定得再完美的法律，如果不能在现实社会中得到实施，就只是一纸空文。

法律实施和法律实现是两个相关但又不同的概念。法律实现是指法律规范转化成了人们的实际行为，赋予的法定权利得到落实，规定的法定义务得到履行的状态。法律实施强调的是法律在现实中的运转过程，而法律实现强调的是在法律实施之后存在的良好状态。法律实现是法律实施期待和意图实现的结果和目的，法律实施则是法律实现的手段和过程。法律实施的结果并不一定能带来法律的实现，因为法律实施要取得良好的结果还需要一系列的条件，如严格而合理的执法、公正的司法、民众的认同等。

重要文献

中国共产党十八届四中全会在《中共中央关于全面推进依法治国若干重大问题的决定》中指出：“法律的生命力在于实施，法律的权威也在于实施。各级政府必须坚持在党的领导下、在法治轨道上开展工作，创新执法体制，完善执法程序，推进综合执法，严格执法责任，建立权责统一、权威高效的依法行政体制，加快建设职能科学、权责法定、执法严明、公开公正、廉洁高效、守法诚信的法治政府。”

——《中共中央关于全面推进依法治国若干重大问题的决定》，人民出版社2014年版，第15页。

（二）法律执行

1. 法律执行的概念

法律执行简称执法。它有广义和狭义之分。广义上的执法是指一切执行法律的活动，包括国家行政机关、司法机关和法律授权或委托的其他机关及其公职人员，依照法定的职权和程序，贯彻执行法律的行动。在这种意义上，执法既包括行政执法，也包括司法机关的司法。狭义上的执法仅指行政执法，它建立在近代国家权力的立法、执法、司法权力职能分离的基础上，是指国家行政机关和法律授权或委托的组织及其公职人员在行政管理活动中依照法定职权和程序执行法律的活动。本书采取狭义的概念。

我们可以从两个方面来理解行政执法的正当性：一是为什么需要“行政”；二是为什么“行政”需要同“执行法律”联系在一起。行政的本意是实施管理，管理的范围十分广泛，既包括国家事务，也包括社会的公共事务。随着社会的发展，国家需要管理的社会事务和国家事务越来越多，社会治安、财政、文化教育、卫生、国防、外交、国土资源、环境保护等领域都需要行政机关承担管理职能。因此，一个国家和社会的正常运转需要这种“自上而下的管理”。但是，这种行政管理的职能并非一定要与执行法律相互连接。执法作为国家行政机关的主要职能是随着近代民主政治发展而来的产物。在专制时代，国王或君主个人总揽了管理国家事务和社会公共事务的大权，他（她）执行的是自己的意志，而非法律。只有在近代资产阶级革命之后，将行政权力纳入代议机关制定的法律轨道，确立依法行政的法治原则之时，“执法”才成了“行政”的主要职能。因此，在当代社会，行政执法就有了两层含义：一是我们需要行政管理来维系社会的正常运转；二是行政管理必须纳入法律的轨道，它是在“执行法律”基础上的管理。

2. 法律执行的特征

（1）法律执行的主体特定性

执法权是国家权力的重要组成部分，因此，执法权的取得必须是由法律的直接规定或授权。在我国，法律执行的主体主要分为三类。一是国家行政机关，包括中央和地方各级人民政府，各级人民政府下属的执法职能部门。二是法律授权行使执法职能的组织或机构，如中国人民银行被法律授权行使中央银行的权力，有学位授予权的科研院所和大学被授权进行学籍管理和学位管理等。三是行政机关委托的组织或个人。需要注意的是，这类行政委托的主体不是独立的执法主体，它是以作出委托行为的行政机关的名义进行执法活动，由委托的行政机关承担相应的法律责任。

（2）法律执行的主动性和单方意志性

执法的主动性体现在执法主体必须主动采取措施去履行职责，当社会中出现违法行为时，行政机关应当主动查处，否则构成失职。比如，交警对违反交通法规的违法行为、城管部门对违反城市管理秩序的违法行为主动查处都体现了行政执法的主动性。当然，并不是所有的行政执法都是主动的，还存在依行政相对人申请的执法行为，如结婚登记、办理出入境手续等。执法的单方意志性体现在行政法律关系的产生并不以行政相对人的意思表示为前提，不需要行政相对人的同意。行政机关作为法律的执行者，处于发布命令的支配地位，一经作出决定即具有法律效力，而行政相对人则处于消极服从地位。

（3）法律执行的自由裁量性

由于社会生活的复杂性，法律只能作出原则性的、一般性的规定，这就为法律的执行留下了自由裁量的空间。当然，自由裁量必须在法律规定的范围、幅度内进行，同时还需要具有合理性。

3. 法律执行的基本原则

（1）合法性原则

合法性原则是法律执行的首要原则。顾名思义，法律执行必须执行的是法律，如果执行不合法，很显然就违背了这个概念本身的逻辑。合法性原则要求：第一，执法的主体和职权必须合法。执法主体的设立和职权必须有法律依据，执法主体只能在法定权限内行使职权，一切超越法定权限的行为都无效。第二，执法的内容要合法。行政机关不得法外设定权力，没有法律法规依据不得作出减损公民、法人和其他组织合法权益或者增加其义务的决定。第三，执法的程序要合法。执法要按照法律规定的程序展开执法活动，保障行政相对人的知情权、申辩权、复议权。

重要文献

中国共产党十八届四中全会在《中共中央关于全面推进依法治国若干重大问题的决定》中指出："完善行政组织和行政程序法律制度，推进机构、职能、权限、程序、责任法定化。行政机关要坚持法定职责必须为、法无授权不可为，勇于负责、敢于担当，坚决纠正不作为、乱作为，坚决克服懒政、怠政，坚决惩处失职、渎职。行政机关不得法外设定权力，没有法律法规依据不得作出减损公民、法人和其他组织合法权益或者增加其义务的决定。推行政府权力清单制度，坚决消除权力设租寻租空间。"

——《中共中央关于全面推进依法治国若干重大问题的决定》，人民出版社2014年版，第15—16页。

（2）合理性原则

合理性原则是针对行政执法的自由裁量性特点而设立的原则。合理性原则要求执法主体在执法时，应当遵循公平、公正的原则，做到客观、适当、合理、必要，拒绝根据个人好恶、偏私和任性裁量。具体而言：第一，执法主体要符合公平、公正，同等情况要同等对待，不偏不倚地对待行政相对人，在执法时不能有自己的主观好恶和个人偏见。第二，执法主体要坚持"处罚与违法行为相适应"。对行政相对人的处罚决定要依照违法行为的性质、客观损害、主观心理等作出相适应的处罚。第三，执法要符合比例性原则。即行政主体所采取的措施必须符合法律的目的；行政主体采取的措施和手段应当是为了达到结果所必需的；在可能采取的诸多措施和方式中，应当采取对当事人权益损害最小的方式。

(3) 责任原则

执法主体在行使执法权力的背后伴随着执法责任。责任原则又可称“有错必纠原则”。它是指执法主体在行使自己的权力时，对因侵犯了行政相对人的合法权益，造成损害后果的情形应承担自己的责任。由于现代行政权力的扩张，行政相对人的合法权益受到执法主体侵害的风险增加，因此，必须规定相应的责任来限制和规范行政权力的行使。我国颁布的《国家赔偿法》《行政诉讼法》等法律法规都对行政主体的执法责任予以了规定。行政责任的承担情形存在三种情形：一是因不合法的行政行为（作为和不作为）导致相对方的损害，产生行政损害赔偿责任；二是因不适当的行政行为导致相对方的损害，产生行政损害赔偿责任；三是即使行政行为合法合理但在事实上造成相对方的损害时，产生行政损失补偿责任。

（三）法律适用

1. 法律适用的概念和特征

法律适用有广义和狭义之分，广义上的法律适用既包括司法适用（司法），也包括行政适用（执法）。狭义上的法律适用是指司法适用，这里我们采用狭义的概念。司法适用，是指国家司法机关依照法定的职权和程序，运用法律处理具体案件的专门活动。司法权是相对于立法权、行政权的另一项国家重要权力，它的主要功能在于通过裁判案件以实现解决纠纷、维护社会秩序和实现社会正义的目的。它具有以下几个特征。

第一，司法活动的主体专属性。司法权作为一项重要的国家权力，必须由国家司法机关及其工作人员行使，其他任何国家机关、社会组织和个人都不能行使此项权力。在我国，司法机关是指国家检察机关和审判机关。

第二，司法活动的程序性。虽然所有的法律行为在某种程度上说都有程序性的要求，但是司法活动所要求的程序性程度最高。按照我国司法程序的种类可以分为民事诉讼程序、刑事诉讼程序和行政诉讼程序，所有这些司法程序都保障了司法活动的公正性，缺少这些程序安排，司法公正就不能得到保证。

第三，司法裁决的权威性。司法裁决的权威性表现在以下几个方面：一是司法裁决是以国家强制力为后盾的，它作出的裁决必须得到履行，否则会遭受国家强制力的制裁。二是司法裁决是解决纠纷的最后手段，司法是实现社会正义的最后一道屏障。当事人解决纠纷的方式无非有以下几种：自行和解、行政处理和诉讼。当事人之间不能和解或对行政处理不满意时，还可以依靠最后一道救济程序，即提起诉讼的方式来解决纠纷。三是司法裁决具有终局性。诉讼法中的“一事不再理”即是这种终局性的表现。作出终局裁判的司法判决，对当事人有法定的约束力，非依法律的明确规定，不得重新启动审理程序。

2. 司法的基本原则

（1）司法公正原则

党的十八届四中全会指出，公正是法治的生命线。司法公正对社会公正具有重要引领作用，司法不公对社会公正具有致命破坏作用。培根在谈到司法的时候这样指出："一次不公的判断比多次不平的举动为祸犹烈。因为这些不平的举动不过弄脏了水流，而不公的判断则把水源败坏了。"① 要做到司法公正，必须平衡以下几者之间的关系，在动态平衡中把握司法公正的内涵。

一是实体正义和程序正义的结合。实体正义要求司法裁判的结果正义，当事人的合法权益得到保障，违法者受到了应有的制裁。程序正义要求司法活动的过程正义，当事人在程序中的权利得到保障。程序正义是实现实体正义的必由之路。

二是一般正义和个案正义的结合。一般正义是一种抽象的正义，这种正义蕴含的普遍公正标准可能带来个案的不公。个案正义是结合当事人在个案中具体情境的正义。党的十八届四中全会指出，要努力让人民群众在每一个司法案件中感受到公平正义。这就要求司法工作不能机械地适用僵硬的法条，而是需要在每一个案件中考虑个案的特殊性，做到一般正义和个案正义的平衡。

三是司法公正和社会公正的结合。社会公正要求将司法活动纳入到整个社会系统中去评价是否公正，这就要求司法不仅需要考虑法律的规定，同时也要考虑整个社会的变迁，考虑司法判决的社会效果。司法应当处理好国家法与风俗习惯之间的关系，在动态平衡中把握司法公正的内涵。

（2）司法法治原则

司法是将案件和法律相互连接的活动，这就要求一方面正确、客观地反映案件事实，另一方面要正确地适用法律，就是我们通常讲的要遵循"以事实为根据，以法律为准绳"的原则。"以事实为根据"，就是指司法机关处理一切案件，必须按照与案件有关的客观证据事实为依据，而不能依靠主观想象。如果不能用证据来证明事实的存在，即使这一事实真的发生过，也不能在法律上予以认定，因为法律适用者不可能再看到过去发生的"事实"。因此，法律上认定的"事实"同客观真实并非同一个概念。"以法律为准绳"是指司法机关办理案件要严格按照法律的规定，不能枉法裁判。当然，"以法律为准绳"同追求司法的个案公正、社会公正并不矛盾，因为"以法律为准绳"，既要正确理解法律规则的字面含义，又要切实把握法律的原则和精神实质；既不能抛开法律规定去"灵活"处理，又不能拘泥于法律的字面含义而落入法律形式主义的窠臼。实际上，我们应当对"以法律为准绳"中的"法律"作宽泛的理解，即它既包括法律规则，也包括法律原则，甚至在某些情况下还包括

① ［英］培根：《培根论说文集》，水天同译，商务印书馆 1983 年版，第 193 页。

法律政策。

（3）司法机关依法独立行使职权原则

我国宪法、人民法院组织法、人民检察院组织法、三大诉讼法都对司法机关依法独立行使职权作了明确规定。这一原则的基本含义是：首先是司法权的独立性，国家的司法权只能由国家各级审判机关和检察机关统一行使，其他任何机关、团体和个人都无权行使此项权力。其次是司法机关的独立性，司法机关依法独立行使职权，不受行政机关、社会团体和个人的干涉。最后是司法工作人员的独立性，司法工作人员在办案过程中只服从法律，严格依法办事。

重要文献

中国共产党十八届四中全会在《中共中央关于全面推进依法治国若干重大问题的决定》中指出："完善确保依法独立公正行使审判权和检察权的制度。各级党政机关和领导干部要支持法院、检察院依法独立公正行使职权。建立领导干部干预司法活动、插手具体案件处理的记录、通报和责任追究制度。任何党政机关和领导干部都不得让司法机关做违反法定职责、有碍司法公正的事情，任何司法机关都不得执行党政机关和领导干部违法干预司法活动的要求。对干预司法机关办案的，给予党纪政纪处分；造成冤假错案或者其他严重后果的，依法追究刑事责任。"

——《中共中央关于全面推进依法治国若干重大问题的决定》，人民出版社2014年版，第20—21页。

（4）司法责任原则

同执法责任一样，司法权的运行也伴随着责任的承担。司法责任原则是指司法机关及其工作人员在行使司法权的过程中侵犯了公民、法人和其他社会组织的合法权益，造成一定后果应当承担责任的原则。我国《国家赔偿法》《法官法》《检察官法》《刑法》等法律中都对司法责任的承担情形作了详细的规定。

典型案例

"呼格吉勒图案"

1996年，呼和浩特市新城区第一毛纺厂家属区的公厕内，一名女子被强奸杀害。一名叫呼格吉勒图的18岁青年被认定为此案的凶犯，随后被枪决。2005年，另一名叫赵志红的人主动坦白凶案是其所为。2014年11月20日，"呼格吉勒图案"进入再审程序。2014年12月15日，内蒙古自治区高级人民法院对呼格吉勒图故意杀人、流氓罪一案作出再审判决，宣告原审被告人呼格吉勒图无罪。2014年12月

30日，内蒙古自治区高级人民法院依法作出国家赔偿决定，决定支付呼格吉勒图父母李三仁、尚爱云国家赔偿金共计2 059 621.40元。①

（四）法律遵守

1. 法律遵守的概念和意义

法律遵守又称为守法。它是指包括国家机关、社会组织和公民在内的一切社会成员，依照法律行使权力或权利，履行义务，承担责任的活动或状态。守法具有重要的意义：

首先，法律遵守是法律实现的表现方式。法律创制是为了法律实现，而法律遵守正是法律实现的表现方式，因此，任何立法者都希望自己所立之法能够得到社会成员的普遍遵守，这样立法目的就实现了。因此，法律遵守是一种应然的状态，可以试想，如果全体社会成员都能依照法律行使权利和履行义务，社会也就不会出现纠纷，甚至也就不需要司法。

其次，法律遵守是形成法律秩序的必备条件。是否形成法律秩序是衡量一个国家法治水平的重要标志。法律秩序是指通过法律这一制度系统对社会关系的规范性调整而实现社会关系的有序化状态和社会主体行为的规则化状态。通过社会成员的守法，国家机关行使权力实现有序化，社会组织和公民的权利得到享用、积极义务得到履行、禁令得以遵守，做到这些就可以说实现了法律秩序。

再次，法律遵守也是树立法律权威的重要途径。党的十八届四中全会指出，“法律的权威源自人民的内心拥护和真诚信仰。人民权益要靠法律保障，法律权威要靠人民维护”。通过人们自觉地遵守法律，久而久之就能够形成法律的权威，树立人们遇事找法、解决问题靠法的法律思维。如果制定出来的法律不能得到人们的遵守，久而久之人们就会失去对法律的信心，法律从而丧失权威。

重要文献

中国共产党十八届四中全会在《中共中央关于全面推进依法治国若干重大问题的决定》中指出：“法律的权威源自人民的内心拥护和真诚信仰。人民权益要靠法律保障，法律权威要靠人民维护。必须弘扬社会主义法治精神，建设社会主义法治文化，增强全社会厉行法治的积极性和主动性，形成守法光荣、违法可耻的社会氛围，使全体人民都成为社会主义法治的忠实崇尚者、自觉遵守者、坚定捍卫者。……坚

① 关于“呼格吉勒图案”的具体案情，参见“内蒙古自治区高级人民法院对呼格吉勒图案作出再审判决”，载内蒙古自治区高级人民法院网，http://gy.nmgfy.gov.cn/article/detail/2014/12/id/1506487.shtml，2022年9月10日访问。

持把全民普法和守法作为依法治国的长期基础性工作，深入开展法治宣传教育，引导全民自觉守法、遇事找法、解决问题靠法。坚持把领导干部带头学法、模范守法作为树立法治意识的关键，完善国家工作人员学法用法制度。”

——《中共中央关于全面推进依法治国若干重大问题的决定》，人民出版社2014年版，第26页。

2. 法律遵守的结构

（1）法律遵守的主体

守法主体是指哪些主体需要守法。在中国古代，“刑不上大夫”的传统是典型的守法主体的不平等。在现代社会，一切社会成员都是守法的主体，任何人都不能超越法律的范围之外。我国宪法规定：“一切国家机关和武装力量、各政党和社会团体、各企业事业组织都必须遵守宪法和法律。一切违反宪法和法律的行为，必须予以追究。任何组织或者个人都不得有超越宪法和法律的特权。”因此，我国的所有社会成员都必须守法。

具体而言，我国的守法主体主要分为以下几类：一是一切国家机关和武装力量、各政党和社会团体、各企业事业组织都必须守法。在这些守法主体中，国家机关、政党的守法尤为重要，而其中党政领导的带头守法又是关键。党的十八届四中全会明确指出，“坚持把领导干部带头学法、模范守法作为树立法治意识的关键”①，“依法执政是依法治国的关键。……各级领导干部要对法律怀有敬畏之心，牢记法律红线不可逾越、法律底线不可触碰，带头遵守法律，带头依法办事，不得违法行使权力，更不能以言代法、以权压法、徇私枉法”②。因此，各级党政干部的守法对于法治建设具有关键性的意义。二是全体公民必须守法。公民是我国最为广泛、最普遍的守法主体。任何公民在法律面前一律平等，遵守法律是所有公民的义务。三是在我国领域内的外国组织、外国人和无国籍人也必须守法。根据国家主权和国家利益的需要、国际条约和国际惯例，这些主体在我国主权范围内必须遵守我国法律。

（2）法律遵守的内容

法律遵守的内容就是依照法律行使权利或权力，履行义务和承担法律责任。法律遵守从时间阶段上讲可以分为两个阶段：一是在纠纷发生之前的阶段，二是在纠纷发生之后的阶段。在第一个阶段，当法律颁布后，公民和社会组织依照法律行使权利、履行义务，执法机关依照法律行使权力，这是最佳的守法状态。在第二个阶

① 《中共中央关于全面推进依法治国若干重大问题的决定》，人民出版社2014年版，第26页。

② 《中共中央关于全面推进依法治国若干重大问题的决定》，人民出版社2014年版，第33—34页。

段，当有主体不守法时，产生了法律纠纷，进入到司法程序之后，这时候的守法就要求司法机关严格适用法律，守法主体履行法律责任。

(3) 遵守法律的范围

遵守法律的范围同我国的法律渊源相关。在我国，狭义上的法律是指全国人大及其常委会颁布的法律，广义上的法律包括宪法、法律、行政法规、地方性法规、自治条例和单行条例、规章，以及我国批准的国际条约和承认的国际惯例等。在此，应当选择广义的法律作为守法的范围。此外，执法机关所作出的行政决定书、司法机关作出的判决书等非规范性法律文件对当事人而言，也是守法的范围。

第二节 法律关系和法律责任

一、法律关系

（一）法律关系的概念和分类

1. 法律关系的概念和特征

法律关系是法理学中的核心概念之一。只有法律规范而没有法律关系，法律规范只是停留在纸上，没有走进人们的现实生活。法律关系是社会关系的一种，是赋予了法律意义的社会关系，它是联系法律和社会关系的纽带。具体而言，法律关系是指法律规范在调整人们行为过程中形成的以权利义务为内容的社会关系。它有以下特征：

第一，法律关系的产生以法律规范的存在为前提。法律关系是法律对社会关系进行调整的产物，如果没有法律规范，就不可能赋予社会关系以法律意义。比如，在合同法律制度产生之前，虽然在社会中可能存在借贷行为，并且按照“借债还钱，天经地义”的习惯来规范，但是，这种关系只能说是一种以道德或习俗来调整的社会关系，而不是借贷法律关系。只有在合同法律制度诞生之后，依靠合同的权利义务规定来规范借贷行为时，我们才能说存在合同法律关系。需要注意的是，从本源上看，法律关系是来源于社会关系的。法律关系产生的源头并不在于法律规范，而在于社会生活，它们之间的关系我们可以表达为“社会关系——法律规范——法律关系”这一逻辑链条。

第二，法律关系是法律关系主体之间在法律上的权利和义务关系。以权利和义务关系为内容的法律关系是与其他社会关系相区别的重要特征。在道德调整的社会关系中，它是依靠人们的行为习惯、内心信念和社会舆论来调整的，主要是以义务为纽带的社会关系。在宗教调整的社会关系中，它是依靠人们的信仰和认同来调整的，也主要体现为一种义务。而法律关系是依靠权利和义务双向机制来调整人们的社会关系，即通过人们行使法律权利、履行法律义务的方式来展开的。

第三，法律关系是意志性关系和物质性关系的辩证统一。法律关系的意志性指法律关系的形成过程是法律规范所体现的国家意志在社会关系中的实现过程。法律规范的国家意志性决定了法律关系也体现了意志性这一特征。法律关系的物质性指法律关系要受到一定的物质生活条件和客观规律的制约，任何法律关系都是源于客观真实的社会关系。从这种意义上说，法律关系的意志性要受到物质性制约，它是意志性和物质性的辩证统一。

2. 法律关系的分类

(1) 调整性法律关系和保护性法律关系

这是按照法律关系发生的方式进行的分类。调整性法律关系是因人们的合法行为而产生的，它的内容是权利主体间正常的权利义务关系。最典型的调整性法律关系是民事法律关系。保护性法律关系是在调整性法律关系被干扰、被破坏之后，为了对调整性法律关系予以恢复、补救产生的法律关系。保护性法律关系的产生通常是由违法行为导致的。最典型的保护性法律关系是诉讼法律关系。

(2) 纵向法律关系和横向法律关系

这是按照法律主体在法律关系中的地位不同进行的分类。纵向法律关系是指在不平等的法律主体之间形成的权力服从关系。比如在行政法律关系中，行政主体和相对人之间的地位是不平等的，它们存在管理与被管理、命令与服从的关系，具有强制性，它是一种纵向的法律关系。横向法律关系是指平等主体之间形成的权利义务关系，它是以意思自治为原则，具有较大程度上的任意性，如民事法律关系。

(3) 绝对法律关系和相对法律关系

这是按照法律关系主体数量的多少进行的分类。绝对法律关系是指权利主体特定，义务主体则是所有不特定的社会成员，除权利主体之外的所有主体，他们都负有不得干涉、侵犯权利主体行使权利的义务。物权、人格权、知识产权等形成的关系都是典型的绝对法律关系。相对法律关系是指权利主体和义务主体都是特定的，权利主体只对相对方享有权利，义务主体只对权利主体履行义务。继承权、债权、身份权等形成的关系都是典型的相对法律关系。

(4) 部门法律关系

这是按照形成法律关系的法律部门不同作出的分类。如宪法法律关系、行政法律关系、民事法律关系、刑事法律关系、诉讼法律关系等。

（二）法律关系的构成要素

法律关系是由法律关系的主体、客体和内容构成的。法律关系的主体是法律关系的参与者，也是在法律关系中依法享有权利和承担义务的人或组织。法律关系的内容是法律关系主体享有的权利和承担的义务。法律关系的客体是法律关系主体权利义务指向的对象。

1. 法律关系主体

（1）法律关系主体的种类

某个事物要成为“主体”，必须具有独立性和自主性。一个仅仅受到支配的、没有自己独立性和自主性的人或组织，我们不能将其称为主体。因此，能够成为法律关系主体，一定是在法律关系的运动中具有独立性、自主性的人或组织。在奴隶社会，奴隶只是会说话的动物，他们被当作“物”来看待，不是法律关系的主体，而仅仅是法律关系的客体。因此，能否成为法律关系的主体是一个资格问题，它是随着人类文明历史发展的进程而不断进步的。比如，动物过去在法律上不是作为法律主体存在的，但是，随着动物保护主义运动和生态主义运动的蓬勃兴起，有些国家已经承认动物可以成为某些法律关系的主体。从当代世界各国的情况来看，法律关系主体的种类主要有以下几种。

第一，自然人。自然人是所有法律关系中最为普遍的主体。它包括本国公民、外国公民和无国籍人。在我国，公民是政治、经济、文化、家庭等诸多领域法律关系的主体。居住在我国的外国公民和无国籍人根据国际条约和国际惯例也可以成为很多法律关系的主体。

第二，法人和非法人组织。按照《民法典》的规定，法人包括以下三类。一是营利法人，它是以取得利润并分配给股东等出资人为目的成立的法人。营利法人包括有限责任公司、股份有限公司和其他企业法人等。二是非营利法人，它是为公益目的或者其他非营利目的成立，不向出资人、设立人或者会员分配所取得利润的法人。非营利法人包括事业单位、社会团体、基金会、社会服务机构等。三是特别法人，它包括机关法人、农村集体经济组织法人、城镇农村的合作经济组织法人、基层群众性自治组织法人。除了法人之外，还有一些非法人组织也能成为法律关系的主体。按照《民法典》的规定，非法人组织包括个人独资企业、合伙企业、不具有法人资格的专业服务机构等。

第三，国家。国家作为一个整体，在重要的法律关系中往往充当主体的角色。最典型的是在国际公法中，国家作为国际法律关系中的主体。此外，国家也可以成为民事法律关系的主体，如发行国债形成的法律关系，也可以成为刑事法律关系的主体，如通过授权人民检察院行使公诉职能。

（2）法律关系主体的构成资格

能够成为法律关系的主体，享有权利和履行义务，必须具备一定的能力。这种能力表现为权利能力、行为能力和责任能力。

第一，权利能力。权利能力是指法律关系主体参与一定的法律关系，依法享受权利和承担义务的资格。权利能力是法律关系主体实际取得权利和履行义务的前提条件，没有权利能力，就没有行为能力和责任能力。按照主体的不同，权利能力可以分为自然人的权利能力和法人的权利能力。

自然人的权利能力可以分为一般权利能力和特殊权利能力。前者又称为基本权利能力，这是所有的公民都应当享有的，任何人在基本权利能力的享有上都是平等的。比如，我国《民法典》第十四条规定，自然人的民事权利能力一律平等。特殊权利能力是在特定条件下具有的法律资格。这种资格并不是所有的公民都可以拥有，而是只赋予特定的法律主体。如国家机关及其工作人员行使职权的权利能力。

法人的权利能力和公民的权利能力不同，法人的权利能力始于法人成立，终于解散，法人权利能力的内容由法律规定或法人的章程决定。

第二，行为能力。行为能力是指法律关系主体能够通过自己的行为实际行使权利和履行义务的能力。具备行为能力的前提是具备权利能力，只有主体在有权利能力的基础上，才能谈到是否有能力实际行使权利和履行义务。

法律确定行为能力的依据是主体的意志自由，即主体能够理解自己行为的社会意义并能控制自己的行为。因此，有权利能力的人不一定具有行为能力，如婴儿、精神病患者等。当下世界各国立法一般将年龄和精神状态作为确立行为能力的依据。

自然人的行为能力分为三种情况：完全行为能力人、限制行为能力人和无行为能力人。完全行为能力人是指达到一定的年龄，智力健全，能够认识自己行为的社会意义并能够控制自己行为的人。我国《民法典》规定，十八周岁以上的自然人为成年人。不满十八周岁的自然人为未成年人。成年人为完全民事行为能力人，可以独立实施民事法律行为。十六周岁以上的未成年人，以自己的劳动收入为主要生活来源的，视为完全民事行为能力人。

限制行为能力人是指行为能力受到一定限制，只具有部分行为能力的自然人。我国《民法典》规定，八周岁以上的未成年人为限制民事行为能力人，实施民事法律行为由其法定代理人代理或者经其法定代理人同意、追认；但是，可以独立实施纯获利益的民事法律行为或者与其年龄、智力相适应的民事法律行为。

无行为能力人是指完全不能以自己的行为行使权利、履行义务的自然人。我国《民法典》规定，不满八周岁的未成年人，以及不能辨认自己行为的成年人是无民事行为能力人。

法人的行为能力和自然人的行为能力不同。首先，自然人的权利能力和行为能力并不一定是同时存在的，自然人有权利能力并不一定同时具有行为能力，自然人丧失行为能力也并不意味着必然丧失权利能力。但是，法人的权利能力和行为能力是同时产生和同时消灭的。法人一经成立，就同时具备了权利能力和行为能力，法人一经撤销，就同时丧失权利能力和行为能力。其次，自然人的权利能力和行为能力的范围是不一致的，一般而言，权利能力的范围大于行为能力的范围。但是，法人的权利能力和行为能力的范围是一致的，都是由法律规定或其成立宗旨和章程决定的。

第三，责任能力。责任能力是指承担法律责任的能力。责任能力是行为能力在责任领域内的表现，有行为能力则有责任能力，无行为能力则无责任能力。让一个不能认识自己行为的社会意义和控制自己行为的人承担法律责任，不符合现代文明社会的基本要求。需要注意的是，刑事责任能力和民事责任能力的承担条件有所不同。我国《刑法》规定，已满十六周岁的人犯罪，应当负刑事责任。已满十四周岁不满十六周岁的人，犯故意杀人、故意伤害致人重伤或者死亡、强奸、抢劫、贩卖毒品、放火、爆炸、投放危险物质罪的，应当负刑事责任。已满十二周岁不满十四周岁的人，犯故意杀人、故意伤害罪，致人死亡或者以特别残忍手段致人重伤造成严重残疾，情节恶劣，经最高人民检察院核准追诉的，应当负刑事责任。

典型案例

“荷花女案”

原告陈秀琴系天津已故曲艺演员吉文贞（艺名“荷花女”）之母。吉文贞自幼随父学艺，15岁起在天津登台演出，有一定名声，1944年19岁时病故。被告魏锡林于1985年着手创作以吉文贞为原型，表现旧社会艺人苦难生活的小说。被告魏锡林写完小说《荷花女》后，投稿于《今晚报》。小说在内容中使用了吉文贞的真实姓名和艺名，内容除部分写实外，还虚构了部分有关生活作风、道德品质的情节。后陈秀琴向天津市中级人民法院起诉。天津市中级人民法院认为：《中华人民共和国民法通则》规定公民享有名誉权。公民死亡后，其名誉权仍应受法律保护。原告陈秀琴系已故吉文贞之母，在其女儿及本人名誉权受到侵害的情况下，有权提起诉讼，请求法律保护。最后判决被告魏锡林、《今晚报》承担赔偿、恢复名誉等民事责任。①

关于死者是否享有名誉权，关系死者是否还有权利能力的理论问题。对此，学术界有争议。学说有：“死者权利保护说”“死者法益保护说”“近亲属权利保护说”“人格利益继承说”等。学术界倾向于认为死者没有权利能力，但侵害死者名誉实际上侵害了死者近亲属的人格利益。

2. 法律关系的客体

法律关系的客体是指法律关系主体的权利和义务所指向的对象。如果没有客体，权利和义务就失去了依托的目标和对象，就不能形成法律关系。能够成为法律关系的

① 关于“荷花女案”的具体案情，参见《陈秀琴诉魏锡林、〈今晚报〉社侵害名誉权纠纷案》，载《最高人民法院公报》1990年第2期。

客体有几个要求：一是客观性，法律关系的客体应当是客观存在的事物；二是有用性，能够满足人们物质或精神的需要；三是可控性，必须是能够为人所控制的，能够为人所用的资源；四是法律性，哪些事物可以成为法律关系的客体，通常都由法律加以明确规定。在法律实践中，法律关系的客体多种多样，一般而言，具有以下几类：

第一，物。它是法律关系中最普遍的客体。物可以是自然物，如河流、山川、森林、土地、矿藏等，也可以是人造物，如房屋、汽车等。物可以是有体物，也可以是无体物，如光、热、电、气等。

第二，非物质财富。它包括人类的智力劳动成果以及与人身相联系的人格和身份等非财产财富。前者包括知识产权中的著作、发明、发现、商标等，后者包括公民的生命、健康、身体、肖像、隐私、身份等。

第三，行为。在有些法律关系中，权利和义务关系所指向的对象是法律关系主体的行为，包括作为和不作为两种情形。比如，在演艺合同中，其客体是演员的演艺行为；在劳务合同中，其客体是义务人的劳动。

需要注意的是，以上法律关系的客体并不是能够适用于所有类型的法律关系，比如人格就不能成为买卖法律关系的客体。此外，随着社会生产力和现代科技的发展，一些新事物也能成为法律关系的客体。比如，随着信息时代的到来，信息或数据在法律关系客体中的地位越来越重要。

典型案例

"无锡胚胎案"

因自然生育存在困难，2012年8月，沈某与妻子刘某在依法取得准生证后，到南京市鼓楼医院生殖医学中心采用人工辅助生育技术繁育后代。治疗过程中，医院冷冻保存了4枚受精胚胎。然而，就在胚胎移植手术前，沈某与妻子刘某发生车祸相继死亡。此后，双方父母因处理冷冻胚胎事宜发生争执而起诉到法院，要求将存放于鼓楼医院生殖医学中心的受精胚胎（4枚）归自己监管处置。

宜兴法院在充分调查的基础上，一审判决认为，受精胚胎具有发展为生命的潜能，是含有未来生命特征的特殊之物，不能像一般之物一样任意转让或继承，故其不能成为继承的标的。同时，夫妻双方对其权利的行使应受到限制，即必须符合我国人口和计划生育法律法规，不违背社会伦理和道德，并且必须以生育为目的，不能捐赠、买卖胚胎等。本案中沈某与妻子刘某均已死亡，通过手术达到生育的目的已无法实现，故其夫妻两人对手术过程中留下的胚胎所享有的受限制的权利不能被继承。判决驳回原告的诉讼请求。

2014年9月17日，无锡中院作出二审判决，改判涉案胚胎由双方父母共同监管和处置。其理由有：一是伦理。双方父母与涉案胚胎具有生命伦理上的密切关联性。二是情感。胚胎成为双方家族血脉的唯一载体，承载着哀思寄托、精神慰藉、情感抚慰等人格利益。三是特殊利益保护。胚胎是介于人与物之间的过渡存在，具有孕育成生命的潜质，比非生命体具有更高的道德地位，应受到特殊尊重与保护。当然，权利主体在行使监管权和处置权时，应当遵守法律且不得违背公序良俗和损害他人之利益。①

本案所涉及的问题有：胚胎是否是法律关系中的“物”？胚胎能否成为继承法律关系中的客体？对此，学术界也有诸多争议。

---

3. 法律关系的内容

法律关系的内容就是法律关系主体之间的法律权利和法律义务。关于法律权利和法律义务的概念有多种理解，我们在这里可以将其理解为：法律权利是规定或隐含在法律规范中，实现于法律关系中的，主体以相对自由的作为或不作为的方式获得利益的一种手段。法律义务是规定或隐含在法律规范中，实现于法律关系中的，主体以相对抑制的作为或不作为的方式保障权利主体获得利益的一种约束手段。② 法律权利和法律义务之间的关系有：相互依存，没有权利就没有义务，没有义务也不会有权利；权利与义务互为界限，权利的边界就是义务，而义务的边界就是权利；权利与义务在功能上是互补的，权利确定利益，义务保障利益的实现；权利与义务在价值上具有主从关系，不同社会的法律制度体现出以权利为本位和以义务为本位的不同。

根据以上的原理，我们可举一例作简单说明。在买卖法律关系中，它的内容包括：买受人有权利获得标的物，同时负有支付价金的义务；出卖人有权利获得价金，同时负有交付标的物的义务。在这一法律关系中，权利和义务是相互依存、互为界限、功能互补的。

（三）法律关系的运动

1. 法律关系的运动的概念

法律关系的运动是指法律关系的产生、变更和消灭。法律关系的产生是指在法律关系主体之间形成某种法律上的权利和义务关系。比如，因子女的出生形成了父母子女的法律关系；因出卖房屋的行为形成了买卖法律关系。法律关系的变更是指

---

① 关于“无锡胚胎案”的具体案情，参见江苏省无锡市中级人民法院民事判决书(2014)锡民终字第01235号。

② 参见张文显主编：《法理学》(第五版)，高等教育出版社、北京大学出版社2018年版，第130—131页。

法律关系的要素发生了部分变化。包括：权利主体或义务主体的改变，比如因企业兼并导致的权利义务主体的变更；权利客体的改变，比如在民事法律关系中因标的物灭失产生的替代物履行的情况；法律关系内容的改变，比如在买卖法律关系中，因出卖人标的履行不能，导致合同失去应有目的，买受人就由之前请求履行的权利变更为请求损害赔偿的权利。法律关系的消灭是指法律关系主体之间的权利和义务的终止。包括：法律关系主体一方或双方死亡；法律关系主体之间的权利和义务得以实现；双方同意解除法律关系或一方主动放弃；等等。

法律关系的产生、变更和消灭需要一定的条件，即同时需要具有法律规范和法律事实。法律规范是产生、变更、消灭法律关系的前提条件，没有法律依据，就不能产生这样的法律关系运动。但是，法律规范还不是法律关系本身，它还需要法律事实的出现作为中介，才能形成现实的法律关系。

2. 法律事实

法律事实是指能够引起法律关系产生、变更、消灭的客观情况或现象。法律事实包括法律事件和法律行为。

第一，法律事件。法律事件是指不以当事人的意志为转移的，能够产生法律意义的客观事实。它又可以分为社会事件和自然事件。前者包括战争、革命等引起法律关系产生、变更和消灭的客观事实。后者包括地震、洪水、台风等自然灾害以及人的生老病死等自然现象。如因地震导致亲人死亡的情况中，可能导致父母子女法律关系的消灭，同时也可能导致继承法律关系和收养法律关系的产生。

第二，法律行为。法律行为是指人们实施的、能够发生法律上效力、产生一定法律效果的行为。① 它是导致法律关系产生、变更和消灭的最为普遍的法律事实。法律行为根据不同的标准可以分为多种类型，比如合法行为与违法行为、积极行为和消极行为、单方行为和多方行为、自主行为和代理行为等。

二、法律责任

（一）法律责任的概念和本质

1. 法律责任的概念

法律责任是法理学的基本范畴。对法律责任的理解存在广义和狭义之分。广义的法律责任认为法律责任就是一种法律义务。狭义的法律责任是指因违法行为所引起的不利法律后果。实际上，法律责任不同于法律义务，广义的法律责任过于宽泛。狭义上的理解也不是十分全面。由于违法行为仅仅只是引起法律责任的一种原因，

① 参见张文显主编：《法理学》(第五版)，高等教育出版社、北京大学出版社 2018 年版，第 142 页。

而且这种理解没有强调法律责任的“国家强制性”，因此，这种定义值得商榷。我们将法律责任定义为：法律责任是因违法行为等特定的法律事实引起的，由法律强制责任主体必须承担的不利后果。法律责任具有以下特点。

第一，引起法律责任的原因是违法行为等特定的法律事实。没有这些事实，不可能产生法律责任。产生法律责任的原因主要有以下两种：一是违法行为和违约行为，它们是产生法律责任的主要原因。二是由法律规定的其他事实。比如在民法中规定的引起“无过错责任”的那些事实。

第二，法律责任具有国家强制性。这一点是区分法律责任和法律义务的重要标准。法律义务体现的是“拘束力”，它没有直接的强制力，当事人是否履行更多地靠自我意志；法律责任体现的是国家强制力，当事人必须履行。因此，在这种意义上，如果当事人自觉履行了之前没有履行的法律义务，只要它不是经由国家机关或法律授权的机关归结和认定的，它仍然不属于法律责任的范畴。

第三，法律责任具有法定性，其性质、范围、大小、期限都应当有法律依据。责任法定是法治文明的重要标志。

第四，认定和归结法律责任的专属性和程序性。法律责任的认定和归结必须由专门的国家机关（如法院）或者法律授权的组织（如仲裁机构）通过法定程序进行，其他任何主体都无此项权力。

第五，法律责任具有不利性。承担法律责任的方式主要有惩罚、补偿、强制和效力否认，这些对责任主体而言都是不利的。

热点追踪

人民调解委员会制作的调解协议书中设定的义务是否是法律责任？

2011 年 1 月 1 日施行的《中华人民共和国人民调解法》第三十一条规定，经人民调解委员会调解达成的调解协议，具有法律约束力，当事人应当按照约定履行。该法第三十三条规定，经人民调解委员会调解达成调解协议后，双方当事人认为有必要的，可以自调解协议生效之日起 30 内共同向人民法院申请司法确认，人民法院应当及时对调解协议进行审查，依法确认调解协议的效力。人民法院依法确认调解协议有效，一方当事人拒绝履行或者未全部履行的，对方当事人可以向人民法院申请强制执行。

从以上法律规定可以看出，在人民调解委员会主持下达成的调解协议只具备合同的性质，不具有强制性，只有经过申请司法确认程序，经人民法院依法确认有效后才能产生强制执行的效力。也就是说，未经人民法院确认的调解协议书中规定的义务不是法律责任，法律责任认定必须具备专属性和强制性。

2. 法律责任的本质

法律责任的本质是法律责任存在的依据，即为什么需要承担法律责任的问题。目前影响较大的有三种理论：道义责任论、社会责任论和规范责任论。

道义责任论是一种至今仍有强大生命力的法律责任合理性理论。民法中的“过错责任”就是依据这种学说。道义责任论以哲学和伦理学上的非决定论亦即自由意志论为理论基础，它假定人的意志是自由的，人有控制自己行为的能力，有自觉行为和行使自由选择的能力，由此推定，违法者应对自己出于自由意志作出的违法行为负责，应该受到道义上的责难。①

社会责任论以哲学和伦理学上的决定论为理论基础，假定一切事物（包括人的行为）都有其规律性、必然性和因果制约性。由此推断，违法行为的发生不是由行为者自由意志，而是由客观条件决定的。因而只能根据行为人的行为环境和行为的社会危险性来确定法律责任的有无和轻重。②

规范责任论从对行为的规范评价出发论述法律责任的本质，指出法律体现了社会的价值观念，是指引和评价人们行为的规范。对合于规范的行为，法律给予肯定（赞许）的评价、承认和保护，对悖于规范的行为，法律给予否定（不赞许）的评价以至取缔。否定性评价体现在法律责任的认定和归结中。易言之，法律责任是法律对行为评价的结果。因此，对行为的否定性规范评价就是法律责任的本质。③

道义责任论和社会责任论的合理性根植于其存在的特定时空当中，而规范责任论试图包容二者，但在逻辑上同二者并不在一个层面上。也就是说，规范责任论依然需要通过道义责任论和社会责任论从而将某种法律责任纳入到规范当中。从哲学依据来讲，道义责任论立基于个人主义，即个人应当为自己的意志选择而承担责任。然而，自 20 世纪以来，随着法律社会化时期的到来，那种仅仅依靠个人意志追究法律责任的方式已经不能适应新时代的要求。这就使得那些虽然可能不是由其自由意志支配下产生的危害社会或他人利益的行为，依然要受到法律责任的追究。

道义责任论和社会责任论都是从某一方面指出了法律责任的合理性，而在当下，这两种理论根据在现代法律责任的追究中同时存在。现代法律责任的理论根据既是立基于个人的，同时也是立基于社会的。当然，立基于道义责任论的追究是首要的，只有在道义责任论不能有效地维护整个社会利益的时候，社会责任论才承担起作为追究法律责任的理论根据，这也是当下法律责任中“过错责任”为主，其他责任形

---

① 参见张文显主编：《法理学》(第五版)，高等教育出版社、北京大学出版社 2018 年版，第 166 页。

② 同上。

③ 同上。

式为辅的原因。

（二）法律责任的构成

由于违法行为和违约行为是引起法律责任最主要的原因，因此，当下大部分法理学教材按照违法行为的构成要件来探讨法律责任的构成要件。比如，法律责任的“四要件说”认为法律责任的构成要件有责任主体、违法行为或违约行为、损害结果、主观过错四个要素。因此，有必要首先探讨违法行为的构成要件。

1. 违法行为的构成要件

许多教材认为，并非任何人都可以成为违法行为或违约行为的实施者，没有行为能力的人就不可能成为实施违法行为或违约行为的人。实际上这种说法正是将违法行为的主体同法律责任的主体相互混淆的结果。在我们看来，违法行为的主体并不要求一定是具有行为能力的人，是否具有行为能力是法律责任主体的条件，而非违法行为主体的条件。秉承这个前提，对于一个意志不健全的人从事了违法行为也很难判断主观上的过错，因此，主观过错也不是违法行为的构成要件。据此，违法行为的构成要件只需如下三个①。

第一，主体要件。违法主体应是且只能是人，这包括自然人、法人和非法人组织。至于行为主体是否达到责任年龄、具备责任能力，行为时是否有主观过错，在所不问，这并不影响违法行为的构成。也就是说，只要是自然人或法律上的拟制人格便有可能作出违法行为。

第二，客观要件。这是违法行为构成中的核心要件。具体来说，包括三个要素：有行为发生；合法的社会关系（社会权益）受到实质损害或实质损害的威胁；该行为与该损害结果或所受到的威胁之间有直接（最近）的因果关系。

第三，形式要件（法律要件）。行为主体侵害合法权益的行为违反有关的法律规定。

2. 法律责任的构成要件

现代法律责任的种类具有多样性，导致了通说中的“四要件说”有很多逻辑不周延的地方。比如责任主体和违法主体没有得到区分，而当下法律责任中替代责任的出现，使得违法行为的主体同法律责任的承担主体是分离的；引起法律责任的原因不仅是违法行为和违约行为，还有其他的原因；有些法律责任并不要求有损害结果的发生；有些法律责任也不要求责任主体在主观上有过错。因此，我们需要建构一个一般性的、综合性的、能够容纳所有法律责任种类的法律责任构成要件。当然，这里我们归纳的一般性的法律责任的构成要件，并不否认具体种类的法律责任构成要件的独特性，只不过相应地需要在这个一般性构成要件中添加新的因素。在我们

---

①　参见翁文刚：《法律责任的构成要件与承担条件应予区分》，载《法商研究》2001年第2期。

看来，一般性的法律责任的构成要件有以下三个。

（1）主体要件

法律责任的主体必须具备认识能力。在这一点上，法律责任的主体不同于违法行为的主体，根据学者的研究指出，违法行为主体是否达到责任年龄、具备责任能力，行为时是否有主观过错，在所不问。因此，违法行为的主体可以是任何人，不论其是否具有认识能力或主观上是否有过错。但是法律责任的主体必须是有认识能力的主体，因为有认识能力的人才有义务承担责任，这是现代文明的一项基本要求。无论是自身过错导致的责任还是替代责任、连带责任，其主体都应当具有认识能力。

在认识法律责任的主体时，我们还需要注意以下两点：第一，法律责任的主体同违法行为的主体有可能是分离的。引起法律责任的法律事实可能并不是法律责任的主体引起的，但不能否认法律责任的主体同这些法律事实之间有着直接或间接的联系，比如代理关系、继承关系、兼并关系、监护关系、公务关系、雇佣关系和特殊合同关系都可能导致责任主体和违法主体之间的不一致。① 第二，主观过错并不是法律责任的必备要件。无过错责任和替代责任并不要求法律责任主体在主观上有过错。

（2）客观要件

法律责任的客观要件即引起法律责任的特定法律事实。除了违法行为和违约行为之外，还包括法律规定的其他事实。这些事实有：

违法行为和违约行为。它们是引起法律责任的最主要的原因。违法行为就是“违反法律的规定，做了法律禁止的行为或未做法律要求的行为。”② 违约行为是指违反当事人的约定不履行义务或不适当履行义务的行为。

法律规定的其他事实。法律规定的其他事实按照法律规定的明确程度，我们又可以分为法律严格规定的法律事实、特定的合法行为。法律严格规定的法律事实是指在没有违法的前提下，按照法律的严格规定，能够引起法律责任的法律事实。这里的“严格规定”意指对法律事实的范围、条件必须由法律直接规定。在这种情况下，认定和归结法律责任的机关归结法律责任并没有太多自由裁量权。民法上规定的“无过错责任”就是此类法律事实引起的。特定的合法行为引起法律责任虽然也是通过法律规定的，但它并不是“严格规定”的，需要认定法律责任的机关通过自由裁量权来认定。它主要是指司法领域和行政执法领域中的显失公正的裁量行为。③

---

① 参见翁文刚：《法律责任的构成要件与承担条件应予区分》，载《法商研究》2001 年第 2 期。

② 张文显：《法哲学通论》，辽宁人民出版社 2009 年版，第 293 页。

③ 参见翁文刚：《法律责任的构成要件与承担条件应予区分》，载《法商研究》2001 年第 2 期。

（3）形式要件

在现代法治国家，责任法定原则已经作为一项基本的法治原则得到大家的认可，即法律责任必须在法律上有规定才有可能产生。正是在这一点上，法律责任才得以同道德责任、政治责任等区分开来。

（三）法律责任的种类

根据不同的分类标准，法律责任可以作不同的分类。根据法律责任所依据的法律性质的不同，可以将法律责任分为民事责任、行政责任、刑事责任和违宪责任。根据责任的承担程度，法律责任可以分为有限责任和无限责任。根据责任承担的内容不同，可分为财产责任和非财产责任。根据责任实现形式的不同，可以分为惩罚性责任和补偿性责任。根据主观过错在责任认定中的作用，可以分为过错责任和无过错责任。根据引起法律责任的法律事实与责任人的关系的不同，可以分为直接责任、替代责任和连带责任。我们根据法律实践中最常用的分类方法以及为了更好地理解法律责任的构成要件，着重探讨以下几种法律责任。

1. 民事责任、行政责任、刑事责任、违宪责任

民事责任是指公民和法人因违反民事法律、违约或民事法律规定的其他事项而依法承担的不利后果。民事责任主要分为违约责任和侵权责任。民事责任的承担主要以恢复和补偿为目的，少数情况下也有惩罚的性质（如支付违约金）。行政责任是指违反行政法律法规引起的责任。行政责任的主体不仅指行政相对人，也包括行政主体因违法失职、滥用职权或行政不当产生的行政责任。刑事责任是指违反刑事法律而应当承担的法定的不利后果。刑事责任是一种最严厉的法律责任。违宪责任是指有关国家机关制定的某种法律和法规、规章，以及国家机关、社会组织或公民的某种行为与宪法的规定相抵触产生的法律责任。

2. 过错责任和无过错责任

过错责任是指主体由于过错侵害了他人的法律权利而应当承担的法律责任。过错责任是以行为人主观过错作为必要条件的法律责任，无过错即无责任。过错责任原则是各国现行法律归咎法律责任的主要原则。刑法采取的就是这一原则，而绝大多数的民事责任也采取这一原则。

无过错责任是指不以主观过错的存在为必要条件而认定的责任。无过错责任并不要求责任主体具有主观上的过错，只要在客观上造成他人利益的损害，就应当承担法律责任。无过错责任的适用范围和条件必须由法律直接规定，所以又称为“严格责任”。在民法上，无过错责任是过错责任的补充。

3. 直接责任、替代责任、连带责任

直接责任是指行为主体对自己的不法行为依法由自己直接承担的法律责任。直接责任是“责任自负”原则的要求。在这种责任中，违法主体同责任主体是同一主体。刑事法律责任和大部分民事法律责任都是直接责任。

替代责任是指责任主体依法对与其有特定联系的他人之行为应当承担的责任。特定联系包括代理关系、继承关系、兼并关系、监护关系、公务关系、雇佣关系和特殊合同关系等。替代责任的违法主体和责任主体是分离的。

连带责任是指根据法律规定或当事人的约定，权利人或受害人有权请求两个或两个以上的任一连带义务人承担部分或全部的责任。在连带责任中，违法主体或违约主体同责任主体既可能是分离的，也可能是同一的。

（四）法律责任的认定和归结

1. 法律责任的认定和归结的含义

法律责任的认定和归结是指对因违法行为等法律事实引起的法律责任，进行判断、认定、追究以及减缓和免除的活动。

法律责任的认定和归结具有专属性和程序性，必须由特定的国家机关或者法律授权的组织按照法定程序进行。这同法律责任的“国家强制性”特性是一致的。在我国，法院是专门认定和归结法律责任的机关，其裁判具有“终局性”，因此，一般而言，法院具有法律责任最终的认定和归结权力。

从我国法律的规定来看，能够认定法律责任的主体比较复杂。刑事责任的认定和归结在于法院；民事责任的认定和归结主要在于法院，法律授权的仲裁机构等也参与归责活动；对于行政相对人的行政责任一般由行政机关认定和归结，但法院具有最终的归责权；对于行政主体的行政责任，由行政机关认定和归结；违宪责任的认定和归结权属于全国人民代表大会及其常务委员会。

2. 法律责任的认定和归结的原则

（1）责任法定原则

责任法定原则是现代法治的基本要求。责任法定原则的基本要求是科加给当事人的法律责任一定是法律规范预先确定的。当违法行为等法律事实发生后，一定要按照法律事先规定的性质、程度、方式、期限追究当事人的责任。具体而言，责任法定具有下列内涵：第一，法律责任的认定和归结必须由特定的国家机关或者法律授权的组织作出，其他任何主体都不能超越权限追究责任主体的法律责任。特别是刑事法律责任必须由法院来认定和归结，其他机关不能作出“有罪推定”。第二，禁止责任擅断，法律责任的追究必须有法律依据，摒除法外责任。在刑法中就是“罪刑法定主义”“法无明文规定不为罪，法无明文规定不处罚”。第三，不得对行为人进行不利的溯及既往。不能用事后的法律去追究先前行为的责任或加重责任。

需要我们注意的是，在私法领域，除了责任法定原则之外，也存在着对责任的内容、方式等约定的情况。但是责任约定不得违反法律法规的强制性规定。

（2）责任自负原则

责任自负原则是当下法治文明的基本要求，它反对古代专制时期的责任株连或变相株连。责任法定的基本要求是，除了法律有特殊规定之外，违法者应当对自己的行为负责，必须承担独立的法律责任，不能将责任转嫁给他人。

责任自负在民法领域中最为典型的是债权债务关系。即债权债务只存在于特定人之间，法律责任也只能发生在这些特定人之间，而不能将责任转嫁给他人。在刑法领域，责任自负要求只能对违法犯罪的人定罪处罚，而不能株连他人或变相株连他人。

随着替代责任、连带责任的出现，法律责任出现转承的特殊情况。但是，这种转承并不是对责任自负原则的否定。法律责任的转承一定是在违法主体同责任主体有着特定联系的基础上发生的，这些特定的联系有代理关系、继承关系、兼并关系、监护关系、公务关系、雇佣关系和特殊合同关系等。这些转承关系必须是在法律明确规定的前提下，且集中在私法领域，有利于保护社会利益和公共利益。

（3）责任相称原则

责任相称原则是指法律责任的种类、性质和轻重须与引起法律责任的特定法律事实的种类、性质与危害程度相适应。责任相称原则意味着法律责任的设置要符合行为人的主观恶性程度，符合行为对社会造成的危害程度。具体而言，责任相称原则要求做到以下几点。

第一，法律责任的性质、种类与特定法律事实的性质和种类相适应。就违法行为而言，民事违法行为和刑事违法行为属于不同性质和种类的违法行为，相应地，就应当承担民事责任和刑事责任，绝不能混淆两种不同性质和种类的法律责任。

第二，法律责任的轻重与违法行为的主观恶性相适应。一般而言，民事违法的主观恶性最小，刑事违法的主观恶性最大。我们需要根据行为人的主观恶性来判断究竟是适用哪一种法律责任。就同一种法律责任而言，主观恶性的大小也会影响法律责任的轻重。比如就同样一个杀人行为，主观恶性较重的故意杀人承担的法律责任就更重，而主观恶性较轻的过失杀人承担的法律责任就较轻。

（4）程序保障原则

程序保障原则意味着法律责任的认定与归结必须按照法定的程序进行。程序保障原则使得法律责任的追究更加客观、公正，最大限度地克服了权力的滥用。程序保障原则包括辩论、回避、公开、谁主张谁举证、排除非法证据等原则，使得司法准确地把握案件事实、正确地适用法律。我国颁布的《刑事诉讼法》《民事诉讼法》《行政诉讼法》这三大诉讼法为正确地归结刑事法律责任、民事法律责任和行政法律责任提供了程序保障。

3. 法律责任的减轻与免除

法律责任的减轻与免除又称为免责。免责同无法律责任是不同的。免责的前提是已经满足了法律责任的构成要件，构成了法律责任，只是因为法律的规定或其他条件的出现，减轻或免除其法律责任的承担。无法律责任是指根本不构成法律责任、不满足法律责任的构成要件的情形。因此，类似于刑法上精神病人所做的行为、正当防卫等法律明确规定“不负法律责任”的情形都不属于免责的范畴。

需要注意的是，由于法律责任的认定和归结具有专属性，免责也应当由法律责任的认定和归结机关作出。以下指出的只是免责的条件。关于法律规定的免责条件十分复杂，各个部门法都规定了一些免责的情况。我们只是在这里列举几个常见的免责条件。

一是时效免责。即违法者在违法行为发生一定期限后不再承担法律责任的情形。这类免责条件在私法和公法上都存在。

二是不诉免责。对于那些“告诉才处理”“不告不理”的案件，由于不起诉而事实上免除了违法者的法律责任。这类免责主要存在于民事、行政案件中，刑法领域也存在少量这样的情况。

三是自首、立功免责。刑事案件中对违法后有自首、立功表现的人，免除其全部或部分刑事责任。

四是有效补救免责。违法者在国家机关归责前采取及时的补救措施，免除其全部或部分责任。如对刑法中的犯罪中止，减轻或免除刑事责任。

五是协议免责。在民事领域中，双方当事人在法律允许的范围内协商同意达成解决方案，实际上免除了法律责任。

六是人道主义免责。如刑法中关于又聋又哑的人或者盲人犯罪，可以从轻、减轻或者免除处罚的规定就是基于此点的考虑。

典型案例

“许霆案”

2006年4月21日晚，许霆到天河区黄埔大道某银行的自动取款机取款。结果取出1 000元后，他惊讶地发现银行卡账户里只被扣了1元，狂喜之下，许霆连续取款5.4万元。当晚，许霆回到住处，将此事告诉了同伴郭安山。两人随即再次前往提款，之后反复操作多次。后经警方查实，许霆先后取款171笔，合计17.5万元；郭安山则取款1.8万元。事后，二人各携赃款潜逃。2007年5月潜逃一年的许霆在陕西宝鸡火车站被警方抓获。

对于该案法律事实，究竟如何认定法律责任？在一审中公诉方认为，许霆的行为符合盗窃罪的特征，应当追究刑事法律责任；辩护律师则认为，许霆的行为不构成刑事法律责任，而只应当承担不当得利返还的民事法律责任。广州市中级人民法院一审以盗窃罪判处许霆无期徒刑。一审结果宣判后，引起社会各界强烈关注，九成以上的网友认为银行有错在先，法院不该重判被告许霆。2008 年 1 月 10 日，“许霆案”裁定发回广州市中级人民法院重审。后广州市中级人民法院以盗窃罪判处许霆有期徒刑五年，罚金两万，追讨其取出的173 826元。许霆当庭表示不上诉。从重审结果来看，我们认为符合责任相称原则。①

（五）法律责任的承担方式

法律责任的承担是法律责任实现的关键环节。违法行为等特定的法律事实的发生，给个人或社会带来了不同程度的损害，通过法律责任的承担，尽最大可能地弥补损害，恢复权利和义务的良好状态。

从理论上讲，法律责任的承担方式包括功利性补偿和道义性惩罚两种方式。对于大部分民事责任而言，由于大部分民事上的损害可以通过当事人事后履行义务或物质补偿的方式来弥补，所以通过功利性补偿的方式能够恢复权利义务的平衡。对于刑事责任而言，由于犯罪给当事人造成的损害往往不能通过物质的手段予以补偿，因此，法律责任的承担更多是采取限制人身自由甚至剥夺生命等道义性惩罚。从法律的规定来看，法律责任的承担方式有四种：制裁、补偿、强制和效力否认。

1. 制裁

法律制裁是指由特定的国家机关对法律责任主体依其所负的法律责任而实施的强制性惩罚措施。它包括以下几种。

第一，民事制裁。它是指依照民事法律规定对责任主体实施的强制性惩罚措施。主要是指支付违约金。

第二，行政制裁。它是指依照行政法律规定对责任主体实施的强制性惩罚措施，主要包括对行政相对人的行政处罚和对行政主体的处分。对行政相对人的行政处罚，包括警告、通报批评、罚款、没收违法所得、没收非法财物、暂扣许可证件、降低资质等级、吊销许可证件、限制开展生产经营活动、责令停产停业、责令关闭、限制从业、行政拘留等。对行政主体的处分包括警告、记过、记大过、降级、撤职、开除等。

---

① 关于“许霆案”的具体案情，参见广东省广州市中级人民法院刑事判决书（2008）穗中法刑二重字第 2 号。

第三，刑事制裁。刑事制裁是指依照刑事法律规定对责任主体实施的强制性惩罚措施。刑事制裁是一种最严厉的制裁方式。它包括主刑和附加刑。主刑有管制、拘役、有期徒刑、无期徒刑、死刑。附加刑有罚金、剥夺政治权利、没收财产等。

第四，违宪制裁。违宪制裁是指依照宪法规定对责任主体实施的强制性措施。它主要包括弹劾、罢免国家机关的领导人员等。

2. 补偿

补偿是指通过国家强制力要求责任主体以作为或不作为的方式弥补或赔偿所造成的损失的责任方式。补偿的作用在于通过制止对法律关系的侵害或者通过对已经造成的损害进行补偿的方式恢复权利和义务的良好状态。根据我国法律的规定，补偿主要包括民事补偿、行政补偿和司法补偿三类。

民事补偿。民事补偿是指依照民事法律的规定要求责任人承担的弥补、赔偿财产和精神上损失的责任方式。民事补偿的主要形式有停止侵害、排除妨碍、消除危险、返还财产、恢复原状、修理、重做、更换、赔偿损失、消除影响、恢复名誉、赔礼道歉等。

行政补偿。行政补偿是指按照行政法律法规规定要求行政主体对行政相对人造成的财产和精神上的损失予以赔偿的责任方式。它主要包括因违法行政行为对侵犯人身权、财产权的赔偿。

司法补偿。司法补偿是指行使侦查、检察、审判的机关以及看守所、监狱管理机关及其工作人员因违法行使职权造成公民的人身、财产所造成的损害而予以赔偿的责任方式。司法赔偿和行政赔偿统称为国家赔偿。

3. 强制

强制是指国家通过强制力迫使不履行义务的责任主体履行义务的责任方式。强制包括对人身和财产的强制。对人身的强制包括拘传、强制传唤、强制戒毒、强制治疗、强制检疫等方式。对财产的强制包括强制划拨、强制扣缴、强制拆除、强制拍卖等方式。

4. 效力否认①

效力否认是指按照法律规定，错误的或不当的权利以及权力行使行为不能产生特定法律效果的法律责任形式。如民事行为违背了法律规定导致民事法律行为的无效；法院在行使审判权时认定事实、适用法律错误或违背法定程序等导致的发回重审或被上级法院直接改判；行政主体因违法失职、滥用职权等导致具体行政行为被撤销；立法行为因违背宪法或上位法而被撤销或宣布无效等。

① 参见孙笑侠主编：《法理学》，清华大学出版社2008年版，第102页。

第三节　法律传统与法治国家

一、法律传统

（一）法律传统的概念和功能

“传统”可以从两个角度来理解。一是从消极的角度，即将传统理解为现代的对立面，传统是前现代的特征，它表征的是现代之前的历史状态或属性。在这种意义上，传统一般指落后于现代的观念、制度和行为模式，它需要并且应当被现代所取代。二是从积极的角度来理解，即传统并不是同现代相对立的概念，相反，它应当成为一个国家现代化中不可缺少的部分，它是从过去延续至今的事物，对现代有着深刻的影响。传统并不等同于历史，只有在历史中存在过的并在今天依然具有作用和影响的精神、制度和行为模式，才能称为传统，传统的本质并不在于历史性，而是现实性。

本书采取的法律传统也是基于第二种角度的理解。法律传统是指发源于过去，并对现在和未来依然有影响的具有稳定性、连续性、传承性的法律观念、制度和行为模式的总和。法律传统的作用具有双重性，它既有积极的作用，也有消极的作用。就积极的作用而言，它具有以下几个功能：

第一，凝聚功能。恰如德国历史法学派代表人物萨维尼认为的那样，法主要是“民族精神”的体现，它是民族意识和共同体的一个部分。通过法律传统，能够凝聚社会成员共同的法律意识和法律文化心理，强化社会成员彼此之间的认同感。

第二，积淀功能。法律传统的传承性决定了它的建立并非一朝之功，而是世代相传、世代选择的结果。它积淀了丰富的历史经验和不同时期的法律文明成果，并在当代法律文化发展中仍然发挥着一定的积极作用。因此，法律传统是国家法治建设宝贵的历史资源，它使得我们在立基于前人创造的法制文明成果基础上，进行由传统向现代的创造性转化，从而进一步凸显我国现代法治文明的民族特色。

第三，指引功能。由于法律传统已经内化为一个民族或共同体的法律文化心理，它对人们的行为的指引是潜移默化的。这种指引虽然不像当下的法律那样具有直接的强制性，但对人们行为的选择而言却是影响巨大的。比如，当我们遇到纠纷时，倾向于选择具有中国法律传统渊源的“调解”方式来化解，体现了中国传统法律文化中的“息讼”观念对于我们的影响。

第四，定向功能。法律传统既然为一个民族或共同体打上了自己的烙印，那么它就会影响、制约、规定其法治发展的方向。这就决定了任何国家或民族的法律发展道路不可能也不应采取统一的模式进行。我们需要认真对待自己的法律传统，将优秀、积极的法律文化传统作为我们建设法治现代化的一项宝贵资源加以继承，而非简单地、不加识别地一概抛弃。否则，就会陷入一种法律文化“虚无主义”的窠臼。

（二）中国法律传统的基本特点

中国法律传统源远流长。虽然中国古代在春秋战国形成了以儒、墨、道、法为主要流派的“百家争鸣”时代，但从整个中国封建历史长河来看，其法律传统主要以儒家为主、儒法合流为主流。综合学术界的各种观点，我们认为，中国法律传统有以下几个基本特征：

第一，在规范体系上，礼法结合，以礼为主。在中国古代，礼是贯穿整个封建历史的最为基础性的规范。这种规范同法律相比较居于更高的地位，是立法的指导思想和原则。以“亲亲、尊尊”为核心的礼治原则早在西周时期就已经建立起来，后来又经过儒家的巩固和发展。孔子曰：“礼乐不兴，则刑罚不中；刑罚不中，则民无所措手足。”① 这句话的意思是刑罚必须以“礼”为指导，只有在礼乐的指导下，刑罚的运用才能得当，才不致使人无所适从。作为封建社会最具代表性的法典《唐律疏议》也以“德礼为政教之本，刑罚为政教之用”为立法的指导思想。清末“礼法之争”的核心也在于立法要不要以“礼”作为最高的指导思想，产生了“礼教派”和“法理派”的争论。

第二，在立法的表现形式上，诸法合体，民刑不分。中国古代往往将法理解为“刑”，形成了以刑法为核心的法律体系。由于没有现代法律的部门划分，从李悝的《法经》到《大清律例》都是将所有类型的规范纳为一体的立法模式。在法典中，刑事法律规范始终居于主导地位，其他类型的规范居于次要地位或者根本不存在。这种公法文化的色彩当然是同当时处于商品经济不发达，自然经济占据主导地位的经济背景分不开的。

第三，在适用法律上，注重“本乎人情、据于事理”的情理精神。“情理法兼顾”或“合情、合理、合法”是中国古代乃至现代法律追求的理想。法家代表人物慎到曰：“法，非从天下，非从地出。发于人间，合乎人心而已。”② 适用法律并非僵化地适用既有的成文法，而是需要将“法”与“情理”相结合。“中国人‘情、理、法’并重，一方面表现为不单独地谈论法律，而是将法律纳入人情、事理中进行说明和解释，不单纯就法论法；另一方面不单独地倚重法律，重视‘情理’对法律的‘过滤’和检验。这构成了中国人理解、解释法律问题时的情理精神。”③

① 《论语·子路篇》。

② 《慎子·佚文》。

③ 霍存福：《中国传统法文化精神论纲》，载《吉林公安高等专科学校学报》2009年第5期。

第四，在诉讼理念上，无讼是最高境界。孔子曰："听讼，吾犹人也。必也使无讼乎。"① 无讼，是儒家法律思想的理想境界。这种诉讼理念是同儒家的德治思想相吻合的。在孔子看来，如果通过道德教化能够使人们之间不再争讼的话，刑罚自然也就没有存在的必要了。这就是儒家的"以德去刑"思想。

中国法律传统的精髓对于今天我们建设法治国家依然具有深刻的借鉴、传承价值。有学者将中国传统法律的精神总结为以下几个方面：宽恕戒残、悲悯仁恤的宽宏精神；本乎人情、据于事理的情理精神；关注反省、释赦并举的自新精神；个别对待、分化瓦解的策略精神；和同公信、约定同法的契约精神；哀敬惟良、听明断平的司法精神。② 这些精神完全可以成为建构中国新型法治的"中国元素"。

（三）西方两大法系

法系，是指若干国家和特定地区具有某种共性或共同传统的法律体系的总称。法系同法律传统是两个关系十分密切的概念。法律传统是法系形成的根本标准，我们将某个国家或地区纳入某一个法系主要就是根据其具有共同的法律传统。在西方国家，大陆法系（民法法系）和英美法系（普通法系）是两个最基本的法系。

1. 大陆法系

大陆法系又称为民法法系、法典法系、罗马法系，它是以罗马法为基础而发展起来的法律的总称，是当今世界历史最为悠久、影响最广的法系。大陆法系的核心在欧洲大陆，以法国和德国为中心，以 1804 年《法国民法典》和 1896 年《德国民法典》为代表。其范围除德国、法国两国之外，还包括意大利、荷兰、西班牙、葡萄牙、奥地利、比利时、卢森堡等国家。由于法国、西班牙、葡萄牙、荷兰等国家的殖民扩张，大陆法系也被亚、非、拉等地区的国家接受，如亚洲的日本、韩国、越南、泰国，非洲的埃塞俄比亚、刚果、卢旺达、布隆迪，以及拉丁美洲的绝大部分国家都属于大陆法系。

大陆法系起源于古罗马法，中间经历了 11—16 世纪的罗马法复兴、17—18 世纪的近代民主革命和 19 世纪的法典编纂运动，最后随着欧洲大陆国家的殖民扩张而扩展到世界广大地区，成为当今世界影响最为广泛的法系。总体上看，大陆法系具有以下几个特征：

第一，制定法是最主要的甚至是唯一的正式法律渊源。所谓正式法律渊源，主要是指它是法官判决的依据，具有约束法官的效力。在大陆法系国家，制定法是正式法律渊源，其他诸如判例、法理等都只是作为正式法律渊源补充的非正式法律渊源。这一特点是大陆法系区别于英美法系的最重要的特征。虽然当代大陆法系国家

---

① 《论语·颜渊篇》。

② 霍存福：《中国传统法文化精神论纲》，载《吉林公安高等专科学校学报》2009 年第 5 期。

越来越重视判例，但也并没有提高到同制定法一样的高度将其作为正式的法律渊源。

第二，在法律分类上，划分公法和私法。大陆法系是以罗马法为源头发展起来的，而罗马法就是私法。划分公法和私法在很大程度上就是为限制国家干预私法领域，从而维护私人领域的独立性。在大陆法系中，公法包括宪法、刑法、行政法、诉讼法，私法包括民商法。20 世纪之后，随着社会法、环境法等新兴法律部门的兴起，公法、私法的界限划分逐渐模糊，不过依然不能否认这一基本分类的价值。

第三，职权主义的诉讼模式。在大陆法系国家的诉讼中，法官主导着庭审程序，当事人双方不直接对抗，法官直接询问当事人和证人，并在此基础上形成判决，这又被人们称为“纠问式”诉讼模式。

第四，注重法典编纂。大陆法系的主要发展阶段都有代表性的法典，特别是 18 世纪以来，兴起了大规模的法典编纂运动。对于将制定法作为正式法律渊源的大陆法系而言，注重法典编纂是应有之义。

第五，在法律推理的技术方面，大陆法系采取的是演绎推理。大陆法系的法官在审理案件时，遵循从一般到具体的推理模式，即首先明确制定法的一般规定，然后根据一般规定，寻找适用于当前案件事实的判决。

第六，法律发展主要靠立法机关的立法推动，否认法官造法的权力。在大陆法系中，法官只有适用立法机关制定的法律的义务，没有制定法律的权力。

2. 普通法系

普通法系又称为英美法系、判例法系、不成文法系，它是以英国中世纪以来的法律为基础形成和发展起来的各个国家和地区法律的总称。英美法系发端于英格兰，英国资产阶级革命后，随着其殖民扩张，英国法在世界范围内传播，发展成了世界主要法系之一。英美法系的范围除了英国（不包括苏格兰）、美国外，还包括曾经属于英国殖民地、附属国或被英国殖民统治过的国家和地区，如加拿大、澳大利亚、新西兰、印度、巴基斯坦、孟加拉、缅甸、马来西亚、新加坡、加纳、利比里亚、尼日利亚、肯尼亚、乌干达、坦桑尼亚、中国香港地区等。

普通法系以英国中世纪以来的法律为基础。在英格兰历史上，在诺曼征服之前的盎格鲁—撒克逊时代，并无统一适用的法律。1066 年诺曼公爵威廉一世征服英格兰之后，到 12、13 世纪逐渐形成了三个独立的法院系统，即财务法院、普通诉讼法院和王座法院。这些法院经常派巡回法官到各地进行审理活动，有力地促进了英国司法的集中化和英国法律的统一，形成了在全国普遍适用、效力高于地方习惯法的普通法。14 世纪末，普通法的适用程序过于形式主义和僵化，导致在社会中出现了许多当事人的权利得不到救济的情况，有的当事人会向拥有最高裁判权的国王提出保护请求，这时国王便把在普通法院得不到救济的当事人的请求转交给大法官代为处理，大法官作为“国王良心的守护神”审理这类案件，逐渐形成了一套复杂的规则体系，即“衡平法”。普通法和衡平法构成了英国法律的主要分类和重要渊源。总体上看，英美法系具有以下几个主要特征：

第一，判例法是正式的法律渊源。在普通法系，判例法和制定法都是正式的法律渊源，而判例法是普通法系国家最重要的法律渊源，这是同大陆法系区分的重要特质。判例法的基础是“遵循先例”的原则，而这一原则的根据就在于“类似案件类似处理”，因为只有这样，才能够减少法官的恣意和偏见，才能给当事人以预期。需要注意的是，判例法并非判决本身，而是判决所蕴含的法律原则或规则。“遵循先例”的原则，就是按照法院的等级划分，下级法院应当遵循上级法院对类似案件所作的判决；对于高级法院而言，自身的先例对于后来的判决也具有约束力。

第二，在法律的分类上，划分普通法和衡平法。大陆法系区分公法和私法是建立在比较完整的法律部门基础上的，但是，普通法系国家很难说有一个完整的法律部门。比如，普通法国家存在财产法、契约法、侵权行为法、不动产法、破产法等相互分立的法律，但很难说它们构成了一个独立的民事法律部门。普通法系的法律分类倾向于按照诉讼程序、法律渊源的不同将其分为普通法和衡平法。

第三，当事人主义的诉讼模式。普通法系国家倾向于当事人主义，控辩双方进行对抗式辩论，法官在审判过程中采取消极中立的立场。

第四，在法律推理技术上，普通法系国家一般采取归纳推理和演绎推理两个步骤。首先，法官在适用法律时遵循特殊到一般的归纳方法，从以前类似案件的判决中抽象出一般的法律原则和规则，这需要用到归纳推理。其次，总结出一般的法律原则和规则之后，再通过演绎推理的方式适用到类似案件中，最终得出判决结论。

第五，在法律发展上，法官制造的先例具有重要的推动作用。由于普通法系以遵循先例为基本原则，而最初的先例是由法院创造的，因此，法官创造先例的过程实际上就是创制和发展法律的过程。

需要注意的是，以上总结的大陆法系和英美法系的特点并非绝对的、封闭的。除了以上几个方面它们有所区别外，大陆法系和英美法系在法律哲学、法律术语、立法风格、司法体制、法学教育和法律职业等方面都有所区别。但是我们也不能过分夸大以上的区别，因为随着全球化时代的发展，不同法系的国家也在不断通过交流取长补短、相互借鉴，法系这个概念本身也在不断遭受挑战。

二、法治国家

（一）法治的概念

自古希腊和中国先秦哲人们提出“法治”以来，历代思想家根据其自己的理论立场和当时的历史条件提出了一系列有关法治的概念、要求和理论体系。不同的思想家对“法治”的理解都存在或多或少的区别，但是，总体而言，现代意义上的

“法治”至少具有以下五个层面的含义。

第一，法治是一种宏观的治国方略。汉语“法治”一词从开始被使用时就与“以法治国”“依法治国”等词相提并论。“以法治国”一词在中国古籍中首先见于《管子》一书，其后的商鞅、韩非子等人又对此进行了发展和实践。在古代思想体系中，法治是与“礼治”“德治”“人治”相对立的治国方略。在现代社会，法治作为一种治国方略，是指一个国家在社会控制体系中选择以法律为主要的手段进行调控，而不是选择诸如宗教、道德等其他社会控制工具作为治国的基本方式。

第二，法治是一种理性的办事原则。“依法办事”是法治的基本要求。它要求在制定法律之后，任何人和组织的社会性活动都要受到法律的约束。法律是事先制定的规则，具有稳定性、连续性、普遍性和一致性，它不受事发当时的人的情感和意志所左右，因此，它是理性的。

第三，法治是一种民主的法制模式。现代法治必须以民主为前提。没有民主，法律就不可能是多数人意志的体现，法律就可能被专制者垄断、驱使，成为权力的奴仆。中国历代法家主张的“法治”就不具有民主精神，由于在当时的社会背景下没有民主的社会条件和制度基础，因此只是人治之下的“法治”。现代意义上的法治，是以民主为社会条件和制度基础的法制模式。

第四，法治是一种文明的法律精神。法治往往与理念、原则、观念、精神等词连用，如“法治理念”“法治原则”“法治观念”“法治精神”等。法治表现为一整套关于法律、权利、权力的原则、观念、价值体系，是立法、执法、司法、守法等一系列法律运行环节中的指导思想。现代意义上的法治所蕴含的法律精神至少有法律至上、善法之治、权利本位、正当程序、平等适用、权力制约等。

第五，法治是一种理想的社会状态。法治追求的目标是一种理想的社会结构和社会秩序。这种社会结构和社会秩序是这样被安排的：法律与国家、法律与政府之间，运用法律约束国家、政府的权力；法律与人民之间，运用法律合理地分配利益；法律与社会之间，运用法律确保社会公共利益不受权力和权利的侵犯。作为一种理想的社会状态，法治是一个不断探索和实践的运动过程。

（二）法治与法制、人治、德治

“法治”与“法制”虽一字之差，但具有不同的含义。“法制”一般而言具有两层含义：一是指静态意义上的法律制度及其制度体系；二是指立法、执法、司法、守法和法律监督的动态过程。对于法制的基本要求就是“有法可依、有法必依、执法必严、违法必究”。但是，仅仅强调“法制”容易让人产生一种法律工具论的理解，往往只是将法制视作统治国家和控制社会的手段，而没有强调法律的崇高权威和法律应当具备的价值内涵。“法治”则意味着将法律作为基本的社会准则，它强调对国家权力的制约，具有法律至上的含义。此外，法治强调要制定良好的法律，法治之下的法律应当体现自由、平等、人权等价值观念。

人治是一种依靠领导人或统治者的意志和能力来管理国家和社会、处理社会公共事务的治国方式。人治与法治的区别有：第一，领导人或统治者的地位不同。在法治社会，法律是至高无上的，领导人或统治者都必须服从法律。在人治社会，领导人或统治者具有超越法律的权力。第二，法律的地位和作用不同。法治要求约束权力，要求权力服从法律，人治则相反。法治与人治的差异并不在于有没有法律，而在于权力与法律之间的不同关系。第三，政治和观念基础不同。在现代社会，法治一般是以民主作为政治基础的，它往往与自由、平等、人权等价值观念相联系。而人治则总是以专制集权作为政治基础。

法治和德治是两种不同的治国方式。德治的基本含义有：一是强调道德的教化作用，并通过道德的教化与规范作用进行社会管理和国家治理；二是重视统治者道德的典范意义，并通过这种典范作用来治理国家和管理社会。法治和德治具有重要的区别。一是行为的基本准则不同。法治社会中的基本准则是法律规范，德治的基本准则是道德规范。二是冲突的解决方式不同。当法律和道德之间产生冲突时，在法治社会，法律通常具有优先性，而在德治社会，道德更具有优先性。三是与人治的关系不同。法治与人治是根本对立的，而德治与人治则具有天然的相通性和一致性。需要指出的是，厉行法治并不否认道德的积极作用，没有良好的道德基础，法治也不能很好地运行，没有道德上良好的法律，法治在概念上也会堕落为前述的“法制”概念。

（三）法治的形式要求和实质要求

在西方法治的思想源流中，一直存在对法治要求的形式和实质之分。我们可以将其区分为形式法治和实质法治两个学术脉络。尤其是二战以后，两个学术脉络的争论成为战后西方法哲学思潮的重要部分，对中国法学界关于法治的研究也产生了重要的影响。

根据西方学者塔玛纳哈的观点，形式法治由弱到强包含三种类型：依法而治(rule by law)、形式合法性（formal legality）、民主与形式合法性（democracy and formal legality）。① 从最弱意义上的形式法治即依法而治而言，法治意味着法律是政府治理国家的必要手段，政府的行动必须受制于法律。这种形式法治观要求政府必须依法办事，但对法律本身并没有任何要求。中国古代先秦法治中的“以法为本”“缘法而治”也是这种意义上的法治。第二种类型的形式法治是指法律之为法律需要

① See Brian Z. Tamanaha, *On the Rule of Law: History, Politics, Theory*, Cambridge University Press, 2004, p.91.

在形式上达到的标准。这是当代西方法哲学家如富勒、拉兹、菲尼斯、萨莫斯、昂格尔等人普遍认同的法治概念。第三种类型的形式法治只是在第二种类型之外，加上民主的因素，而且这里的民主仅仅是一种程序上的民主，并不指涉法律的内容。这里我们主要是论述第二种类型意义上的形式法治，不仅因为它是当代西方法哲学论者普遍赞同的，而且是因为它本身就构成对第一种弱势类型的形式法治的批判。

西方法哲学家富勒对形式法治理论有着最为经典的论述。他在《法律的道德性》一书中提出了一个规则体系所应追求的八种优越品质，即法律的一般性、法律的公开性、法律非溯及既往、法律的明晰性、法律不相互矛盾、法律的可行性、法律的稳定性、官员行为与已宣布的规则相符合。[①] 这就是他宣称的法治的八项“内在道德”。在富勒的影响下，其他法哲学家也提出了类似的法治原则。如拉兹提出了法治的八项原则：法律必须是可预期的、公开的和明确的；法律必须是相对稳定的；特别法应当在公开的、稳定的、明确的而又一般的规则的指导下制定；司法独立应予以保障；自然正义的原则必须遵守；法院应对各项原则的实施享有审查权；法院之门应当容易进入；刑事执法机构不能利用自由裁量权歪曲法律。[②]

实质法治观则强调法治这一概念在内容（实质）上应当遵循、包含某些价值要素，不具备这些价值追求的法治就不是真正意义上的法治。最典型的实质法治概念是由古希腊时期的亚里士多德提出。他指出，“法治应包含两重涵义：已成立的法律获得普遍的服从，而大家所服从的法律又应该本身是制定得良好的法律”。[③] 亚里士多德明确将法治定义为“良法之治”，对法律的内容（实质）有着明确的价值要求。实质法治观在西方古希腊、中世纪和启蒙时代都占据着绝对的支配地位，无论是自然法之治、神法之治还是理性之治，都是对法治实质内容的要求。特别是在资产阶级革命时期，随着英国的《权利法案》、法国的《人权宣言》、美国的《独立宣言》等重要文献的颁布，人们更是将法治同天赋人权、宪政、民主、自由等价值联系起来，它们成为法治的实质要求。

当代实质法治观的一个代表性宣言是1959年在印度召开的国家法学家会议通过的《德里宣言》。它确立的法治原则包括：一是根据“法治”原则，立法机关的职能在于创设和维护得以使每个人保持“人类尊严”的各种条件；二是法治原则不仅要对制止行政权的滥用提供法律保障，而且要使政府能有效地维护法律秩序，借以保证人们具有充分的社会和经济生活条件；三是司法独立和律师自由是实施法治原则

---

① 参见[美]富勒：《法律的道德性》，郑戈译，商务印书馆2005年版，第55—107页。

② See Joseph Raz, *The Authority of Law: Essays on Law and Morality*, Oxford University Press, 1979, pp.214-218.

③ [古希腊]亚里士多德：《政治学》，吴寿彭译，商务印书馆1983年版，第199页。

必不可少的条件。

中国共产党十八届四中全会在《中共中央关于全面推进依法治国若干重大问题的决定》中指出，“法律是治国之重器，良法是善治之前提”。[①] 这里的“良法”不仅是对法律内容的实质正义的要求，也是对法律的形式正义的要求。它不仅要求在立法上制定科学完备的法律规范体系，而且要求法律规范体系符合公平、正义、自由、平等、民主、人权、秩序、安全等价值要求。恰如《中共中央关于党的百年奋斗重大成就和历史经验的决议》中指出的，“全面依法治国最广泛、最深厚的基础是人民，必须把体现人民利益、反映人民愿望、维护人民权益、增进人民福祉落实到全面依法治国各领域全过程，保障和促进社会公平正义，努力让人民群众在每一项法律制度、每一个执法决定、每一宗司法案件中都感受到公平正义”。[②] 因此，当下法治中国建设中的“法治”超越了西方形式法治和实质法治的二元对立。

1. 法治的形式要求

这里的“要求”有“要素”的意思，如果不能满足这些“要求”，就不能称为“法治”。对于法治的形式要求，我们可以从对法律自身的要求和对法律适用的要求两个方面来看。

（1）对法律自身的要求

第一，法律的一般性。法律的一般性要求法律的调整对象应当是某类具有共同特征的人或事物，法律对行为的调整是一种规范性调整，而不是个别调整。法律的一般性还要求相同的情形必须得到相同对待，法官或其他官员的自由裁量权必须限制在法律的范围内。

第二，法律的公开性。法律只有公布才能实现对人们行为的指引，也才能给人们以预期。同时，公开的法律也能够限制官员的任性，公众才能依据法律对他们予以监督。

第三，法律非溯及既往。法律溯及既往违背了法律的指引、预测功能，因为当人们行为的时候，法律并不存在。用现行的法律去规范既往的行为对当事人而言并不公平。因此，法律不应当溯及既往。

第四，法律的明晰性。法律应该规定得明确、清晰、肯定、准确，不应当含糊其辞或者模棱两可。法律只有规定明晰，才能为普通公众充分理解，人们才能确切知道如何行为。

第五，法律不互相矛盾。不同的法律规范之间保持协调一致，而不应当相互冲

---

① 《中共中央关于全面推进依法治国若干重大问题的决定》，人民出版社 2014 年版，第 8 页。

② 《中共中央关于党的百年奋斗重大成就和历史经验的决议》，人民出版社 2021 年版，第 42 页。

突。法律的不互相矛盾要求：一是最低限度的协调性，即同一层级法律规范之间不彼此冲突，不能既要求人们做某件事，同时又禁止做这件事；二是不同层级的法律规范之间也应当协调不矛盾，下位法不能同上位法相冲突。

第六，法律的可行性。法律不应当规定人们不可能为的事情，否则要么造成对人们的强制，造成严重的不正义，要么对公民的违法行为视而不见，从而削弱法律的尊严。

第七，法律的稳定性。法律作为指导人们行为的规则，不应频繁变动，更不应突然变动，而应在一定时期内保持相对的稳定。当然，立法者应当适应社会的发展，及时对过时的法律进行修改或废除，即使这样，法律也应当保持一定的连续性。

(2) 对法律适用的要求

第一，严格执法。严格执法体现在两个方面：一是要求执法人员必须秉公执法，严肃执法，严格按照法律规定和程序办案，真正做到以事实为依据，以法律为准绳；二是要求执法活动必须规范化，坚持严格规范公正文明执法，不搞“暴力执法”“运动式执法”“钓鱼执法”“选择性执法”。

第二，司法权独立行使。这项要求有以下内涵。一是司法权的专属性，即国家的司法权只能由国家各级审判机关和检察机关统一行使，其他任何机关、团体和个人都无权行使此项权力。二是行使职权的独立性，即人民法院、人民检察院依照法律独立行使自己的职权，不受行政机关、社会团体和个人的非法干涉。三是行使职权的合法性，即司法机关审理案件必须严格依照法律规定，正确适用法律，不得滥用职权，枉法裁判。

第三，程序保障。所谓程序是指，人们为实现某种目的而预先设定的方式、方法、规格、顺序和步骤。预定性是程序的基本特征，如果不按某种预定的方式来行使权力，这种权力的行使即缺乏程序性，也就不能达到理想的效果。执法活动和司法活动的开展是由行政法律规范和诉讼法律规范严格规定了法律程序的，它们必须按照严格、正当的法定程序来进行。

2. 法治的实质要求

第一，国家权力运行的法治化。以法治为核心的法律的形式化要求国家权力的运作纳入法律设定的轨道之中。历史证明，任何一种权力的理性化行使都应当建立在合法性的基础之上。法律的基本功能之一就是限制或约束权力。如果不对权力进行法律上的限制，只能导致权力的滥用。是权力支配法律，还是法律支配权力，是传统型社会统治体系与现代法理型统治体系的重要分界。只有法治型社会才是有效制约权力、防止权力腐败的理性社会政治机制。

第二，尊重和保障人权。人权是现代法最基本的价值之一。法律意义上的人权是指宪法和法律所保障的基本权利。所谓基本权利，就是那些对于公民和其他自然人不可或缺的、不可取代的、不可转让的、持久稳定的、具有母体性和普遍性的权利。尊重和保障人权既是人类文明的标志和法治文明的基本特征，也是现代法区别于传统法的基本标志。

第三，追求正义。从宏观上讲，现代意义上的法治必须以追求社会正义为目标。一是要实现制度性正义。制度性正义有三个基本要求：一个社会的基本经济结构和制度能够为该社会每个成员的自由发展和才能发挥提供公正平等的机会与手段；社会的基本经济结构和制度能够提供一套合理分配利益的程序规范；当利益分配与实现明显不均衡的时候，社会的基本经济结构能够通过一定的机制予以纠正或补偿。二是要实现行为正义。行为正义的要求是：主体之间的交往活动应当遵循公平的原则；实现利益最大化的手段应当是正当的、合理的；主体在实现个人利益的同时，应当意识到并且能够履行其对社会的责任。

（四）法治中国的历史和实践

中华人民共和国成立初期，中国共产党就高度重视法治建设。1954 年，在继承具有临时宪法作用的《中国人民政治协商会议共同纲领》的精髓基础上，制定了《中华人民共和国宪法》，并根据宪法制定了国家机构组织法和其他重要法律，形成了包括宪法、刑法、刑事诉讼法、婚姻家庭法等法律部门在内的法律体系。1957 年以后，由于受“左”的思想影响和国际国内复杂形势的严重干扰，我国法制建设停滞不前甚至倒退，新中国成立之初较好的法治发展势头受到遏制。基于对“文化大革命”的惨痛教训的反思，1978 年 12 月，中共十一届三中全会果断停止使用“阶级斗争为纲”的口号，作出把工作重点转移到社会主义现代化建设上来的战略决策的同时，明确提出了健全社会主义法制和加强社会主义民主的方针，强调“有法可依、有法必依、执法必严、违法必究”。1982 年 12 月 4 日，第五届全国人大第五次会议完成了对宪法的修改，公布了新宪法文本，即我国现行宪法，为形成中国特色社会主义法律体系奠定了宪法基础。

1997 年，中共十五大提出“依法治国，建设社会主义法治国家”，这是中国共产党首次将依法治国作为党领导人民治理国家的基本方略。1999 年，第九届全国人大第二次会议以宪法修正案的方式规定“中华人民共和国实行依法治国，建设社会主义法治国家”。至此，依法治国基本方略上升为宪法原则，标志着我国社会主义法治建设进入了一个新的发展阶段。2002 年召开的中共十六大和 2007 年召开的中共十七大重申“依法治国，建设社会主义法治国家”，并对全面落实依法治国基本方略、建设社会主义法治国家作出新的部署。

中共十八大以来，以习近平同志为核心的党中央从坚持和发展中国特色社会主义的全局和战略高度定位法治、布局法治、厉行法治，把全面依法治国纳入“四个全面”战略布局，作出一系列重大决策，提出一系列重要举措。中共十八届三中全会将推进法治中国建设作为全面深化改革的重要方面作出专门部署，强调坚持依法治国、依法执政、依法行政共同推进，坚持法治国家、法治政府、法治社会一体建设。中共十八届四中全会专题研究全面推进依法治国，作出关于全面推进依法治国若干重大问题的决定，规划了全面依法治国的总蓝图、总路线、施工图。这是中国共产党历史上第一次专题研究、专门部署全面依法治国的中央全会，在我国社会主义法治史上具有里程碑意义。中共十九大把全面推进依法治国总目标写入习近平新时代中国特色社会主义思想“八个明确”，把坚持全面依法治国写入“十四个坚持”基本方略，明确提出了新时代全面依法治国的新任务，描绘了到2035年基本建成法治国家、法治政府、法治社会的宏伟蓝图。中共十九届二中全会专题研究宪法修改，审议通过关于修改宪法部分内容的建议。中共十九届三中全会决定组建中央全面依法治国委员会，健全党领导全面依法治国的制度和工作机制。中共十九届四中全会对坚持和完善中国特色社会主义法治体系，提高党依法治国、依法执政能力，推进国家治理体系和治理能力现代化作出重要部署。①

法治中国建设的当务之急就是要全面推进依法治国。中共十八届四中全会明确指出，全面推进依法治国，总目标是建设中国特色社会主义法治体系，建设社会主义法治国家。这就是，在中国共产党领导下，坚持中国特色社会主义制度，贯彻中国特色社会主义法治理论，形成完备的法律规范体系、高效的法治实施体系、严密的法治监督体系、有力的法治保障体系，形成完善的党内法规体系，坚持依法治国、依法执政、依法行政共同推进，坚持法治国家、法治政府、法治社会一体建设，实现科学立法、严格执法、公正司法、全民守法，促进国家治理体系和治理能力现代化。中共十九届六中全会指出，党的十八大以来，中国特色社会主义法治体系不断健全，法治中国建设迈出坚实步伐，法治固根本、稳预期、利长远的保障作用进一步发挥，党运用法治方式领导和治理国家的能力显著增强。

法治中国概念的提出和实践，是中国共产党法治理论和法治战略上的又一次重大突破，不仅是关于人类法治建设经验教训的深刻总结，更是对未来中国法治建设的价值定位和超前引导，构成新时代我国法治建设的时代主题，成为中国特色社会主义法治话语体系和理论体系的统领性概念或基石性范畴。可以说，法治中国是社会主义法治建设的深化和升华，必将使我国法治建设达到新水平、新高度、新境界。

---

① 参见中共中央宣传部、中央全面依法治国委员会办公室：《习近平法治思想学习纲要》，人民出版社、学习出版社2021年版，第3—4页。

延展阅读

建设社会主义法治国家是我们党确定的建设社会主义现代化国家的重要目标。习近平总书记指出，“一个现代化国家必然是法治国家”。历史和现实都告诉我们，法治兴则国兴，法治强则国强。

从我国古代看，凡属盛世都是法制相对健全的时期。春秋战国时期，法家主张“以法而治”，偏在雍州的秦国践而行之，商鞅“立木建信”，强调“法必明、令必行”，使秦国迅速跻身强国之列，最终促成了秦始皇统一六国。汉高祖刘邦同关中百姓“约法三章”，为其一统天下发挥了重要作用；汉武帝时形成的汉律六十篇，两汉沿用近四百年。唐太宗以奉法为治国之重，一部《贞观律》成就了“贞观之治”；在《贞观律》基础上修订而成的《唐律疏议》，为大唐盛世奠定了法律基石。从世界历史看，国家强盛往往同法治相伴而生。三千多年前，古巴比伦国王汉谟拉比即位后，统一全国法令，制定了人类历史上第一部成文法《汉谟拉比法典》，并将法典条文刻于石柱，由此推动古巴比伦王国进入上古两河领域的全盛时代。德国著名法学家耶林说，罗马帝国三次征服世界，第一次靠武力，第二次靠宗教，第三次靠法律，武力因罗马帝国灭亡而消亡，宗教随民众思想觉悟的提高、科学的发展而缩小了影响，惟有法律征服世界是最为持久的征服。

近代以后，我国仁人志士也认识到了这个问题，自戊戌变法和清末修律起，中国人一直在呼吁法制，但在当时的历史条件和政治条件下，仅仅靠法制是不能改变中国社会性质和中国人民悲惨命运的。

我们党执政七十多年来，虽经历坎坷但对法治矢志不渝。从“五四宪法”到2018年新修订的宪法；从“社会主义法制”到“社会主义法治”；从“有法可依、有法必依、执法必严、违法必究”到“科学立法、严格执法、公正司法、全民守法”，我们党越来越深刻认识到，治国理政须臾离不开法治。党的十五大把建设社会主义法治国家作为建设社会主义现代化国家的重要目标。党的十八届四中全会明确指出，全面推进依法治国，总目标是建设中国特色社会主义法治体系，建设社会主义法治国家。这就是，在中国共产党领导下，坚持中国特色社会主义制度，贯彻中国特色社会主义法治理论，形成完备的法律规范体系、高效的法治实施体系、严密的法治监督体系、有力的法治保障体系，形成完善的党内法规体系，坚持依法治国、依法执政、依法行政共同推进，坚持法治国家、法治政府、法治社会一体建设，实现科学立法、严格执法、公正司法、全民守法，促进国家治理体系和治理能力现代化。这既明确了全面推进依法治国的性质和方向，又突出了全面推进依法治国的工作重点和总抓手，对全面推进依法治国具有纲举目张的意义。依法治国各项工作都要围绕这个总目标来部署、来展开。

——节选自中共中央宣传部、中央全面依法治国委员会办公室：《习近平法治思想学习纲要》，人民出版社、学习出版社2021年版，第98—100页。

思考题

1. 法律创制的原则有哪些？
2. 司法活动的基本原则有哪些？
3. 如何理解法律关系的特征？
4. 法律责任的认定与归结原则有哪些？
5. 如何全面推进法治中国建设？

第六章　法律方法与法学论文的写作

学习法律，研究法律和法治发展的内在规律，不仅需要对法律进行规范研究，而且需要从立法、执法、司法和守法等法治发展的各环节和全过程开展实证与学理方面的探讨，这就需要法科学生学习和掌握法学文献与法学论文写作等基本方法。因为从根本上来说，一方面，法学是一门规范科学，它研究的对象涉及法律规则、法院判决、行政行为、契约条款等，这些无疑需要透过法律方法来予以准确理解。这样法律方法问题逐渐进入法学专业视野，成为法学基础理论研究的重要议题。另一方面，法学又是一门实践科学，随着法学实践理性的日益增强以及法律理论、法律话语、法律制度、法律实践日益广泛地进入我们的日常生活，如果没有科学的法学研究方法，那么我们就无法准确分析、精确表达法律事件或者法治现象的原委及其背后的事由。

第一节　法律方法

我们知道，法学的重要任务之一，就是要"探究法律文字各种不同的说明可能性。法律文字可以这样问题化，因为法律文字是以日常语言或借助于日常语言而发展出来的术语写成的，这些用语除了数字、姓名及特定技术性用语外都具有意义的选择空间，因此有多种不同的说明可能……假使以为，只有在法律文字特别'模糊'、'不明确'或'相互矛盾'时，才需要解释，那就是一种误解"。[①] 这意味着，如果没有特定的法律方法，我们就不敢相信法律人对于法律的适用是合法的、正当的。法律方法是由法律人在长期的法律实践中积累和发展出来的法律技术，是法律实践智慧的结晶，是法律实践理性的表现形态。它包括运用方法所必须坚持的原则、规则、原理、技术、技巧以及经验智慧等。

一、法律方法概述

（一）法律方法的概念

为了更准确地理解法律方法，我们需要从以下两个方面来对它进行定义的理解：

---

① ［德］卡尔·拉伦茨：《法学方法论》，陈爱娥译，商务印书馆2003年版，第85页。

第一，法律方法的主体是法律人。按照一般观点，法律人可分为实务法律人（practical lawyer）和学院法律人（academic lawyer）。前者主要包括法官、检察官、律师、立法工作者等，后者主要是指法学研究者或法（教义）学家。在所有法律人的工作中，法官的裁判工作占据了主导地位。一方面，是因为立法者的工作并不是立法目的，立法的目的在于适用法律，在于法律的实施；而且从诠释学的眼光看，“法律最终是什么”是在法官的判决中体现出来的。另一方面，无论是检察官、律师、法学家，还是关心法体系的公民，当他们对其所属的法体系的特定内容提出支持或反对论据时，他们最终还是会诉诸一个想要作出正确决定的法官必须如何判决。①

第二，法律方法属于诠释学的方法而非经验科学的方法。无论是法教义学家还是实务法律人，他们的工作都是探讨其所属国家的现行有效实在法的内容或意义是什么，这些内容或意义既不能通过实验过程中的观察，也不能通过测量或计算来获得，只能通过理解和解释来获得。因此，法律人关于现行有效实在法的内容或意义的陈述，并不是关于可观察的、通过观察及实验可予以证实的事实的陈述。

因此，所谓法律方法，是法律人在了解、认识并运用特定国家现行有效的实在法的内容或意义的过程中必须遵循的一系列标准和规则。“方法是指按照确定的程式进行的有计划的过程。从逻辑的角度看，方法根据超越特定案件的普遍标准确定，独立于结果，因为结果取决于方法。反之，即首先确定结果，然后为此确定有助于形成特定结果的方法，是非理性的典型情况，在法律上视为任性。”② 法律方法的核心是依照法律解决问题，达至合法性是其基本目标，这就意味着法律方法会涉及法律行为的各个环节。

（二）法律方法的基本特征

人们对于法律方法的特点从不同的角度有不同的概括。但无论从哪个角度进行概括，其目的都是进一步解释什么是法律方法，以加深人们对法律方法的理解。如，有学者认为说理性、法律性、正式性、形式性、程序性、明确性、公开性构成了法律方法的独特性，使其成为解决复杂社会矛盾的一种重要方法。③ 还有的学者认为法律方法的特点在于：①一切现行有效法律规范为基本准则的保守倾向；②接受特定法律制度的制约，具有制度预设的属性；③包含了对法律确定性的信仰和对法律

---

① 参见[德]卡尔·拉伦茨：《法学方法论》，陈爱娥译，商务印书馆 2003 年版，第 119 页。

② [瑞士]菲利普·马斯托拉蒂：《法律思维》，高家伟译，载《法哲学与法律社会学论丛》（第 6 卷），中国政法大学出版社 2003 年版，第 9—10 页。

③ 参见葛洪义：《法律方法讲义》，中国人民大学出版社 2009 年版，第 12—19 页。

唯一正确答案的理想追求；④具有职业的局限性。① 我们认为法律方法的特征可以从以下几个方面认识：

1. 法律方法在司法活动中具有可操作性

法律方法是为解决纠纷而设计的，是关于法律如何运用的理论。法治实现的关键是法律的运用。法律规定浩如烟海，但每一个案件只需要运用少数的法律。如何确定针对案件的法律、如何解释已经发现的法律及如何证成法律运用的恰当性，需要各种可操作的方法。可操作性是指人们可以通过学习法律方法并将其运用到解决案件的思维过程中去。可操作性表现在法律方法能够帮助人们进行合法性判断、客观性解释、合理性论证、可接受性说明。从理论上看，在司法中的法律运用操作步骤主要包括：在认定事实的基础上，首先，进行针对个案的法律发现；其次，找出案件纷争的因素，然后进行法律解释，面对各种解释进行法律论证，包括价值衡量等实质推理的运用；最后，得出据以进行司法三段论推理的法律大前提。值得提出的是，在各个环节中实际上都要进行根据法律的思维，即在具体的思维中使用逻辑学意义上的法律推理。

2. 运用法律方法得出结论的独断性

尽管法律方法具有向公平正义、社会现实、政治目标等开放的特点，但是法律方法必须趋向于对现行法秩序的维护。这主要是因为，虽然法律方法与其他的方法一样，都是寻求解决问题的设计方案，但是法律方法在总体上是受制于法律的思维方式，各种方法的运用在一般情况下不能违背法治的基本原则，一般情况下不能超越法律的总体框架。无论法律方法的运用者使用什么样的方法理解、解释和应用法律，其探寻的都应该是法律的意义，而不能是法律人个人的意志。在司法过程中，法律运用者的个人意志是受到压抑的。法律方法探究的是案件解决的方案，但是它的结论与科学探究不一样的地方在于：其结论的得出不是自由的，而是独断的。起码，从总体思维结果上看，法律判断必须符合法治原则。因而它不能像其他学科的研究方法那样，可以自由驰骋、以期得出孜孜以求的真理性结论。在各种各样的法律方法中，法律规范、逻辑规则、正义公平的理念始终缠绕着方法的运用者。运用法律方法的目的就是使法律人的判断具有形式上、最好是实质意义上的合法性。虽然法律方法的运用者有使用方法的选择权，体现了使用者的自主性，但是不管人们运用什么样的方法，得出的结论都应该是以法律为主要因素的解决问题的方案。法律方法在一定程度上具有教义学属性，是防止专断决策的屏障。使用法律方法的目的在于以法律的名义维护法治，达到正义。

---

① 参见刘治斌：《法律方法论》，山东人民出版社 2007 年版，第 16—20 页。

3. 法律方法在追求公平正义的实现方面具有对法律的“创造性”

法律方法的这一特点看似和法律方法的独断性相矛盾，因为独断性强调了法律方法运用的封闭性，强调法律解释是根据法律作出的决断，但创造性则意味着法律意义的构建是向公平正义和社会现实开放的。正是这种开放性使得法律方法具有了运用的灵活性，意味着法律效力在一定程度上具有可废止性，人们可以通过变通法律的方法，实现更多的正义及对权利实施立体的救济。法律方法论本来就是要克服机械司法所带来的法律僵化，但是灵活运用不能任意，必须有一个明确的价值目标。这时，社会公平正义就成了司法的基本理念，指导着法律方法对法律意义的“创造”。法律方法的创造性是指在维护法治的总体目标下，运用法律方法还有可能超出法治的预期，出现法律效果、社会效果与政治效果三者的相互统一。法律方法的创造性在某种程度上能够克服法律的局限性，其实，法律方法还具有提升社会治理创新的功效。需要指出的是，使用法律方法所得出结论的创造性，不是司法的本质，而只是一种辅助的灵活运用法律的手段。创造必须是在法治框架内实现社会的公平正义。

4. 运用法律方法的效率性

法律方法论的研究，倾向于用最少的时间、简洁的方法解决复杂的案件。其中法律发现的方法运用最为明显。但是，法律解释、法律论证以及价值衡量似乎会增多法律运用者的时间，耗费其更多的精力。然而，如果对这些方法有了娴熟的把握，比起没有章法的理解还是可以提高思维者的效率。法律方法论总结了法律人思维的规律，概括了一些基本的法律思维走向，因而它的运用在一定程度上简化了法律人的思维过程。法律调整本来就是要用简单应对复杂，法律方法只不过是贯彻了这一精神。所谓以简单应对复杂就是用预先设计好的法律规则和程序，应对复杂的案件事实。法律方法对程序和形式法治的重视，看似放慢了解决问题的进程，但实际上由于形式法治和程序公正的诉求提高了办案的效率，使得依据法律方法办案没有必要纠缠于程序以外的实质问题，因而效率性十分显著。法律的形式与程序性可以使人们的思维直接进入待解决的问题，而没有必要纠缠于与法律无关的事实细节。法律方法充当了解决法律问题的便捷通道。这实际上也是研究法律方法的目的——为法律人寻找便捷高效运用法律的途径。

5. 法律方法是法律人思考和解决问题的职业方法

人们思考和解决问题的方法总是取决于他们所认识到的自己的特定社会角色、地位，有着一定的路径依赖。法律职业者总有一种与其他职业者相区别的判断和解决问题的视角和方法，即法律角色参照系。法律思维能力的形成集中表现为法律角色参照系的形成。一名法科学生，如果没有形成稳定的法律角色参照系，其知识结构、推理方式、论证方式和其他人没有区别，则意味着其学业是不成功的。

法律角色的参照系是作为一名法律人在其所处的位置上对外观察和处理问题的方法、观点以及独特的推理、论证模式。在社会中生活和工作的人们都担当一定角色，每一角色都必然有其独特的参照系。法律角色也有自己的参照系。每个参照系都有三个主要的方面：第一，每个参照系内部都有许多概念，其中有些概念是关键性概念。法律角色参照系特有的概念很多，如法（法律）、法定、约定、权利、义务、法律规范、法律行为、法律关系、法律责任、合法、不法、违法、犯法、有效（力）、无效、失效等。这些概念是法律知识的支撑点，是法律思想的凝结，是法律推理和论证的要素。培养法律角色的参照系，首先是要掌握这些法律概念及其所包容的法律知识。第二，参照系在观察问题的范围上是有取向的，它往往指引人们把注意力集中在某一事物的某一方面，而不去关注事物的其他方面。法律角色的参照系总是指引人们敏锐地发现和关注事物的法律方面，即有法律意义的方面。例如，对一个精神病患者，医生关注的是他的病情、病因，而法律人关注的则是他的合法权益、认知能力、行为能力、责任能力等。第三，参照系规定了人们的推理论证方法。法律角色的参照系有其独特的推理、论证方法，法律人要关心人的权利和自由。学习法律，并不仅要了解法律是如何规定的，还要学会像一个法律职业者那样思考和解决问题，学会以法律人的职业角色看问题，换句话说，就是进入法律职业者的角色，掌握法律角色参照系。

6. 法律方法是根据法律理念、原则和规则思考和解决问题的方法

法律是法律人判断是非的标准。一个经过系统法律训练的法科学生和一个未受过此类训练的人，他们在看待一个法律问题时是有区别的，前者对法律更执着，经过系统法律训练的合格的法律人通常以法律作为判断问题的主要根据。法律并不仅仅是一种由各种条文堆砌起来的知识，它还是一种建立在专门的技术和信念基础上的思想方式。这种思想方式，简单地说，就是以法律的立场和观点观察思考和处理涉法事务的方式。

7. 法律方法以司法实践问题为导向

人的活动大体上可以分为认识活动和实践活动两种类型。根据这种区分，方法可以分为认识方法和实践方法，法律方法属于实践方法的范畴。首先，法律方法的目的指向是一种实践指向，即如何有效地解决人们在实际生活中面临的法律问题。其次，法律方法的运用主体是法律实践的主体，即从事立法、执法、审判、检察、法律服务等法律实务工作的法律职业者。最后，法律方法的评价标准是实践标准。判断一种法律方法是否科学、合理，取决于它能否有效地解决现实生活中发生的各种法律问题。实践性是法律方法与法学方法等科学研究方法的重要区别。但应当指出，无论是一般意义上的认识方法和实践方法，还是法学方法和法律方法，都无法截然分开，在很多情况下是可以相互转化的。

（三）法律方法的意义

法律方法是法律的一种职业思维，它是理性的体现。它的重要意义表现在以下两个方面。

一是法律方法把不确定的法律变成确定，把模糊的法律变得清晰。法律方法是确定法律推理大前提的活动。法律人的基本任务是把不确定的法律变得确定，把模糊的法律变得清晰。后现代的法学家们经常揭示所谓法律的真相，看到了现实的法律，强调法律的模糊性、不确定性以及法律意义的流动性。确实，法律真的不像教科书中说的那样是明确的行为规范。其模糊性、不周延性、不确定性、存在着漏洞是一种常态。如果法律都是明确的行为规范，法治只是三段论的逻辑演绎，那么法律方法及其法律方法论实际上都是没有必要的。但是实际情况并不是这样的。三段论的推理只是政治法学家们的设想，现实的案件都不会是三段论的简单运用。正是因为一般性的法律存在着这样那样的问题，所以法律推理的大前提才需要构建，问题才需要用法律方法论来加以解决。法律方法是在法律与事实之间探寻如何使一般的法律变成具体的法律，使模糊的法律变成明确的法律，同时还要消解法律之间的矛盾与冲突。一些现实主义法学家以及后现代主义法学家，仅仅指出法律文本存在的诸多问题，但是并没有找出解决问题的方案，而严肃的法学家必须运用各种各样的法律方法来消除法律的"弊端"，扩大法律适用的范围，提升其解决社会问题、化解社会矛盾的能力，最终在维护法治的基础上实现社会公平正义。

二是法律方法为法律适用提供正当性的判决依据。在现代法治原则下，法律适用不仅需要合法性基础，也需要正当性基础。这个问题在现代方法论上占据中心地位。然而正当性的法律适用不是凭感觉能够作出的，需要运用各种法律方法，包括法律发现、法律解释、法律推理和法律论证等具体的方法论。法律人需要在事实与法律之间进行目光往返的来回穿梭，需要在法律规范、法律价值和其他社会规范之间探寻一致性，进行融贯式理解，才有可能获得正当性的法律适用依据。这里的正当性包含了形式合法性和实质合法性的统一，包含了法律效果、社会效果和政治效果的统一。其统一在于，不是用社会效果代替法律效果，也不是用政治效果代替法律效果，而是在追求法律效果优先的情况下，努力寻找其间的一致性。法律方法不仅可以对法律适用的正当性提供思维的路径，在很多时候还可以对法律判断形成过程以及结论进行评价。

二、法律方法的类型

法律方法主要包括法律解释、法律推理和法律论证三种具体类型。

（一）法律解释

1. 法律解释的概念与特征

法律解释是通过对法律法规等法律文件或其部分条文、概念、术语的说明，揭示其中表达的立法者的意志和法的精神，进一步明确法定权利和义务及其界限或补充现行法律规定的一种活动。

法律解释具有以下四个基本特征：第一，法律解释的对象是法律规定和它的附随情况。法律规定或法律条文是解释所要面对的文本，法律解释的任务是要通过研究法律文本及其附随情况即制定时的经济、政治、文化、技术等方面的背景情况，探求它们所表现出来的法律意旨，即法律规定的意思和宗旨。第二，法律解释与具体案件密切相关。首先，法律解释往往由待处理的案件所引起。人们制定法律的目的是以公平、正义的规范去指引人们的生产和生活，解决人们遇到的纠纷和争端。而人们一般只有在将某个法律条文适用于特定的案件事实遇到理解困难时，才会发生需要解释的情况。其次，法律解释需要将条文与案件事实结合起来进行。法律解释的主要任务，就是要确定某一法律规定对某一特定的法律事实是否有意义，也就是对适用于一个待裁判或处理的事实的法律规定加以解释。第三，法律解释具有一定的价值取向性。这是指法律解释的过程是一个价值判断、价值选择的过程。人们创制并实施法律是为了实现一定的目的，而这些目的又以某些基本的价值为基础。这些目的和价值就是法律解释所要探求的法律意旨。在法律解释的实践中，这些价值一般体现为宪法原则和其他法律的基本原则。第四，法律解释受解释学循环的制约。人们在解释某段具体文字或某个具体规定的时候，会遇到这样一种理解情形，即必须从个别理解整体，从整体理解个别。人们通常把这一理解情形称为“解释学循环”。具体来说就是：理解文本的部分语句有赖于对文本的整体意涵的把握，而对整体意涵的理解又必须从理解单个语句出发。法律解释作为一种特定的解释形式，同样存在这种情形。在法律解释中，解释者要理解法律的某个特定用语、条文和规定，需要以理解该用语、条文和规定所在的法律制度、法律整体乃至整个法律体系为条件；而要理解这一法律制度、法律整体乃至整个法律体系，又需要以理解单个的用语、条文和制度为条件。

2. 法律解释的必要性和重要性

法律解释是法律实施的前提，又是法律发展的重要方法。之所以需要对法律进行解释，其原因和必要性主要源自法律的局限性与社会的复杂性，即制定法之局限性与社会复杂性两方面关系在法律实施中的冲突。具体表现为：制定法具有抽象性或原则性，社会是具体的、灵活的，法律解释是解决原则与灵活、一般与具体之间矛盾的方法，也是处理法律自身稳定统一与社会变化发展之间关系的调整器，法律解释是这两方面之间的媒介。

第一，法律是概括的、抽象的，只有经过解释，才能成为具体行为的规范标准。由于法律具有概括性、抽象性的特点，因此需要法律解释化抽象为具体，变概括为特定。概括性和抽象性是制定法的一个基本特点，法律不可能为个别行为而制定。这就需要将抽象的、一般的规定与具体的、个别的行为相结合。只有经过法律解释，法律所表征的抽象概括的行为模式才能成为社会主体的具体行为的规范标准。法律的实施就是将抽象的规定转化为对具体行为的指导。只有对抽象的规定加以解释，该规定才能适用于具体的行为和案件，才具有可操作性。如拉伦茨所言，“法律经常利用的日常用语与数理逻辑及科学性语言不同，它并不是一个外延明确的概念，毋宁是多少具有弹性的表达方式”。[①] 在将具有概括性的规则适用于具体情况时，就会产生各种不同的理解。为了统一适用法律，就需要对法律的含义作出统一的、正确的解释。在这个意义上，可以说法律解释是从法律制定到法律实施的桥梁。

第二，法律具有相对的稳定性。只有具有稳定性，法律才具有权威性。自古以来，一个稳定的社会对法律修改都是十分慎重的。法律作为社会主体的行为模式，既必须对社会行为进行有限的类别与类型划分，又必须具有相对的稳定性，才能实现对社会主体行为和社会关系的规范化调整，从而建立并维护稳定的社会秩序状态。但同时，法律的这种相对稳定性又使法律逐渐变得僵化和保守，而社会的发展变化却是比较迅捷和纷繁复杂的。这样，既定的法律就不可避免地与不断变化发展的社会现实发生矛盾，但随着社会的发展步伐而不断修正法律又会使法律失去其作为社会主体的行为模式的权威性，从而损害法律的功能。只有通过法律解释，才能使法律在保持相对的稳定性的前提下在法律实践中与社会的发展变化保持一致。通过法律解释伸展、扩张或者限制法律规定的含义，以适应发展了的社会现实。在我国，法律解释可以适应改革时期的特殊需要。在社会转型、新旧体制转换的过程中，一方面需要法律全面地规范和调整，另一方面又需要这种规范和调整具有足够的灵活性和适应性。法律解释就可以随着体制改革的不断深入而及时对某些行为作出新的法律评价，以积极推进改革并有效地维护改革成果。

第三，法律只有经过不断的解释，才能趋于完善。包括立法者在内的所有人，其理性认识能力都是极其有限的，没有任何人是全知全能的人。于是，立法者制定的法律也就绝对不可能是完善或者完美的，总有这样那样的缺陷和不足存在。法律条文相互重叠、冲突、矛盾，文字模糊，表述不清，该规定而未规定的情况在所难免。这种情况不可能完全通过修改法律的方式来解决，因此，法律解释不仅是必不可少的，而且是经常需要的。任何国家的法律体系都是由不同的法律部门、法律制度和法律规范所组成的一个有机整体。法律与法律之间是互相联系、互相作用、互

---

① ［德］卡尔·拉伦茨:《法学方法论》,陈爱娥译,商务印书馆2003年版,第193页。

相制约的。法律解释正是协调法律的内部关系和解决法律之间的矛盾的有效手段。成文法的局限性与法的社会适应性之间的张力促成了法律解释，而法律解释的运用同样促成了法律自身的成长和发展。正是在不断被解释的过程中，法律才获得了更丰富的内容、更先进的理念和更强的时代气息。

第四，人们在认识能力、认识水平上有差别，在利益与动机上也有差别，因此会对同一法律规定有不同的理解，特别是对法律规定中的一些专门术语有不同的理解，这就需要法律解释说明法律规定的含义。法律解释可以解决词语和词语所表达的意思难以完全同一的矛盾。法律是用文字符号表达人们的思想，而各国语言都有一词多义和一义多词的问题，法律文本的词语所要表达的意思要想达到完全同一，就有赖于对法律进行解释。普通公民甚至司法、执法人员因专业水平所限，对这些专门术语、词汇的理解也可能产生偏差，这就有必要通过法律解释来帮助人们正确认识和实施法律。

第五，法律解释可以解决国家法制统一和国内各地区发展不平衡的矛盾。我国地域辽阔，各地区各民族的政治、经济、文化发展很不平衡，因此必须因地制宜，结合当地的实际情况，法律的实施才能取得最大的效果。要做到这一点，就有必要借助法律解释的手段，在保证国家法制统一的前提下，灵活地处理好各种法律问题。

3. 法律解释的基本原则

法律解释的基本原则，是作为法律职业共同体之成员的法律解释主体在进行法律解释的过程中所共同遵循的基本准则，是法律职业共同体关于法律解释的共识性思维逻辑的一般表征。具体而言，法律解释的基本原则主要包括以下几个方面的内容：

第一，合法性原则。在法律解释的诸多原则中，合法性原则是法律解释的一项基本原则。合法性又包括形式意义上的合法性和实质意义上的合法性。形式意义上的合法性，主要指合法律性。在司法过程中，合法律性主要强调司法裁判应符合现行法律制度，与过去类似判例的处理相一致。对法律解释而言，一个解释结果是否是合法的，主要依赖于其是否遵守了现行、有效法律的规定。因此，根据这一要求，法律解释就必须要合乎法律的规定和基本精神，包括三个方面的基本要求：一是法律解释应依照法定权限和程序进行；二是对低位阶的法律的解释不得抵触高位阶的法律；三是对法律概念和规则的解释必须符合法律的基本精神。有学者认为法律解释的合法性即合乎法律性，解释必须符合法律特别是制定法的规定，而不能与之相悖。形式意义上的合法性主要强调法律解释与现行法的一致性。

实质意义上的合法性，是指法律解释需要对价值合理性、道德正当性等因素进行综合考量。在现代法治国家，任何法律，包括法官的法律解释和裁判都不可能做到只考虑形式上的合法性，而不考虑其内涵的价值。因此，法律解释的合法性原则必然包含着必要的价值考量。法律解释如同法律一样，其合法性是无法完全依赖自身的形式要素来取得的，还需要包含实质意义上的合法性意涵。

第二，合理性原则。“合理”在此是指合乎情理、公理、道理。首先，要符合社会现实和社会公理。被人们普遍接受的符合社会大多数人的习惯和道德的方法，就是建立在社会公理基础上的解决方法，法律解释只有符合社会现实的需求和社会公理的要求，才会具有针对性和说服力。其次，坚持尊重公序良俗。公序良俗是人们经过长期的历史积淀才确立起来的，成为人们生活约定俗成、自愿遵守的规约。法律解释只有切实尊重这些规范，才能取得实效。再次，顺应客观规律和社会发展趋势，尊重科学。法律解释应当具有一定的超前性，对社会的发展作出科学的预期，又要保持严谨性。最后，要以党的政策和国家政策为指导。政策具有灵活性和针对性，只有将正确的政策及时转化为具有法律效力的解释性文件，才能既维护法律的权威性，又及时适应社会变革的要求。

第三，整体性原则。其基本要求是，必须将待解释的法律法规及其成分（法律条文，或者法律概念、法律规则、法律原则）置于其所从属的法律制度的整体中加以解释，并自始至终保持其在该法律体系整体中所具有的统一的含义。

第四，法制统一原则。这就是要求法律解释应该在法律体系的范围内进行。在进行解释时，依照法定的规则进行，不得相互抵触，依照原法律效力位阶进行，同时在解释过程中贯彻统一、规范的解释技术，使用统一的概念，保持统一的体例。

第五，兼顾法律的稳定性与情势性原则。这就是说要兼顾制定法内容与现实社会的需要。法律具有相对稳定性和抽象性，而社会关系及其法权需求却具有变动性和具体性，正确处理两者的关系就显得十分重要。在进行法律解释要考虑社会因素。考虑社会因素主要表现为对法律解释可能产生的社会效果加以预测和衡量，从而确定何种法律解释更符合社会现实条件和社会目的。法律解释的特性之一就是它对具体案件的关联性，即法律解释均针对现实生活中的具体案件事实，法律解释的任务在于确定该法律规定对某特定法律事实是否有意义，在于确定抽象规范中所包含的对现实案件的具体意义，所以我们应当兼顾两方面。

第六，合理分配立法解释权与司法解释权的原则。法律解释不仅仅是方法问题，而且还是一个涉及法律效力等级的问题、一个权力分配体制问题，也是一个具有较明显的政治体制特性的问题。法律解释应当处理好立法权与司法权的关系，处理好不同效力等级的法律解释的关系，比如法律解释的合宪性（效力）问题。立法机关与司法机关的关系涉及一国政治体制问题，两者关系处理不当就会造成体制混乱。

第七，国内法与国际法相协调的原则。我们处在全球化的时代，这使得国内法与国际法的关系空前复杂，国内法与国际法的联系从来没有像今天这样密切。立法机关处理国内法与国际法的关系一般有两种方式：一是通过制定新法律或者修改已有法律把国际法转化为国内法；二是在有关的法律中明确规定当国内法与我们已经缔结或参加的国际条约或者国际惯例出现冲突时，国内法应当如何适用国际法（即依照国际条约和国际惯例行事）。在我国已经融入全球规则体系而法律准备却严重不足的现实情况下，立法解释的任务将是繁杂的。涉及国际民事活动、国际贸易、国际环境、国际人权和其他国际事务的立法解释与仅仅涉及国内事务的立法解释不同，特别要重视和体现国内法与国际法的适应性与一致性（不矛盾性）。这是国际法治社会的基本原则，也是我国作为开放的、文明的、负责任的法治大国所应当树立的形象和尊严。

4. 法律解释的种类

根据解释主体和解释效力的不同，我们可以将法律解释分为正式解释与非正式解释两种。

所谓正式解释，又称法定解释、有权解释，是指由特定的国家机关或其他有解释权的主体对法律作出的具有法律约束力的解释。正式解释有时也被称为有权解释。根据解释的国家机关的不同，正式解释又可以分为立法、司法和行政三种解释。首先，全国人民代表大会常务委员会对宪法和法律的解释，被称为立法解释。它在我国法律解释体系中属于最高层次的解释。作为立法机关，全国人民代表大会常务委员会对法律所作的解释，与被解释的法律一样，具有普遍的约束力。作为立法解释，它通常以以下几种形式出现：一是将法律解释的内容作为法律本文的一部分。二是通过制定专门的法律文件解释有关法律。三是在新制定的法律中，对原有法律的有关规定进行解释。此外，全国人民代表大会常务委员会对法律草案所作的说明，以及其与常务委员会办公厅对各省、自治区、直辖市人民代表大会常务委员会提出的法律问题所作的答复，虽然不是正式的法定解释，但对正确理解和执行法律具有积极的作用。其次，最高人民法院和最高人民检察院对法律所作的解释，被称为司法解释。为了使审判和检察工作更加协调，统一认识，提高办案效率，最高人民法院和最高人民检察院有时会共同对法律作出联合解释。如最高人民法院、最高人民检察院《关于刑法第一百一十四条规定的犯罪主体的适用范围的联合通知》等。这类司法解释，可以被称为审判、检察联合解释。最后，国务院及其主管部门对法律所作的解释，被称为行政解释。它主要包括两种情况：一是国务院及其主管部门对自己所制定的行政法规、部门规章所作的解释，如劳动人事部发布的《关于〈企业职工奖惩条例〉若干问题的解答意见》；二是国务院及其主管部门对其他法律所作的解释，如公安部《公安机关执行〈中华人民共和国治安管理处罚法〉有关问题的解释》。

全国人民代表大会常务委员会于1981年6月10日通过的《关于加强法律解释工作的决议》，对全国人民代表大会常务委员会、最高人民法院和最高人民检察院、国务院及其主管部门在法律解释问题上划定了各自的解释范围作了规定：①凡关于法律、法令条文本身需要进一步明确界限或作补充规定的，由全国人民代表大会常务委员会进行解释或用法令加以规定。②凡属于法院审判工作中具体应用法律、法令的问题，由最高人民法院进行解释。凡属于检察院工作中具体应用法律、法令的问题，由最高人民检察院进行解释。最高人民法院和最高人民检察院的解释如果有原则性的分歧，报请全国人民代表大会常务委员会解释或决定。③不属于审判和检察工作中的其他法律、法令如何具体应用的问题，由国务院及主管部门进行解释。

所谓非正式解释，又称学理解释，是指法定机关以外的组织和个人对法律的内容和含义所作的说明。一般是指由学者或其他个人及组织对法律规定所作的不具有法律约束力的解释。这种解释是学术性或常识性的，不可作为执行或适用法律的依据。虽然如此，非正式解释在法律适用、法学研究、法学教育、法制宣传以及法律发展方面仍然具有十分重要的意义。历史上一些国家十分重视法律的学理解释，有的甚至将这种解释赋予法律效力，使之实质上成为正式解释。古罗马著名的五大法学家乌尔比安、保罗、盖尤斯、伯比尼安和莫迪斯蒂努斯对法律的解释，就是经皇帝下令被认为唯一具有法律效力的解释。中世纪欧洲各国在适用法律时，“学者的舆论”也曾被认为具有约束力。

5. 法律解释的方法

第一，文义解释，又称语法解释、文法解释、文理解释，是指根据语法规则对法律条文的含义进行分析，以说明其内容的解释方法。法律解释通常都是从语法解释开始的。法律是高度概括和抽象的，要理解法律的含义，首先就要从法律规定的文字含义入手。在同一个法律文本中所使用的同一用语，或者在该法律文本与其他法律文本中使用的同一用语，在没有特别理由的情况下，必须对这种同一用语进行同一性的文义解释。但法律文本中，往往还使用大量具有特定意义的专门术语，其含义与日常用语的通常含义也不尽相同，在这种情况下，则必须以其特定含义来进行法律解释。语法解释必须根据语法规则，以按通常的意义解释为原则，但要注意把握法律的精神实质，防止断章取义。对专门用语，则必须根据专门意义解释。①

第二，体系解释，是指运用形式逻辑的方法分析法律规范的结构、内容、适用范围和所用概念之间的关系，以保持法律内部统一的解释方法。体系解释强调将需要解释的法律条文与其他法律条文联系起来，从该法律条文与其他法律条文的关系、该法律条文在所属法律文件中的地位，以及该法律条文与有关法律规范、法律制度

---

① 例如，民法中的“第三人”，一般指的是对他人之间的诉讼标的，具有独立的请求权，或者虽无独立请求权但案件处理结果与其有法律上的利害关系而参加到诉讼中的人，而不是通常意义上的“第三人”。

的联系等方面入手，系统全面地分析该法律条文的含义和内容，以免孤立地、片面地理解该法律条文的含义。

第三，历史解释，是指通过研究立法时的历史背景资料、立法机关审议情况、草案说明报告及档案资料，来说明立法者在立法之时准备赋予法律的内容和含义，也就是通过探求立法者在制定法律时所作的价值判断及其所希望达到的实践目的，来推知立法者的意图和该法律规定的真正意思，从而进行法律解释的方法。一般说来，以历史解释方法进行法律解释，首先应当结合立法者在立法之时所处的社会政治经济文化状况、基本的社会价值观念、立法的各种辅助材料，来探究立法者在立法当时的思维逻辑、价值诉求、法律目的，以了解某一具体法律规定客观的真实意思。与此同时，又必须根据已经发展变化了的社会政治经济文化状况、社会价值观念，利用立法者在立法当时的思维逻辑来推定假如立法者在当下的社会条件之中又将会如何立法，或者说立法将如何规定和处理某一事实情况。应当注意的是，历史解释并不是对立法者主观意图的直接阐释，而是通过对立法背景的分析，探究法律规定的客观意旨与逻辑。当然，历史解释也必须注意法律解释时的实际情况，以免使得法律僵化，进入不近人情的境况。

第四，目的解释，是指从法律的目的出发对法律所作的说明。任何法律的制定都具有一定的立法目的。根据立法意图解答法律疑问，是法律解释的应有之义。目的解释中的目的，不仅包括整个法律的目的，也包括各法律规范的目的；有些是法律明确规定的，但更多的则隐藏于法律规定之后；有的是立法当时的目的，有的则是后来赋予的。因此，只有通过研究，才能予以说明。目的解释的理论逻辑在于，法律文本条文的内容与意旨及其个别法律规范、法律制度的内涵与意旨，皆受制于本法律文本的整体目的。以该法律的目的来解释其具体的法律规定的含义与意旨，可以使其各个法律条文之间的“不完全性”或“不完整性”得到最大限度的弥补和消除。在我国，通常的做法是，某一法律的目的皆在该法律法规的开篇用专门的法律条文来加以宣示。

第五，当然解释，是指在法律没有明文规定的情况下，根据已有的法律规定，某一行为合乎逻辑地应该被纳入该规定的适用范围内，从而对适用该规定所作的解释，也就是我们常说的“举重明轻”或“举轻明重”。例如，禁止小汽车通行的街道，正常情况下当然禁止大货车通行。

第六，合宪性解释，就是以本国宪法的精神、原则和具体规定的真实意思与含义，对于位阶低于宪法的法律法规的具体法律规定之真正内涵加以解释的法律解释方法。换言之，合宪性解释就是对于低位阶法律的解释，应依据本国宪法精神、原则和具体规定的真正含义与意旨加以解释的法律解释方法。合宪性解释的必然性在于：法律解释的目的就在于追求法律的明晰、可操作，从而确保法律秩序的稳定，若解释行为超越了宪法的授权，解释内容逾越了宪法的界线，则解释的起点就已经远离了法律秩序，很难保证解释的效果还能回归法律秩序之内。但由于宪法的规定过于原则，因此较少有需要直接援引宪法作为低位阶法律的解释依据的情况，故而合宪性解释与其说是一种法律解释的方法，毋宁说是法律解释的界限和基准。

第七，社会学解释。法律是社会通行的规范，法律必须适应社会生活的要求，适用法律的过程必须能够回复日常生活所提出的常规性社会问题。因此，对法律的解释就不能够仅依文义、逻辑和标准化的意义，而不顾及法律作为一个社会事实在社会事实关系链中的位置与功能。当对某法律规范存在多种不同的解释，而依其他方法难以取舍时，甚至于当以其他方法已经作出取舍时，从制度的社会环境和社会背景出发，对法律规范实施的条件、程度和效果予以实证评估，即进行法律社会学的解释，于实现法律和司法的社会功能而言，乃是非常必要的。

第八，比较解释，就是参照外国的立法、判例与学说，作为解释本国法律的参考资料，通过对这些外国立法、判例与学说所表达的理论逻辑与价值旨趣的分析，比较其与本国法律所处遇的事实境况之相似性，然后按照这些外国立法、判例与学说所表达的理论逻辑与价值旨趣来解释本国相关法律规定的意义与目的的法律解释方法。由于在刑事法律领域采行罪刑法定主义原则，司法实践中很少运用比较解释方法。但在私法领域的司法实践中，却经常会遇到需要运用比较解释方法的情况。

（二）法律推理

1. 法律推理的概念与特征

法律推理是法官将明确的法律规范与查明的案件事实相结合得出裁判结论的三段论式的法律适用过程。法律推理不仅包括确定法律规范、运用法律规范进行演绎推理的过程，还包括认定案件事实的过程。

一般来说，法律推理具有以下三个方面的基本特征：第一，法律推理具有内在逻辑性。作为一种复杂的思维活动，法律推理必须遵循形式逻辑的一般规律，否则其推理的真理性和有效性就必然遭到怀疑，并且，无论在法律推理的过程中采用了什么样的推理方法，其从前提到得出结论在表现形式上总是表现出一定的逻辑性、必然性。第二，法律推理是一种正当性证明的推理。法律领域中的推理不但要从前提出发得出一个结论，还要为推理前提的确立和结论的得出提供合理、充分的理由，并为结论的正当性提供论证。第三，法律推理具有实践性。法律推理不仅仅是一系列的纯粹理性思维活动，从其出发点、推理过程和最终结果来说都具有社会实践性，法律的调整对象是社会生活中形形色色的复杂的社会关系，其目的在于探求最佳的社会纠纷解决方案。

2. 法律推理的目的和作用

法律推理的目的是依据一定的法律前提得出一个合法、正当的判决结果，这有赖于推理形式有效，推理前提合法、正当两个条件的满足。这一目标也体现了法律推理与逻辑推理之间的区别。对于一般逻辑推理来说，只要不违背推理的形式规则，这个推理就是有效的，而对于法律推理来说，推理的形式有效性要求是不言而喻的，判定一个法律推理是否有效的关键是看该推理是否具有实质有效性。它采用一种宽泛的合理性标准，合理性注重的是推理结果的可信服性、可接受性，它强调解决纠纷、实现法律价值的现实的普遍接受性。作为思维一般规律的逻辑性要求，是一切思维保证其正确的基本要求，违背形式有效性要求的推理必然是错误的推理，法律推理也不例外。但是，在现实的法律实践中，如果只是遵守推理的形式要求，作出的判决很可能背离法律的一般价值诉求。怎样兼顾法律推理的形式有效性和实质的有效性成为法律实践和理论的重要的难题之一。

法律推理的作用主要包括以下几个方面：第一，法律推理具有逻辑推导的作用。它一方面确保了“同等处遇”的法律平等原则在司法中的落实，另一方面也使社会对于某种事实情形下的法律问题的处理结果获得了大致合理的可预测性，从而使社会关系保持一定程度的稳定性。第二，法律推理具有辩论说理的作用。这一功能使法律推理的每一个步骤和环节，以及法律决定或者法律结论获得大致的确定性，一方面使这些法律结论在正当理由的支撑下获得合理性与正当性，另一方面也容易使这些法律结论获得社会以及当事人的自觉认同。第三，法律推理在动态的法律运作中向社会及其主体展示了“书本上的法律”是如何转化为“行动中的法律”的具体过程，它一方面为人们了解和学习法律提供了可能，另一方面也为社会对现实的法律进行理性的批判指示了一条路径。第四，法律推理能够协调社会变革与法律的稳定性之间的关系，使法律在保持相对稳定的条件下最大限度地适应社会变革与发展的要求，从而实现法律对社会关系的有序调整和对社会秩序的有效维护。

3. 法律推理的种类

（1）形式推理

形式推理是基于法律规范的逻辑性质或逻辑关系进行的逻辑推理。它包括演绎推理、归纳推理和类比推理。

演绎推理是指从一般的法律规定到个别特殊行为的推理。就是由一般的普遍性法律规则为大前提，以具体的法律事实为小前提，推导出一个特殊而确定的法律结论的法律推理过程和推理方法。演绎的法律推理也被称为三段论法律推理。其基本程式是：

M是P（大前提），

S是M（小前提），

故，S 是 P（结论）。

演绎的法律推理的基本过程是：首先，寻找和确定作为演绎的法律推理的大前提的法律规则。即确定可以适用于当前案件事实的法律规则。其次，通过对于各种直接或者间接的证据材料的收集、整理、分析、组合、证明、陈述或者确认作为演绎推理的小前提的法律事实。最后，根据大前提和小前提之间的逻辑关联，即二者是否具有包含关系，作出确定的判断，得出确定的结论。

归纳推理是指从特殊到一般的推理，表现为从多个或者一系列特殊的具体事例出发推导出具有普遍意义的一般原理的推理方法。

归纳推理的基本程式是：

Aa 是 B，Ab 是 B，Ac 是 B……An 是 B；

故所有的 A 都是 B。

归纳推理的目标就是确定一个适用于当前案件事实的一般法律规则，而这一般性规则往往又是用作演绎的法律推理的大前提的。归纳的法律推理是演绎的法律推理的补充。

类比推理是指在法律实践中对于法律所没有明确规定的事项，比照援引与此事项之性质最相类似的法律规定，加以适用处理的法律方法。英美法系“遵循先例”原则体现了类比的法律推理。

无论是演绎推理、归纳推理还是类比推理，都绝不仅仅只是逻辑规则的简单的技术使用，必须注意包括运用基本的社会政策、社会共识性的伦理道德观念与价值准则，来甄别和选择法律规则、原则、法律事实等的相对分量或重要程度，以便为法律推理的正当性与合理性确定实质性的判断依据。

（2）实质推理

实质推理又称辩证推理，它指的是当作为推理的前提是两个或两个以上的相互矛盾的法律命题时，借助于辩证思维从中选择出最佳的命题以解决法律问题。实质推理主要出现在疑难案件中，是为了理性地发现与证立由于实在法的缺陷而导致的不确定的法律推理的前提。

实质推理的目的并不是要获得一个具有正当性与合理性的对于当前案件事实的终局性的法律处理结论，而是要构建或补充缺少或冲突的演绎法律推理的大前提，使之正当化与合理化。因此在实践中我们往往看到，法律的精神、政策或法律的一般原理、自然正义和公平的法律与伦理意识等都可能会成为实质推理的重要资源。

实质推理的一般推理路径为：首先，依据事物本身的性质，提出对于当前案件事实的法律处理的最终法律结论，然后从这一个模糊的结论反推，寻求支持或推导出这一模糊性的法律结论的同样模糊的逻辑大前提。其次，综合运用上述形式的法律推理的各种基本方法或手段所展示的法律材料和法律资源，证成或质疑这个比较模糊的逻辑大前提，使之在论辩中得到进一步的确证，并将之归于现实的法律制度的体系和框架中。最后，通过价值判断最终确证或在多个可能性的选择项中确证选择用来处理当前案件的法律推理的大前提。

典型案例

“四川泸州二奶继承案”

从司法实践来看，实质推理的法律适用方式是指在缺少明确大前提的情况下，选择对法条进行“法理性解释”，以案件的审判结果对社会有什么影响为依据或者以案件的审判结果对法律制度以及政治制度有什么影响为依据等来决定案件的审判结果。在我国司法实践中，实质推理的运用相对较少。与此同时，由于实质推理赋予法官较大的自由裁量权，因而实质推理的不规范适用也会产生不恰当的法律效果。

司法实践中，运用实质推理的典型案例是“四川泸州二奶继承案”。案情大概如下：四川省泸州市某公司职工黄某和蒋某1963年结婚，但是妻子蒋某一直没有生育，后来只得抱养了一个儿子。因此给家庭笼罩上了一层阴影。1994年，黄某认识了一个张姓的女子，并且在与张某认识后的第二年同居。黄某的妻子蒋某发现这一事实以后，进行劝告但是无效。1996年底，黄某和张某租房公开同居，以“夫妻”名义生活，依靠黄某的工资（退休金）及奖金生活，并曾经共同经营。2001年2月，黄某到医院检查，确认自己已经是晚期肝癌。在黄某即将离开人世的这段日子里，张某面对旁人的嘲讽，以妻子的身份守候在黄某的病床边。黄某在2001年4月18日立下遗嘱：“我决定，将依法所得的住房补贴金、公积金、抚恤金和卖泸州市江阳区一套住房售价的一半（即4万元），以及手机一部遗留给我的朋友张某一人所有。我去世后骨灰盒由张负责安葬。”4月20日，黄某的这份遗嘱在泸州市纳溪区公证处得到公证。4月22日，黄某去世，张某根据遗嘱向蒋某索要财产和骨灰盒，但遭到蒋某的拒绝。张某遂向纳溪区人民法院起诉，请求依据继承法的有关规定，判令被告蒋某按遗嘱履行，同时对遗产申请诉前保全。从2001年5月17日起，法院经过4次开庭之后（其间曾一度中止，2001年7月13日，纳溪区司法局对该公证遗嘱的“遗赠抚恤金”部分予以撤销，依然维持了住房补贴和公积金中属于黄某部分的公证。此后审理恢复），于10月11日纳溪区人民法院公开宣判，认为：尽管继承法中有明确的法律条文，而且本案中的遗赠也是真实的，但是黄某将遗产赠送给“第三者”的这种民事行为违反了民法通则第七条“民事活动应当尊重社会公德，不得损害社会公共利益，破坏国家经济计划，扰乱社会经济秩序”，因此法院驳回原告张某的诉讼请求。

（三）法律论证

1. 法律论证的概念

法律论证存在于法律活动的一切场景。广义上的法律论证包括了立法论证、司法论证等。狭义上的法律论证一般是指司法裁判过程中法官、律师或当事人等就案件事实与法律进行论辩，追求合理裁判结论的思维过程。与法律推理不同，法律论证类似辩论过程，它指向的是法官需要综合考虑双方主体的意见甚至包括社会公众的意见，为自己的裁判结论寻找依据，以期取得最大限度的认同。从本质上讲，法律论证应该是法官与当事人（及其代理人）以及事实、法律甚至社会公众不断对话以谋求、证立判决结论之可接受性的过程。

2. 法律论证的特征

法律论证的特征主要包括以下三个方面：一是从性质上看，法律论证与日常论证的最大区别在于它是一种根据法律进行的论证，法律论证的基本特点就在于它的论据是以法律为根本论据；二是从目标上看，法律论证要解决的是证立法官通过法律发现而选定之法律规范与当下案件事实之间的逻辑关联；三是从过程上看，法律论证是一个对话、协商的程序性过程。

3. 法律论证的方法

法律论证的方法主要涉及法律以及法律决定的“正确”的标准和如何得出正确的结论，具体包括三个问题：“正确”的标准；达致“正确”的方式；达致“正确”所需遵循的论证规则。

第一，“正确”的标准。在实践中，验证法律规则、法律陈述和司法决定的正确性往往依靠的是一定范围的“共识”。某种程度上，法律论证的正确与否，在具体的标准层面往往取决于多数人的认知。

第二，达致“正确”的方式。法律论证不是简单的少数服从多数，而必须建立一个形成共识的理性机制。只有在理性论辩的基础上，让所有参与者充分发表意见，才可能形成真正意义上的多数人的共识，所以必须提供一个能够保证理性论辩充分展开的制度。这个制度的主干是程序性的，即理性论辩的程序。

第三，达致“正确”所需遵循的论证规则。为法律论证过程预设定的规则是使法律论证合理和充分进行的必要措施。这些规则可以分为一般规则和特殊规则。所谓法律论证的一般规则是指各种类型的法律论证都必须遵循的规则。如法律论证过程中各参与论证者平等和自由的发言权，任何人都可以坚持自己的论证、质疑任何其他人的主张，保障法律论证的自由环境。所谓法律论证的特殊规则是指各种类型的法律论证活动各自应该遵循的规则。

第二节　法学文献检索方法

法学文献检索方法是法学研究方法的重要组成部分。当我们形成一定的问题意识的时候，如何进入这个研究领域，如何快速且精确地找到恰当的入门文献，是每位法科学生的必修课，这同时也是自主探索能力的重要体现。不过，在直接讲授法学文献检索方法之前，我们有必要首先澄清一些常见的误区。

一、文献检索的常见误区

（一）主要甚或仅仅查阅图书

在进入大学之前，许多学生并不知道世界上存在学术期刊和学术论文这种东西，大家求学时接触最多的除了在线资源，就是各类图书，[①] 以教材和教辅用书为主，再加上一些文史类或科普类的通俗读物。此外，图书馆（包括综合图书馆和专业图书馆）是大学生课外自习的主要场所，其中虽然也有期刊阅览区，但总的说来，摆放的主要是中外文图书。高校教师开列的各种入门书目清单，通常也只包括图书（无论是经典教材还是名家名著）。有鉴于此，许多学生误以为“读书”主要就是查阅图书[②]。当然，查阅图书本身是必要的。但我们必须弄清楚图书的出版功能定位。一般说来，图书[③]的相对优势在于知识的系统性，这也是由图书的篇幅直接决定的，就好比发动一场大决战，要通盘考量，要深度谋划，要联动部署。图书将一个总的问题束按照一定的逻辑次序分解为不同章节拟处理的次级问题（论文集形式的图书在这方面有所弱化），各章内容相互衔接、彼此照应、有详有略，共同支撑全书主题或总的论证意图。

不过，图书的以下劣势容易被人们忽略。第一，图书的出版周期较长，从撰稿、定稿到提交出版社、签订出版合同、审定清样（通常包括三审三校程序）、申请书号、正式印刷和进入市场流通，需要等待数个月乃至数年时间。这就意味着图书参与讨论前沿问题的能力相对弱一些，或者说图书的知识更新速度较慢，更适合呈现长期深度研究的积淀。相对而言，学术期刊通常是双月刊或月刊，论文组稿更加灵活，可随时根据热点信息——比如刚刚出现的热点案件，或者正在公开征求意见的重要法律文件——迅速策划选题和组稿，并且利用短周期优势抢先刊发，达到影响

---

① 大学生阅读的图书可以分为学术专著、学术编著、教材、教学辅助书籍、资料选编、工具书等类型。

② 当然，也有一些学生已经通过各类渠道了解到“中国知网”这个主要数据库的存在，并已经会使用知网查阅学术论文等资料。

③ 这里主要指学术专著。

决策或者引领舆论的效果，终而收获学术影响力。第二，对于仍然处在寻觅研究选题阶段的学生来说，查阅图书比查阅论文的机会成本高很多。专著和论文都必须有鲜明的中心问题，所有内容都围绕着中心线索展开，但是图书的篇幅通常远长于论文，这不仅涉及阅读进度快慢的问题，更涉及阅读体验的问题——许多学生反映，对一部专著往往读着读着就如坠五里雾中，驾驭起来比较困难，但是这种情况在阅读论文的时候明显较为少见。此外，由于部分作者为了追求形式上的厚重，千方百计增加图书篇幅，这会导致知识密度的降低，而学术期刊为保证一定的发表数量，常对单篇论文所占版面作出严格控制，例如许多期刊会在稿约里标明建议的投稿篇幅，尤其是设置投稿篇幅的上限（当然也有例外，比如《中外法学》的代表作栏目、《法制与社会发展》），这就倒逼作者采取更加简练的、亦即对读者更为友好的论述方式，删除冗余的内容。

（二）把教科书当成主要参考资料

毫无疑问，教科书在我们的学习过程中扮演着举足轻重的角色。但大家在从事学术探索和论文写作的时候，必须正视教科书的固有性质和局限。部分法学教科书，特别是国内学者联合编写的部分教科书，通常是基于主管部门预先确立的指导原则的二手资料汇编，而非原创著作。它们是面向初学者的专业百科，旨在提供该领域的一切应知要点，但并不首先追求学术价值。它们借助引文和脚注的形式，向读者指示原始资料和经典文献的阅读线索。它们致力于阐明次第成熟的当前主流意见（通过比对不同时期的法学教科书即可确认这一事实），并不打算盖棺定论。它们的质量控制不及全国或各省的统编中小学教材，出现形式错误乃至实质错误的概率更高，但必须指出的是，由中宣部和教育部组织编写的“马工程”法学教材在这方面表现出色。

不论如何，教科书预设的首要读者群是门外汉，其论述不仅不追求创新，甚至必须有意克制过于个性化的观点，或者说往往要使个人观点让位于通说，这一点对于有法律职业资格考试这类全国统考科目的专业来说尤其重要。此外，教科书的写作框架不是问题导向式的反思、追问和探究，而主要旨在提供便于理解和记忆的、确定的内容，因此它通常从定义、分类、思想根据、现行制度及其来源等角度书写。如果把教科书当成学位论文或学术论文的主要参考资料，那论文就难免会写成教科书的样子，也就意味着作者把专家级的读者（任课老师、指导老师、评审专家）预设为门外汉，这显然是不合适的。此外，教科书要尝试呈现一种大致无分歧的意见，而学位论文或学术论文需要推陈出新，也就是说努力挑战通说、另辟蹊径、写出新意：教科书和论文虽然都以知识作为对象，但论证的根本目标却截然相反。这样看来，教科书上面的见解更适合担当论文引言中的批判性分析的起点。

（三）不加鉴别地利用数据库收录的资料

此处且以“中国知网（CNKI）”这个国内最知名的综合数据库为例。有的学生认为，既然文章能够在刊物上公开发表，而且能够通过“中国知网”传播，其质量必定都有保证，因此检索时主要留心相关性即可。可他们并不知道，“中国知网”是普及型平台，对所刊载的文献的品质并无严格把关，对用户更无相应承诺。只要刊物本身通过形式合法性审查（比如期刊要有刊号、集刊要有书号），并且跟“中国知网”签署网络版合作协议，那么刊物上的文章就能够上传平台，但是其质量良莠不齐。我们曾经见到，有学生在论文里并列地正面援引了分别刊登于《中国社会科学》和《法制博览》的文章，这表明作者学术鉴别力的欠缺。近年来，有些知名高校通过正式或非正式的文件，公布了所谓的“期刊负面清单”，学生在该清单上的期刊发表文章由此不得作为评优评奖的依据，这是朝向净化期刊市场迈出的重要一步。我们发现，学生在检索论文的时候常常根据论文的引证量甚至下载量来判断论文质量，据此确定阅读的先后次序。他们并不知道，下载量和引证量主要反映的是论文主题本身的热门程度，进而反映的是该主题的研究者或关注者的规模，跟论文本身的品质高下和重要与否没有必然联系。比如民商法、行政法、诉讼法、刑法等应用学科的研究者或关注者明显较多，而法律史、环境法等基础学科或小众学科的研究队伍人数少或社会关注度相对较低，这直接决定其下载量和引证量相对较少，但我们很难据此断定一篇应用学科论文和一篇基础学科或小众学科论文的学术质量孰高孰低。

核心期刊的存在，为尝试检索的初学者提供了一个筛查期刊学术品质的范围（尽管核心期刊上面发表的并不一定都是一流水平的论文）。国内通行的核心期刊遴选模式主要分为两大类：南京大学中国社会科学研究评价中心编制的“CSSCI 来源刊物”（业内俗称“C 刊”或“南大核心”），和北京大学图书馆编制的“中文核心期刊要目总览”（业内俗称“北大核心”）。前者每 2 年更新一次目录，后者每 3 年更新一次目录；前者仅限于广义社会科学（含人文科学），分为期刊、扩展版期刊、集刊（即以书代刊的连续出版物）三个子集；后者既收录文科刊物也收录理工科刊物，而且仅限于期刊形式。目前看来，“CSSCI”体系在“双一流”高校的影响力更为广泛。不过，多数高校对 CSSCI 来源期刊的成果认定一般没有争议，但对 CSSCI 扩展版期刊和 CSSCI 集刊的成果认定则有明显的地区差异，比如江苏省的高校不太重视 CSSCI 集刊而较为重视 CSSCI 扩展版期刊，上海市和山东省的高校则似乎正好与之相反。对法科学生来说值得注意的是，“中国法学创新网”在法学期刊中选出 22 种（最初是 15 种），命名为“CLSCI 期刊”（业内俗称“法核”），其中顶尖的 3 种是《中国社会科学》《法学研究》《中国法学》，业内俗称“法学三大刊”。各大法学院校通常对“中国法学创新网”给予高度重视，在科研奖励、职称晋升、项目申报、人才引进等关键事项上，有意识地朝向CLSCI倾斜，因此，法学院校的教师通常愿意把自己比较得意的作品投给以上22种期刊，特别是“三大刊”，这在制度层面强有力地保障了CLSCI体系的稿源和办刊质量，法科学生有理由优先检索CLSCI期刊。但与此同时我们也需要注意到，当代各个学科之间正日益形成坚厚的壁垒，这导致CLSCI体系越来越看重投稿论文的“法学性”或“法律技术性”，刊发交叉学科领域文章的意愿不太强烈，此类文章更多地发表在综合性期刊、大学学报或者与法学相交叉的其他学科的专业刊物上面，这是大家在检索时不宜忽略的事情。

二、期刊论文的检索方法

一篇论文的质量，很大程度上取决于作者所占有的学术资料的质量和数量，因此，掌握期刊论文的检索方法是前提。而学会学术资料的检索方法就显得尤为重要。

（一）利用图书馆藏书和数据库

大学图书馆是大学生尤其是文科大学生读书学习的重地，学生要充分利用好这一重要学术资源。要熟悉本校的综合图书馆和专业图书馆的藏书，学会浏览图书馆主页所提供的已购数据库和试用数据库的基本信息，找出主要的全学科数据库，比如中国知网、超星百链、华艺学术文献数据库、全国报刊索引（下设晚清期刊全文数据库、民国时期期刊全文数据库等子集）、JSTOR等，以及主要的法学专业数据库，比如北大法宝、HeinOnline、LexisNexis等。检索范围越大——比如从中国知网的“篇名”检索改为“篇关摘”检索①——就越不精确，越容易检索出低相关度的结果，但也容易有意料之外的收获，毕竟初始检索词的拟定通常较为狭隘、思虑不周。我们还可以通过“参考文献”选项进行检索，如果我们明确地知道某一观点或材料仅见于某份文献，那么查一查到底有多少人引用过该文献，可以大致判断这种观点或材料的流传范围。如果遇到本校的数据库和馆藏资料未收录的外文资料，大家还可以通过开世览文（英文拼写为CASHL）的文献传递系统，付费索取文献的电子版或扫描件，而高校通常会为本校师生提供一定的免费额度。开世览文是由教育部牵头组建的、唯一全国性的人文社会科学外文期刊保障体系，它充分调用大陆高校的集群优势，功能十分强大，能够在很大程度上弥补本校可用文献资源的不足。

（二）按图索骥

对待文献庞杂的热门选题，首先要按图索骥，努力限缩检索范围。老师们在授课时或者指导选题时，经常会推荐阅读某些基本文献，而大家所使用的教科书里也会有脚注和参考文献目录，这些都可以成为指示我们继续探索的可靠线索。当我们

① “篇关摘”，通常是指文章篇名、关键词和摘要的简称。

翻阅此类文献时，它们本身又会引证许多其他文献，而须知，我们信任的知名学者通常只会引证自己看得上的文献，这实际上是以他们的眼光替我们限缩了检索范围。相对于一般意义上统计的引证率而言，知名学者的正面引证甚或出于批判意图的引证，才是起到引领作用的、真正有效的引证，有助于提高我们的学术鉴别力。

就获取初步线索而言，我们要善用学术综述型的资料。学术综述一如严格的书评，虽然在许多高校的科研成果认定条例中遭到贬低，但却是形成真正学术传统不可绕开的环节。学术综述可分为不同的类型：①按时段展开的综述，比如十年、五十年、百年、启蒙时代；②按国别或地区展开的综述，比如美国、德国、拉美、伊斯兰世界；③按学科展开的综述，比如民法学、刑法学、体育法学、法社会学；④按主题展开的综述，比如习近平法治思想、党内法规、证明责任论、基层治理。这些类型之间也可以相互交叉，比如“二十世纪日本马克思主义法学发展史综述”。当然，条件允许的话，应当首先阅读学术史的经典研究成果，它比普通的学术综述更加系统、更加深刻，例如公丕祥和龚廷泰总主编的《马克思主义法律思想通史》（四卷本）、舒国滢的《法学的知识谱系》（全三册）。

我们要善用学术指南型或学术手册型的资料。剑桥大学出版社（Cambridge University Press），牛津大学出版社（Oxford University Press），布莱克维尔（Blackwell）、劳特利奇（Routledge）等世界知名出版商，针对重要学术主题推出了一系列高品质的指南（companion 或 guide）或手册（handbook）。这些采取合作论文集形式的著作，往往由一位或多位国际一流学者担任主编，主编会在世界范围内邀请他们信得过的本领域学者专门撰稿，通常每人负责一章（即一个细分主题），以权威透彻、深入浅出的方式引导读者进入某个细分主题。基于一定逻辑结构的章节划分，力争覆盖本领域的所有重要问题，再辅以书末附有的（常常配有简短说明）精选参考文献清单，共同为读者提供值得信赖的检索指引。已有中译本的此类著作，例如《牛津法理学与法哲学手册》《布莱克维尔法律与社会指南》《牛津比较法手册》《剑桥古希腊法律指南》《牛津规制手册》《牛津国际法史手册》《犯罪学理论手册》等。

最后，我们要善用学术精粹型的资料。这类著作往往缘起于头部法学院校的专题文献精读课，带有课程讲义的性质，由知名学者遴选现有国内外文献里的经典篇目，依细分主题辑录成册，再逐一联系转载授权进而正式出版。入选篇目通常在很大程度上规定着或参与塑造了当前的主流研究框架，是大家在检索时不应错过且不可绕开的基础文献。已经出版的此类著作，中文书例如高鸿钧等主编的《法理学阅读文献》和《比较法学读本》、冯玉军选编的《美国法学最高引证率经典论文选》、周光权和车浩主编的《刑法学读本》，英文书例如威格摩尔（John H. Wigmore）和科克雷克（Albert Kocourek）主编的《法律制度的理性基础》（Rational Basis of

Legal Institutions）、杰索普（Bob Jessop）主编的《卡尔·马克思的社会与政治思想：关键评论集》（Karl Marx's Social and Political Thought：Critical Assessments，八卷本）。

（三）条分缕析

通常的方法是，先检索刊物，再检索图书。图书的检索主要借助学校购买的付费数据库以及免费的公共资料分享平台，国家图书馆官网和豆瓣读书也是图书检索的重要选项。检索之道，在于把有限的精力首先用于最相关且最优质的资料。因此，在中文刊物的范围内，我们建议先聚焦于 CSSCI 来源期刊，然后聚焦于 CSSCI 来源期刊扩展版和集刊，最后再留意普通期刊和集刊，择其善者而从之。此外，我国台湾地区自己也评选了 TSSCI 和 THCI Core 来源刊物（可在华艺学术文献数据库查阅），同样值得我们关注。同理，我们建议先检索专业刊物，后检索综合性刊物，这是考虑到学者发表文章的重要目的是跟同行对话，而专业刊物自然拥有最多的同行读者。

从知识积累的一般规律和阅读难度的一般阶梯来看，我们可以先检索国内原创文献，再检索中文翻译作品，最后检索外文文献。通过相对陌生的语言学习相对陌生的知识，容易遭遇效率低下的难题。就中文翻译作品而言，它分为两类，即各类刊物上面发表的译文，以及出版社推出的译著。总的说来，相对于期刊而言，集刊更愿意发表译文，非常明显的例子就是法学集刊《法律方法》、哲学集刊《当代国外马克思主义评论》、综合性集刊《经典与解释》，而许多排名靠前的 CSSCI 来源期刊通常拒绝发表译文，例如“法学三大刊”。[①] 在选择译著的时候，我们要留意出版社，留意版本。各位同学在进入大学之前，选书看书一般缺乏版本意识，以为但凡正规出版物都很严谨，其实不然。比如，同一本书的中译本，我们建议首选商务印书馆“汉译世界学术名著丛书”（业内简称“汉译名著”）收录的译本，因为该译丛被视为我国现代出版史上规模最大、最为重要的学术翻译工程，翻译质量最有保证。当然也必须指出，其中某些书确实存在由其他出版社推出的更具竞争力的译本，比如韦伯的《经济与社会》（上海人民出版社的阎克文译本）、康德的“三大批判”（人民出版社的邓晓芒译本、中国人民大学出版社的李秋零译本）。[②] 此外，同一出版社已推出修订译本或重译本的，应予优先考虑，例如黄风翻译的格罗索的《罗马法史》、刘北成和杨远婴合译的福柯的《规训与惩罚：监狱的诞生》。

---

① “三大刊”这样规定的原因，可能是为了张扬中国学术自主性，也或许是考虑到学术出版的分工而尽量把珍贵版面留给原创作品。

② 康德的“三大批判”，是指《纯粹理性批判》《实践理性批判》《判断力批判》三大名著。

按照时间顺序从新到旧或者从旧到新展开地毯式检索。采取从新到旧的次序，有助于迅速把握最新学术动态，特别是看到后人对前人成果的总结、评述和批判。采取从旧到新的次序，则更多出于关注脉络中的知识增量的考虑，有助于阅读的持续加速，因为每次阅读新文章只需要关注它超越旧文章的那一部分“干货”，并且很容易察觉学术不端（比如剽窃）的现象，从而便于将某些作者尽快排除出检索范围。此外，我们还建议适当考虑著译者的所在单位层次，一般说来宜优先关注来自“双一流”高校和主要科研院所的、已获得博士学位的人员，但知名学者可以不受此限制。百度百科词条、维基（Wiki）百科词条固然成为初始阶段的重要检索渠道，但在实际写作中不得以此为依据。这不是说禁止使用网络文献，而是要求大家有所甄别，例如《斯坦福哲学百科》（Stanford Encyclopedia of Philosophy）就是享有崇高国际声誉的在线资源，其中所有词条皆为业内专家撰写的长篇导论，并且定期更新（页面会显示更新时间），国内已有学者在组织编译其中某些主题的词条。

第三节　法学论文的选题与写作

根据国家标准化管理委员会出台的《科学技术报告、学位论文和学术论文的编写格式》（GB/T 7713—1987）的要求，法学（学术）论文是针对法学领域学术课题进行专门系统的科学研究，并记录总结表达研究所取得的新成果、新见解、新知识的学术论文，应具备学术论文共性特征和法学学科的个性特征。法学论文可用于在学术会议上宣读、交流或讨论，或在学术刊物上发表，或作其他用途。法学学位论文是法学论文重要的基础性类别，是表明作者从事法学研究取得创造性结果或创新性见解，并以此为内容撰写而成、作为提出申请授予相应法学学位时评审用的法学论文。包括法学学位论文在内的法学论文，在法学教育和法学研究中具有重要意义，是检验法学教育成效和推进法学研究创新的重要手段和工具，故此，掌握法学论文写作方法对于法学专业学生至关重要。本节根据有关国家标准，参考有关教材论著，结合编者心得体会，既从选题、文献与论证方面概括介绍法学论文写作的内在方法，又以法学学位论文为例逐项剖析法学论文写作的外在结构。

一、法学论文的类型与选题

根据研究对象、研究方法、用途去向乃至写作目的、质量要求以及作者研究基础和能力的不同，法学论文可以分为下面三种主要类型。但对于初学者来说，不宜过早受到限制或者自我设限，而是要勇于尝试不同类型的论文，持续加强自我训练。

（一）法学论文的类型

1. 理论研究与应用研究

根据研究对象的不同，法学论文可以分为理论研究型与应用研究型。二者的区分主要在于论文旨在解决什么问题，往往有不同的目标读者。一般来说，理论研究旨在从法律现象中探寻内在规律，例如法治发展规律、法学基本原理、法律适用方法等，目标读者主要是法学理论研究人员。应用研究旨在解决法律实践中的现实问题，例如具体个案处理方式、法律条文理解适用、法治事件是非曲直等，目标读者主要是法治实务工作者。理论研究和应用研究并非截然两分，也没有高下之别，能够解决理论或者实践中的法律法学法治问题就是好的研究。具体到研究者个人，可以根据自己的专业积累和学术兴趣确定写作与研究方向。

2. 规范研究与实证研究

根据研究方法的不同，法学论文可以分为规范研究型与实证研究型。规范研究的显著特征是规范分析、学理思辨乃至价值判断，比较强调应然性，又可分为三种子类型。第一种是解释论研究，主要关注法律适用问题，即在特定案件、事件、情境中应当适用的法律是什么，相关条文或者概念当如何理解，一般法律原则在此如何具体应用等。第二种是立法论研究，主要关注立法制规问题，即针对特定现象、事项、领域，制定法律法规的必要性与可行性、创新制度设计的考量因素与具体内容、破解现实困境的体制机制与政策措施等。第三种是学理性研究，主要关注法学理论命题，即某个创新性的命题在法学理论上该如何证立或者证伪。实证研究的显著特征是实证调查、定性定量乃至走向田野，比较侧重实然性，也有不同的呈现方式。有的意在描述现象，有的旨在分析原因，有的重在探究功能。实证研究的共同点在于，它们试图揭示法律现象背后的因果关系以及发展规律和本质。规范研究与实证研究不是截然两分的，实践中需要综合运用多种研究方法，综合研究遂应运而生。综合研究的一般进路是揭示现象、提炼概念、讨论规范的适用，指出存在的问题，提出解决的办法，这种写作方式在专业学位论文中比较常见。

3. 期刊论文与学位论文

根据用途去向的不同，法学论文可以分为期刊论文与学位论文。当然这是一种不完全的分类。期刊论文以促进学术交流为主要目的，以在学术刊物发表为主要去向，亦可用于在学术会议上宣读、交流或讨论。在所谓“不发表就出局”的氛围下，期刊论文已经成为法学研究成果的主要呈现形式。期刊论文的篇幅一般在 1—2 万字，也可能出现超长篇的情况。学位论文用于申请法学学士、硕士和博士学位，是法学教育的重要环节。在法学教育质量越来越受重视的今天，学位论文的写作也应引起教育主管部门和广大高校师生的高度重视。法学学士学位论文篇幅一般在 1 万字左右，硕士学位论文篇幅一般不低于 3 万字，博士学位论文篇幅一般不低于 10 万字。期刊论文与学位论文也不是截然两分的，期刊论文可作为学位论文的阶段性成果，学位论文也可以改写为期刊论文投稿发表，但都需要满足相应的形式和实质标准。

（二）法学论文的选题

古人云，题好一半文。古人说的“题”主要是指标题，现代学术体系中的“题”则更多地指向论文选题。选题的好坏因人因时而异，但好的选题往往都是那些酝酿好长时间、付诸书面文字、希望与人分享的创新性思想观点。

1. 选题的基本要求

第一，要有问题意识。问题意识不是选题本身，而是选题的理由。这种理由不是通常所谓的重要性（选题很重要）、稀缺性（很少人研究）之类的，而是强调学术创造性。一般来说，有没有问题意识要看作者能否发现现实中的问题（problem），进而提炼学术上的话题（question），然后预设具有创新性的命题（thesis）并加以论证。很多学生通过自己努力或者在老师帮助下，能够发现现实中的问题，也能对应到学术上的话题，但提不出创新性的命题。他们可能根据时事热点，感觉到“健康码”值得研究，也可能联系到公共卫生治理、平台算法规制、个人信息保护等学术话题，但是无法进一步整合为通过“健康码”的公共卫生多元主体协商共治模式，进而对其生成机理与理论逻辑展开研究和论证。糟糕的情况是，有同学直接拿教科书中某一章节的标题作为论文选题。一般来说，教科书中的标题及其内容都是具有广泛共识，缺乏创新空间的，以此为选题通常做不出有新意的论文。所谓现实中的问题，既可能是法律实践操作问题，也可能是法律认知理论问题。好的论文选题，必然是直面那些引起普遍关注但尚未得到有效解决的重要现实问题。

第二，要提炼出问题。仅有重要现实问题还不够。现实中的重要问题未必都是学术上有意义的问题，有的可能在理论或者立法上都有明确答案，只是没有依理而行或者依法办事。当然，这种题目作为平时训练的习作选题还是可以的。如果进一步追问理论或立法为何在实践中走样，是理论的缺憾，立法的滞后，还是执法的偏差，对此展开相关的机理分析，或许也能发现理论的边界与实践的真理。这就是学理、制度与实践的辩证关系。就一般情况而言，如何从纷乱的法律现象中提炼出有学术意义的理论问题呢？其基本的要求是，要放在学术脉络中讨论，要注意学术思想的传承，要实现与学术同行的对话。提炼问题时，有几点值得注意：一是“一次只做一件事”，一篇论文只讨论一个中心问题，避免贪多嚼不烂；二是“大处着眼，小处入手”，从小切口出发，将问题的讨论引向深入；三是要有边界意识，要清楚合理地界定问题、控制变量，不能“胡子眉毛一把抓”。

第三，要有核心命题。核心命题是贯穿论文的中心论点，是作者试图探讨或者论证的基本问题（general issue）或基本观点（general position）。我们从小学习语文就被要求概括文章的段落大意和中心思想。学术论文的核心命题就是中心思想，得让读者看完后清楚地知道作者在说什么。我们经常看到一些学位论文以“××××若干问题研究”为内容，看上去什么都写了，但缺乏一个一以贯之的中心思想。甚至还有一些期刊论文以“××××的十大课题研究”为题，这也不算严格意义上的学术论文，更像是一种研究综述与学术前瞻。核心命题的形成需要反复凝练，也就是推敲和琢磨的过程，最后要达到可以用一个判断句表达出来，甚至几个字词标识出来的程度。当然，核心命题不是这个判断句或者字词本身，而是其所表达的句意。核心命题是若干个具有内在逻辑联系的子命题有机结合而成的。现在每个高校官网都有一篇简介，其核心命题就是“我校是个好学校”，会分成几个子命题，比如我校办学历史悠久、师资队伍一流、教学质量很高、科研实力雄厚，社会服务成效卓著、国际影响力很大，等等。

第四，要有创新可能。学术研究既是“为己”之学，更是“为人”之学。不论具体论文有何个性化目的，好的学术研究都应致力于推进和拓展人类科学认识的空间，也就是要有所创新，提供新的知识。现在有的期刊要求投稿人阐明创新性，学位论文撰写和答辩也要求说明创新点。一般来说，发现新问题、提出新见解、运用新材料或者使用新方法，都是可能的创新之处。但创新是可遇不可求的。在学术史的脉络中，个体都是渺小的，都是科研大道上的垫脚石。能够踩在前人的肩膀上，把自己的研究变成后人摸着石头过河的路标，也是极为难得的。为此，作者必须了解学界对于这个问题已有哪些研究，取得哪些进展，存在哪些不足，创新空间何在，进而努力在既有研究基础上作出新的贡献。如果没有学术史回顾意识，很有可能就是重复研究，或者是自说自话；就算做得再好，也不过是“高水平”重复而已。例如，有段时间正当防卫“反杀”事件频发，有同学就想做无限防卫权的选题。这确实是个热点事件，也是个学术问题，但是相关研究早已比比皆是，我国刑法也有明确规定，重复去做无甚新意。因此，在着手某项研究之前，一定要做好相关文献检索和学术史回顾工作。

学术论文的理论价值和实践意义的判断标准是创新。所谓创新，主要表现在以下几个方面：选题新，有强烈的问题意识；视角新，有广阔或独特的理论视角；内容观点新，发现或提供了新知识、新资料、新见解；方法新，运用了新学科或跨学科的研究手段和研究方法；等等。一篇优秀的法学论文，只要在某几个甚至某一方面有创新，那么，我们就可以断言：这篇论文就是有创新性的。

2. 选题的一般过程

选题的确定不是一蹴而就的，也不是一步到位的。确定选题的过程大体可以分为三个阶段：抓住现实中灵光一现的学术灵感或者理论兴趣，从中提炼问题；有了初步的问题意识后，进行先期调研或者文献检索；在调研和反思的基础上，适当调整论题。

第一，提出问题。好的选题总是留给有准备的人。作者必须在相关领域拥有相当的知识储备，此外还需要敏锐的洞察力和果断的执行力。作者在阅读、听讲、交谈、辩论或者关注时事新闻中，某个词汇可能突然映入眼帘，某个灵感可能一闪而过，某个话题可能百思不解。如果作者能够敏锐地抓住，进而对照知识储备，很可能会发现既有研究没有涉及或者无法妥帖解释的问题。例如观看全国两会新闻，可能会注意到“代表团建议”的报道，会发现代表团建议主要涉及地方发展诉求，具有明显的地方性。而既有教科书和论著对于代表团建议的阐述，主要是解读相关立法条文。如果以代表团建议为切入点探讨地方诉求的法治化表达机制，或许有助于丰富和拓展我国人大制度的理论研究。如果一个问题经常被讨论，却始终无法解决，那可能需要引入新的视角或者新的材料。比如对于执法问题，单独从依法行政原理来说清楚还不够，还需要进一步挖掘执法自身存在的实践逻辑。

第二，先期调研。论文选题阶段的调查研究就是查阅文献，看看前人是否已经有系统的研究、成熟的观点，自己是否有必要写；或者看看是否能够找到足够的资料素材，自己能否写得下去。一方面，如果关于一个问题学界已经有很多研究，有了成熟的观点和系统的认识，那么其创新的空间就比较小了，勉强写下去也没什么意义。但对于初学者而言，通过综述既有研究进行学术训练也有必要。先期调研没有必要穷尽所有文献，但也不宜局限于论文数据库，不能说检索不到什么文献，这个选题就没有意义。数据库是工具，而不是标准。另一方面，如果某个问题明显存在，但大家都不去碰，那么学生也要冷静想想为什么。一般来说，目前学界很少有“新大陆”或者“处女地”，初学者不宜有“捡漏”的心态。初学者尤其要考虑文献资料的可及性和知识储备的充足性。例如，针对我国指导性案例的个案或者群案研究，如果个案之后没有引为参照的类案，或者指导性案例样本数量本身不够，就只能假以时日。法律史研究对于史料档案的依赖性更强，作者自身的知识储备也是个问题，如果差得不多，还可以短期内补强；如果差太多，也不宜勉为其难。例如，数字法治政府建设是学术热点，但深入研究除了需要行政法学基础知识，还需要掌握公共管理、平台治理、数字正义等跨学科知识，甚至还需要大数据、云计算、区块链等方面的知识储备。在初步阅读文献之后，可以草拟一个写作提纲。提纲可以帮助学生理顺研究思路，也可以用来检验理论逻辑是否一致。还可以列一个文献目录，明确已经阅读和需要进一步搜求的文献。与人交流写作提纲，向人请教文献线索也很重要，切忌闭门造车。

第三，调整论题。核心命题的拟定可能是一个不断试错的过程，需要在选题阶段不断调整。这倒不是说要主题先行，但也确实需要方向性的导引和实事求是的微调。如果论题过大，可以考虑通过视角、素材、方法进行限缩或者拆分。如果论题过小，可以考虑通过连续追问、逐级升华进行深化或者拓展。如果论题正面论证不易，可以考虑通过侧面迂回或者反面驳论进行转换或者印证。如果不是专业做应用研究的学者，试图直接给出对策可能不是好的论题。我们发现一些论文的研究路径落入俗套：概念分析，发展现状、问题及存在根源，解决对策。这种策论式论文，不一定是一般学者所擅长的，更不是没有任何法律实践经验的法科学生所能写好的。因此，找到一个适合选题的有效研究路径，就显得尤为重要。

二、法学论文的文献

在古汉语中，“文献”既包括记录知识的载体（文），也包括传承知识的人（献）。在现代学术体系中，文献主要是指图书资料等，但也不可忽视“活的文献”，特别是在田野调查等实证研究场合。文献是确定论文选题的重要依据，是推进论文写作的关键素材。法学论文写作必须重视搜集、整理、综述和引证文献。

（一）法学文献内部关系

法学是一门古老的学科，与社会生活联系紧密，法学文献总体上浩如烟海、门类繁多。对于特定论文选题来说，如果较为热门或研究较透，就会积累大量相关文献，或者藏于图书馆，或者见于数据库，或者行走于田野，或者寄身于网络。作者需要从海量的文献中挑选出对论文写作益处较大的文献。在查找文献之际，需要对文献之间的关系有清晰的认识。一般来说，文献内部存在同意 、继承、反对和并列四种关系。找到处于同类关系下的代表性文献，即可从面上把握特定选题的既有研究状况。一方面，这些文献基本上能涵盖学界最新和最全的研究成果，不会因为代表性观点缺失而带来认识上的偏差。另一方面，对代表性文献进行分类，可以缓解大量重复性文献带来的心理倦息。找到不同文献之间的同类关系主要依靠自身知识储备，也有一定的方法和技巧。最简单的方法是看论文摘要。摘要是论文的精简版，包含作者对研究动态的评析和自己观点的概括。通过看摘要，可以便捷地了解文献是否属于同类关系，以及同类关系下具体文献的观点和视角。有的论文摘要写得并不规范，这就需要进一步浏览引言乃至全文。这里还有一个泛读和精读的关系问题。在查找和搜集文献阶段，不宜投入大量精力逐一精读，只需要根据大体判断，将有关文献进行筛选并分门别类即可。文献的分类标准还可以是具体论题、时间阶段乃至国别作者，这需要根据具体情况选择适用。

将相关文献按特定标准分类后，还有同类项内部的关系问题。这涉及如何权衡判断特定文献价值的问题。以论文类文献为例，一般来说，重要文献往往出自重要作者，或见于重要期刊。这就需要对本专业乃至本领域的学术生产力格局有基本了解，要知道哪些作者具有较强的学术创造力，还要知道学术期刊的差异化格局。当然这并不是说知名度高的作者就一定能贡献好的文献，也不是说核心期刊就一定会发表好的论文。特别是法律史等基础学科，受制于特定发展境遇，往往重要文献并不见于核心期刊，更难以有较高的引证率。著作类文献的权衡判断，一般可以侧重考虑作者和出版社的因素。发表记录较好的作者，其专题著作水准一般较高；业内声誉较好的出版社，其出版作品质量往往较好。当然，所谓引证数量、发表载体、作者身份、出版机构，都只是具有盖然性的指示意义。对于初学者而言，不断加强自身的知识储备、判断力和敏感性才是最重要的。

（二）文献综述撰写方法

文献与选题关系密切。选题源自文献，确定论文选题离不开对文献的搜集、整理、阅读与综述；文献服务选题，选题初步确定后要围绕选题进一步综述文献；选题决定文献，选题的大小、难易、深浅决定了需要综述的文献范围；文献决定选题，文献的有无、多少、新旧决定了选题的可行性及其操作。明乎此理，就进入文献综述阶段。在不同写作场景下，文献综述有不同的规格和篇幅。一般来说，期刊论文的文献综述相对少而精，学位论文的文献综述要求全而准，二者主要为作者本人论文写作服务；至于专门的文献综述文章，则更加要求对相关选题下的文献予以全面、准确、清晰地综述，以期为学界提供后续研究的路标。

以规格相对完整、篇幅相对较长的文献综述文章为例，撰写文献综述可以遵循"搜""分""读""摘""综""述""评"的七步法。

第一步是"搜"。即搜集相关文献。关于这一步，前面已经有所论及，需要补充的是，文献搜集需要保持敏锐性，在日常训练中持之以恒，围绕特定研究主题持续进行。特别是对于学位论文写作而言，从确定选题到着手写作中间有较长的准备期，这段时间就是留给作者广泛搜集文献的。有个说法是"上穷碧落下黄泉，动手动脚找东西"，很值得思考和借鉴。如果时间紧迫，也要遵循重要性原则尽可能搜集代表性文献。

第二步是"分"。关于这一步，前面也已经有所论及，但前面说的是按照文献横向关系进行分类，其实也可以按照次级主题进行分类，即根据作者所欲研究的论题的内部逻辑，将大量的相关文献进行分类。例如，可以创建历史沿革类、理论基础类、实践运行类、规范分析类、问题对策类、比较借鉴类等不同的文件夹。文件夹内部也可以遵循重要性原则进一步识别、筛选并标记重要的代表性文献。

第三步是"读"。即根据选题设计和文献分布，精读或者泛读已经搜集和分类的文献。如果选题较大，文献较多，需要去芜存菁，找到关联度较高的文献。如果选题较小，文献较少，需要含菁咀华，认真研读有限的参考文献。有的经典文献，需要反复阅读思考，至于一般文献，以我为主浏览取用。读的过程中，可能会从所读文献的参考文献或者脚注中发现新的文献，这就是“顺藤摸瓜”。现在各种论文数据库、案例数据库都有相似文献联想功能，可以好好利用。

第四步是“摘”。即根据研究需要和文献情况，做好关键信息摘录工作。俗话说“好记性不如烂笔头”，何况现在还有各种在线笔记、可编辑文档和录音程序可供使用。读的过程中，首先要记录好经过筛选的代表性文献的来源出处，最好是具体到页码。其次要把可以为我所用的关键概念、论点、论据及其出处摘录下来，归置到写作提纲的适当位置。最后要对重要文献的理论脉络、逻辑思路、行文结构加以分析，体会好文章的精妙之处，最好是能够画出思维导图。

第五步是“综”。即根据选题设计和文献情况，分专题、分版块或者按时段、按人头梳理提炼相关文献的主要观点。这其实是前面第二步的成文化，需要用简洁的文字对所欲综述的文献主旨进行复述并给出出处。这里需要注意：一是不能简单罗列，不能搞成开杂货铺或者记流水账，要遵循学术研究本身的脉络，理出相对清晰的国内外研究现状及其最新进展。二是要尊重原意，即便是简要复述也不能随意裁剪，对于关键的个性化表述或者观点应当援引原文。

第六步是“述”。即在学术史的脉络上对所“综”的文献进行合乎逻辑的“述”。文献综述，顾名思义，要有综有述。但很多初学者撰写的文献综述，只有综没有述，只是对文献进行简单的概括和罗列，缺乏内在的逻辑线索，更遑论对文献进行客观的评价。如果说前面的步骤都是基础性工作，到了“述”这一步才是体现作者学术判断力的关键环节。作者需要站在学术史的高度，在选题设计的框架内，对文献之间的同意、继承、反对和并列关系进行揭示，并给出妥当的评价。

第七步是“评”。即在“综”和“述”的基础上，对相关文献的主要内容、学术贡献和不足之处进行评价，进而指出可能存在的创新之处和今后研究的推进空间。这一步也十分考验作者的学术判断力。既不能为了突出自己而贬低他人，也不能被他人牵着鼻子走，无视既有研究的不足。这一步的措辞表述尤其要谨慎推敲，不能为了抬高自己而说“填补研究空白”之类的过头话。当然，“综”“述”“评”三者不是截然分开的，实践操作中是可以同步进行的，文本呈现上也不宜割裂。可以采取夹述夹议、既综且评的写作方式，避免风格上的机械呆板。推而广之，“搜”“分”“读”“摘”“综”“述”“评”这七步法也不是互相割裂的。分开来说只是便于理解，实践操作中需要协调推进。

（三）文献综述注意事项

第一，文献要有时效性。对于专题文献综述文章而言，时效性或许不是大问题，因为要突出文献综述的全面性。但也应该远近有别，详近略远。对于期刊论文或者学位论文而言，考虑到篇幅问题，所综述的文献一般应侧重晚近出版的。除了那些特别经典的早期文献，一般文献很有可能随着时间的推移而失去时效性和现实意义。当然，这些文献作为学术史上的一环，仍有必要关注。

第二，要忠实原文原意。援引文献有直接引用和间接引用两种方式。专题文献综述文章或许有足够篇幅支持直接引用，但是在期刊论文或者学位论文场合，如果需要综述的文献过多，直接引用会令文章显得臃肿琐碎，也无法体现作者本人对于所引文献的理解和概括。在正文写作中，也不宜大量援引原文，除非是要进行针对性的评论。但无论是直接引用还是间接引用，都要忠实原文原意，不能断章取义或者强加于人，也不能为了扯大旗作虎皮而添加赘注和伪注。

第三，要引用可靠的文献。一般来说，期刊论文或者学术著作经过专家审稿，学术质量有保障，而以新闻报纸、大众读物、网络资料等为载体的文献则学术性不强，可靠性也不足，而且容易灭失，应尽量避免引用此类文献。引用法律法规、政府公报、官方文件等资料时，即便有官方网页，也要尽可能找到权威的纸质出处，如《人民日报》《光明日报》《求是》以及各类政府公报等。

三、法学论文的论证

法学论文必须有论有文，文是形式，论是实质。确定核心命题，综述既有研究之后，更加艰巨的工作是对核心命题进行证立证成。作者应当时刻意识到，文章的每个观点乃至每句话，都有较真的眼睛在注视。要想说服读者，写作必须有根据，论证必须有逻辑。法学论文写作常见的论证方法有规范分析、学理思辨、实证调查、历史比较、经济分析等。论证方法必须服从写作目的。描述状况，分析原因、功能和属性，解释法律，提出政策建议，是常见的法学论文写作目的。不同主题论文或者论文不同部分，需要根据写作目的选用适当的论证方式。

1. 状况描述

状况描述是指对法律案件、事例或现象的状况进行提炼和展示，通常是为后续的研究和写作提供事实基础。常用的状况描述方法是举例、统计和类比。举例子谁都会，但要注意典型性。典型事例往往足够生动，有助于理解事实真相。同一类型的事例不超过三个，既要避免重复啰唆，也要避免以偏概全。举例子要尽量精炼，宜短不宜长。统计方法也并不神秘，尽管还有比较高阶的计量方法。统计数据既可以是自己调研而来的，也可以使用权威数据，但要确保数据的可靠性、及时性与相关性。所谓类比，是由两个对象的某些相同或相似的性质，推断它们在其他性质上也有可能相同或相似的一种推理形式。类比是一种主观的不充分的似真推理。要确认类比推理的正确性，还须经过严格的论证和检验。

2. 属性分析

法学论文写作经常需要探究事物的属性。法学教科书经常有概念、特征的章节标题，但教科书呈现的往往是一般结论，或者是通说，论文中需要探究的则是未有定论的事物属性。例如，行政黑名单的属性，究竟是行政处罚，还是行政强制，抑或是别的，迄今为止没有定论。当然，我们认识事物肯定是从已知属性到未知属性，即便是行政黑名单，因为我们对于行政处罚或者行政强制的属性有基本认知，故而可以借助这些既有认知来推理和论证行政黑名单的属性，这也就是通常所说的演绎推理。但如果演绎推理仍无法消除争议，则需要借助归纳、比较的方法，论证其属性。比如，可以通过归纳行政黑名单制度所具有的强制性、公开性、负面性等属性来认识其法律属性。归纳推理方法的运用需要满足两个条件：一是内在特征的融贯性，二是与现有概念的协调性。不能出现归纳推理结果无法自我涵摄的情况，也不能出现与现有概念的指涉冲突。归纳理想类型也是属性分析的重要方法。理想类型（ideal type）是研究社会和解释现实的概念工具，是高度抽象出来的、反映事物本质特征的分类。在中文学术语境中，理想类型更通俗的表达是“模式”，通常用于分析和阐释宏观、抽象的法律问题。

3. 原因分析

原因分析又称为机理分析，意在探究法律现象之间以及法律现象与其他社会现象之间的因果关系，在法社会学研究中比较常见。借助原因分析方法展开论证，需要把握几个关键点。一是探寻事物之间的因果关系，即准确揭示不同事物之间引起和被引起的必然性关系。这一点在刑法研究中尤为重要，因果关系是犯罪成立的重要条件。需要区分的是相关性与因果关系，世界万物都有联系，但并非所有联系都是因果联系。构成因果联系，有两大条件，缺一不可：一是时间上的先后关系，因在前，果在后，不能倒因为果；二是这种时间上的先后关系还必须是一种必然性的联系。例如，天下雨地面湿，具有因果关系，但不能反推过来说地上湿了一定是下雨了。二是抓住事物之间有意义的联系。就法学研究而言，一方面，有意义的联系必须是对法律秩序的维护或者改进具有启示作用的。另一方面，有意义的原因分析往往在认识到事物背后的复杂关联的同时，把视线聚焦于主要原因。一篇文章能够把一个因果机制讲清楚，就很不容易。当然，如果能够把这个原因与其他因素的复杂关系也讲清楚，那就是更好的作品。三是发现事物之间真实的因果关系。关于这一点，有个著名的说法，原因的原因不是原因。虽然略显极端，却也能提示我们注意因果关系的直接性和有效性，不能无限放大。绝小概率、纯粹偶然的事件，对于探讨因果关系是没有意义的。“丢了一块马蹄铁，灭亡了一个国家”之类的说法，只适合作为心灵鸡汤，无法提供有效的法律论证。

4. 功能分析

功能，意指事物或方法所发挥的有利作用。在法学论文写作中运用功能分析方法，需要探讨某个事物或者方法有什么样的功能，某个制度的预定功能发挥得怎么样，某个制度为什么具有这样的功能，或者预定的功能为何失效。甚至可以说，相较于探讨制度功能是如何发挥的，研究制度功能是如何落空的可能更有意义。功能分析方法的运用，首先需要关注功能的表与里。我们要注意法律制度的主观意图与客观效果的区别，关注那些未被计划、未被认识的潜在功能。其次要关注功能的名与实。有的时候，制度设计预设的功能并未实现，反而出现意料之外的功能。这就需要进一步分析究竟哪里出现了偏差。最后要研究功能发挥的机理。法律制度不是孤立存在的，而是依托于特定的社会结构，这是结构功能主义社会学的基本观点。功能分析近似于原因分析，只不过思维过程是逆向的：原因分析是从已知的结果追溯成因，功能分析则试图从给定的现象探究结果。

5. 法律解释

法律是一套规范体系，但充斥着需要解释的内容。规范分析是法学研究最常用的研究方法，法律解释也是法学论文最常用的论证方法。大多数法学论文是运用规范分析的方法，借助法律解释的手段展开论证的。一般来说，法律解释的论证方法需要回答这些问题：对于现实中的某个问题，现行法律是怎么规定的？当事人在法律上有什么样的权利或者义务？法院对该问题应当怎么判决？这其实是非常典型的司法论证过程，也是非常典型的三段论推理过程。运用法律解释的论证方法需要注意：第一，法律解释关心的是"现有的法律是怎么样的"，而不去过多考虑"理想的法律是怎么样的"（这通常属于立法论证的范畴），也不去过多考虑"实践中的规则是怎么样的"（这通常属于法社会学的范畴）。第二，法律解释的过程，基本上是运用各种法律渊源去论证法律命题的过程。通常来说，法律渊源分为成文法源与不成文法源。成文法源是指由特定国家机关制定、以条文方式表达的法律规范性文件，其中最主要的是法律、法规、规章等正式立法。不成文法源是个相对开放的概念，大体上包括法律学说和原则、先例（立法先例、行政惯例和司法判例）、公共道德、行政政策以及比较法。当然，也有学者主张，法律解释还可能借助范围更宽广、形式更多样的社会事实，运用社会学、经济学或者利益衡量的方法进行论证。这已经超出了法解释学的范围，进入到法社会学的领域。第三，在法解释学范围内，法律条文往往是"论据之王"，找到了适当的法条，就可能一锤定音。这也是通常所谓的"法律人的思维方式"的典型表现，即强调成文法源，注重找法释法。作为有效论据的法律条文，必须现行有效、含义明确且与论证主题相关。当然，法律体系中存在着大量的"不确定法律概念"，需要借助文义解释、体系解释、目的解释等具体方法进行进一步解释。

6. 对策论证

一些学者认为，说清楚是什么、为什么之后，怎么做的问题不是学者所能左右的。诚然如此，作为肩负社会责任的学者来说，提出政策建议、进行对策论证仍然是不可回避的学术作业。所谓对策论证，是面对具体困境，在给定条件下寻求必要、可行、最优的解决方案的过程。对策论证的产物可能是一项政策措施，可能是一项立法方案，也可能是一种行动理念。对策论证经常是超实定法的，可以建议修改实定法，不受现行制度的约束，但政策论证仍然是规范性的。一个好的对策应当兼具必要性、可行性和最优性。可行性包括理论上或者制度上的可接受性与实践上的可操作性。所建议的对策方案可以在一定程度上突破现有的理论或者制度，但又必须立基于更合理的理论框架或者制度框架。需要注意的是，一个新政策的实施，在解决一些问题的同时会带来一些新的问题。作为对策建议的提出者，需要分析成本和收益，妥善权衡利弊。在某种意义上可以说，没有利弊分析和优劣比较的对策，都是不靠谱的对策。法学研究者尽管是专业人士，但是也要谨守专业的界限，对于自身并不熟悉的领域，尽量不要跨界建言。

四、法学论文的结构

法学研究没有定式，论文写作须有章法。在学术分工越来越精细化的今天，法学论文写作也越来越成为一项规范性极强的作业。在法学教育越来越高质量发展的今天，法学学位论文尤其被要求以程式化的面貌展现。本硕博等法学学位论文，完整全面地贯彻了法学论文写作形式上的规范要求，故而可以通过剖析法学学位论文各部分写作要求，较为系统地介绍法学论文的结构方法。一般来说，法学学位论文包含文章标题、内容摘要、关键词、英文翻译、引言导语、文献综述、主体部分、文章结论、引证注释、作者信息、题注信息、文章附录、参考文献、作者致谢等结构要素，以下按顺序介绍各部分要素的写作要点或注意事项。

1. 文章标题

标题是论文的第一面目，也是论文选题的直接呈现或者间接投影，在一定意义上决定了读者是否有阅读兴趣。在向期刊投稿后，很多被“枪毙”的论文都是因为标题不够准确、醒目和凝练。这么说不是鼓励大家都去做“标题党”，但认真对待标题确实很重要。《过秦论》等古代政论，《“友邦惊诧”论》等近代杂文，都体现了高超的标题艺术。标题拟定需要费心思量，需要抓住电光火石的灵感，也要建基于深厚的积累之上。对于初学者而言，需要把握好几个基本要求。一是名实相符，内容明了合身。导师批改学位论文经常会提出，要么根据内容改标题，要么根据标题改内容，这都是拟题失败的后果。二是新颖有力，能够引人入胜。某期刊发过一篇论文，题为《机器人的崛起与人类的法律》。不看内容，光是标题就有一种恢宏的气象，刊发后引证转载效果也很好。三是文字简洁，表达凝练顺畅。论文标题不宜过长，一般以 20 字为上限，尽量不要在标题中使用标点符号或者自创概念。有时可以考虑使用副标题加以限缩或者解释，但能够只用主标题表述的尽量不要加副标题。

正文的二级、三级标题也是如此，要尽可能凝练，同一层次标题风格尽量一致，不要长的一行写不完，短的只有几个字。

2. 内容摘要

内容摘要是对论文内容的客观概括，也是对核心命题的适当展开。摘要的功能在于为读者提供文章的精华版，让读者尽快判断有没有必要继续读下去。对作者而言，摘要则是紧接着标题的第二次吸引读者的重要机会。所以写好内容摘要很重要。期刊论文的摘要一般以 300 字左右为宜，学位论文的篇幅要求会更高。但无论是期刊论文还是学位论文，摘要都应具有相对独立性，应该是一篇自成一体的小论文。一般来说，开头要交代选题所处的学术脉络，以凸显论文具有的学术价值，大意可以是某某问题很重要，既有研究还有待深入推进；接着阐述论文的核心观点，可以与正文内容对应起来，一个主体部分一句话；最后可以适当提一下论文的意义与不足。摘要必须意思连贯、语言简明、用词精到，用有限的字数传递更丰富的信息。就法学论文而言，不宜在摘要中出现本文、笔者之类的措辞。摘要的功能是概括全文而不是引出话题，不能把摘要写成引言。不要在摘要中泛泛说“发现了三个问题，分析了四个原因，提出了五个对策”，要把问题、原因、对策具体是什么讲出来。除非论文的主要贡献在于证实或否定他人论著中的重大观点，摘要不引用他人文献。在任何情况下，摘要都不得加引注。

3. 关键词

关键词和内容摘要一样，都是现代学术体系下，为了借助网络检索工具使论文更好地交流传播而必不可少的形式要件，但并非仅有形式意义。内容摘要的写作能够检验作者对于论文学术脉络与核心命题的准确把握程度，关键词的设置更加有助于凸显作者对于论文所处论域和所论命题的精准概括能力。目前各种论文数据库都有关键词的检索项，相关国家标准也提供了基本的主题词列表，可以用作参考，但不宜盲从。初学者可以在日常训练中用心琢磨高水平期刊上的重要论文，体会作者为什么设置这几个关键词。关键词以 3—5 个为宜，一般从论文标题或者小标题中选出；如果这些标题中没有合适的词，则从正文中选择。但关键词不是对标题的简单拆分。有的初学者将标题中的“机理”“路径”“功能”之类的词作为关键词，这是不可取的。关键词是具有特定学术指向的实词或者短语，排列方式一般按照其外延由大到小的逻辑顺序排列，中间用空格或者分号隔开。最好的关键词是使那些想要检索你论文的人能很方便找到，不想检索你论文的人不会文不对题地撞上。作为初学者，一种饶有趣味的自我训练方法是，在论文数据库中用特定关键词进行检索，在检索结果中观察文献分布、作者构成和发文载体。

范例

新时代中国法治现代化的战略安排

公丕祥

内容摘要：当代中国改革开放四十年来，从20世纪70年代末80年代初开始邓小平提出小康社会愿景进而作出“三步走”的战略设计，到20世纪90年代党和国家制定新“三步走”国家发展战略，再到21世纪初时中国共产党人描绘从全面建设小康社会到全面建成小康社会的国家发展战略蓝图，法治在国家发展进程中的地位与作用日益显著。当代中国现代化进程中的法治发展目标愈益丰富而深刻。2017年10月召开的中共十九大，在当代中国法治现代化进程中具有划时代的里程碑意义，不仅确立了习近平新时代中国特色社会主义思想的历史地位，为新时代中国法治现代化提供了根本遵循，而且勾画了从全面建成小康社会到基本实现现代化再到全面建成现代化强国的国家发展图式，作出了推进当代中国法治现代化的新时代的新“三步走”战略安排。这一重大的理论贡献，深刻反映了中国特色社会主义进入新时代社会主要矛盾新变化的历史运动逻辑，凝聚着当代中国共产党人加快推进新时代中国法治现代化的坚韧不拔、锲而不舍的战略意志和坚定决心。

关键词：法治图式　国家发展战略　法治现代化　战略安排

4. 英文翻译

英文翻译是为了学术论文的国际化传播而要求的一项形式要件。一般来说，主要是翻译论文标题、内容摘要和关键词。在准确反映标题原意的前提下，翻译成的英文单词数越少越好。无论是中文标题、英文标题，还是缩略词都应当慎重使用。英文标题中每个词的首字母都要大写，但冠词、连词、介词全部小写。翻译摘要时，时态的运用以简练为佳，常用一般现在时、一般过去时。关键词的翻译要求基本同标题。标题、摘要、关键词中，如果有不适合翻译成英文的古汉语词汇，可以用汉语拼音代替，并附加括号给出中文字词。有的时候还要翻译作者姓名和单位，也要注意遵循一般的大小写规则，但不必刻意像外国人一样姓名颠倒。如果作者英文水平较高，建议其亲自动手逐字逐句翻译并加以润色。当然，现在运用翻译软件的也很普遍，但是机器翻译之后，一定还要逐字逐句地校对润色，千万不能依赖机器。随着学术国际化水平的提升，越来越多的期刊要求高质量的英文翻译，甚至要求作者给出英文长摘要，这就进一步强化了英文翻译的要求。现在的青年学生普遍英文水平比较高，需要在学术训练中进一步加强外文文献的阅读能力，甚至尝试使用英文写作。

5. 引言或导语

引言或者导语是继标题摘要之后，被论文评价者进一步审视的重要环节。如果能够在引言或导语中进一步激起读者兴趣，论文获得好评的概率将大大提升。引言或导语的篇幅根据情况而定，以讲清问题为要。但写好引言或导语确实很不容易。就学位论文而言，引言（或者引论、导论）是必不可少的格式环节，篇幅甚至可能占到论文总篇幅的十分之一甚至更多。作者需要在引言中依次回答若干问题，比如问题的提出（为什么我要研究这个话题），学术史回顾（这个问题既有研究状况如何，取得了哪些进展，还存在哪些不足），方法与意义，创新与不足等问题。很多学位论文的引言非常简短，只有一两段，这是不对的。就期刊论文而言，一篇两万字的期刊论文，有两三段导语即可。期刊论文的导语也有基本的章法，通常需要引出话题并界定题目（我将讨论什么问题），指出选题背景（为什么这个问题重要），简要综述既有研究并指出其进展与不足，如有必要还可以进一步交代文章的立场与观点，角度或者方法，思路或结构。初学者可以有意识地选择重要学术期刊的精品佳作进行有针对性的解析和学习，认真拆解有关论文的引言、导语，深入揣摩原作者引言中每句话甚至每个词的用意与功能。

6. 文献综述

关于文献综述的基本方法和技巧，前面已经有所介绍，这里分三个问题略加总结。一是为什么需要文献综述？首先，学术的生命在于创新，创新必须在传承中体现，文献综述就是彰显论文学术传承的重要环节。其次，学术论文不但要有创新，而且要让人看得见你的创新，所以要通过文献综述肯定前人研究进展，指出既有研究不足，阐明论文创新空间。最后，文献综述有助于促使作者更系统地阅读相关文献，更仔细地梳理相关文献，更认真地对待学术创新，所以文献综述的过程也是深入思考的过程。二是需要综述哪些文献？首先，文献综述是指对学术文献的综述，非学术文献具有参考意义，但不必占用有限的篇幅。其次，文献综述是对学界相关主题讨论情况的综述，所以不相关的学术文献要适当剔除。最后，法学论文文献综述的对象主要是国内学术圈的相关文献，很多法学论文选题具有较强的中国实践性，不必刻意追求中外学术对话。三是如何撰写文献综述？基本方法是“搜”“分”“读”“摘”“综”“述”“评”七步法，但可以根据学位论文或期刊论文的不同要求灵活运用。学位论文的文献综述应当更加系统，期刊论文的文献综述可以适当简化，但都要认真对待，不可浮皮潦草。

7. 主体部分

古人有所谓“凤头、猪肚、豹尾”的作文六字法，“凤头”强调开头引人入胜，“豹尾”要求结尾铿锵有力。至于“猪肚”，并不是说中间主体部分可以随意为之，而是要层次分明，线索清晰。主体部分的写法需要根据论文选题而定，但也有基本的章法。通常可以在引言导语部分交代论文各部分讨论什么问题，这也有助于引导读者。论文主体部分不宜太多，也不宜太少，一般三到五个部分即可。太多了分不清主次，太少了不利于展开。一般来说，主体部分可以采用正反合、并列式或者总分总的结构方式。所谓正反合的方式，比较适合于写主题比较鲜明的立论或者驳论文章，先从正面立论，再从反面驳论，最后总结论证。当然也可以先驳论再立论。所谓并列式的方式，意味着论文几个主体部分之间具有并列关系，但并列的各部分之间也不宜随意摆布。总分总的方式则是比较常见的，在此不必多说。这三种方式也可以夹杂混用，宏观上是总分总，中观上是并列式，微观上是正反合。无论采用哪种结构方式，都要注意起承转合、首尾呼应、上下衔接之类的要求。尽管在中小学时代这些要求就被反复提出并训练，但很多本硕博写作者还是会忽视。主体部分的标题设计也要注意，不能出现标题和内容不相匹配的情况，也不能出现次级标题与上级标题相同或者相近的情况。如果出现，这意味着该上级标题下其他标题是没必要的，这就属于结构性失误。在草拟正文标题的时候，比较初级的做法是让读者一眼就能猜出后续标题，这适合初学者。更巧妙的做法是通过标题把观点显露出来，把结构隐藏起来。也就是跳出形式结构的束缚，让核心命题更好地呈现，当然这需要经过长期的训练。一般来说，上下层级的标题之间要有过渡段落或者总括句，不宜标题连标题。

8. 文章结论

结论是一篇论文的收束部分，一般是用高度概括的语言总结全文的研究成果，可以适当升华或者展望，但不宜再提出新的观点或者论据。如果确实需要在前文研究之外再延伸讨论新的问题，可以不叫结论，而叫余论。正常的结论部分大体包括三方面内容。一是概括论文主题和基本观点，这近似于内容摘要的核心内容，但是要尽量避免语句的重复。二是阐明研究成果的意义，这一点也是前文某些部分已经交代过的，此处虽然可以进一步强调，但要注意避免文字重复。三是交代研究成果的局限。这是很多论文写作者容易忽视的内容。任何科学研究都有其边界，单独一篇论文不能解决所有问题。实事求是地承认论文还有缺陷，并不会削弱论文的意义，反而会给读者和后续研究者带来好的印象和实际好处。当然，在指出文章缺陷的时候，也不能说过头的话，不能过于贬低自己的文章。

9. 引证注释

论文的引证或者注释简称引注。为文章添加引注的做法，古已有之，传统中国很多典籍夹杂着大量的注释，但这更像是“我注六经”。现代学术体系下的引注，“六经注我”的成分大一些，但也不能对引注采取功利化的态度，还是要回到引注的本源上。在不考虑参考文献和索引的情况下，引注包括引证和注释两种类型。引证主要是交代文章所借用的观点和资料的来源，注释则是交代一些不便在正文中体现的信息。二者并非截然两分，有时候是夹杂在一起的。引注一是为了便于读者了解文章写作的背景资料，昭显学术诚信，表明论必有据，便于读者追根溯源、查找核对。二是为了作者行文方便，把一些不便在正文中呈现的细枝末节或者旁逸斜出的内容置于文章主体之外。基于学术诚信的要求，不管是据以作为证成自己观点的论据还是作为商榷、批驳的对象，都应当引注。引用原文的，原则上都应当注明具体出处，间接引用的要加上“参见”字样。过去引注规范不统一，不同学校不同期刊要求各不相同，有要求页下注的，有要求文后注的，有的要求引证和注释分开，有的允许引证和注释夹杂。近年来，法学期刊界经充分协商，推出《法学引注手册》供学界参考，初学者应认真研究、学习和使用。

范例

文献引注的格式

张明楷：《刑法学》，法律出版社 2011 年版，第 95 页。

［德］贝克：《世界风险社会》，吴英姿、孙淑敏译，南京大学出版社 2004 年版，第 102 页。

顾培东：《法官个体本位抑或法院整体本位——我国法院建构与运行的基本模式选择》，载《法学研究》2019 年第 1 期，第 3—22 页。

劳东燕：《公共政策与风险社会的刑法》，载《中国社会科学》2007 年第 3 期。

杜雨泽：《认罪认罚从宽制度下认罪协商制度之探究》，载《湖北经济学院学报（人文社会科学版）》2018 年第 3 期，第 85 页。

参见《认真贯彻落实全国司法体制改革推进会议精神，坚定不移全面推进人民法院司法体制改革》，《人民法院报》2016 年 7 月 21 日，第 1 版。

参见天津市第一中级人民法院（2017）津 01 刑终第 41 号刑事判决书。

参见“最高法‘二巡’：20 个月跨省纠错 37 件”，载财新网 https：//china. caixin. com/2016-10-31/101002333. html，2016 年 11 月 1 日访问。

Patrick Devlin，*The Enforcement of Morals*，Oxford University Press，1965，p. 15.

William A. Edmundson，*An Introduction to Right*，2nd edition，Cambridge University Press，2012，pp. 3-12.

Mirjan Damaska，“*Negotiated Justice in International Courts*”，Journal of Internation Criminal Justice，Vol. 2，No. 4（Dec.，2004），p. 1019.

10. 作者信息

作者信息是学术论文的重要部分，是主张知识产权和宣示承担责任的体现。过去学术期刊上使用笔名较常见，现在已经很少见了，学位论文更要求作者提供真实信息。多数期刊会在标题之下、作者姓名之后插入特别的脚注符号“*”，然后把作者信息写在脚注中。也有期刊在内容摘要之后，另起一行写作者信息。还有期刊将作者信息置于论文最后。一般来说，公开发表的学术论文只需标明作者的学习、工作单位和学术头衔（职称、学历）等必要信息。例如，“张三，南京师范大学法学院学生”。实践中，也有学术期刊要求标明作者的出生年月、性别、籍贯、研究方向等信息。需要注意的是，如无必要，不宜将行政职务等写入作者信息之中，避免影响学术的纯粹性。无论出版的期刊如何呈现这些信息，作者在投稿之际还是需要尽可能地提供自己的有关信息，以便评审和联络。

11. 题注信息

在期刊论文场合，论文的作者信息和题注信息往往一并出现。题注信息一般用来说明论文写作的起因，相关论文的发表情况，对于他人或者机构的资助、帮助、指导、评议表示感谢。在学位论文场合，这些内容往往包含于论文后记之中。对他人或者机构提供的帮助应当写得尽可能具体而简略。一般情况下不必强调“错误之处概由本人负责”。题注信息以必要为限，现在很多学术期刊明确规定，除基金项目外，不额外增加题注信息。

12. 文章附录

附录可以视作引注的延伸。特别冗长的说明或者图表，或者必不可少的背景资料，放在正文中间特别占位置，放在脚注中间也影响美观，就可以考虑放在附录中。附录一般是在文章结语之后，也可以在参考文献之后。附录有助于为读者提供更多的延伸性信息或者重要的素材，同时避免正文的杂乱和累赘。

13. 参考文献

参考文献与引注密切相关。在期刊论文场合，大多数期刊会在引注或者参考文献中选择一种作为要求，少数期刊要求明确区分二者。如果要求参考文献，一般置于文章结尾，大体上就是按顺序将文章引用的文献依次按格式排列。有的期刊为节省版面，重复的参考文献允许合并为一条。在学位论文的场合，引注和参考文献是分离的。学位论文的参考文献不是对前文引注的简单复制，基本上要按照一定的规则重新排列，比如著作类与论文类，中文类与英文类等。每个类别内部也要按照一定标准重新排列，比如姓氏拼音等。学位论文的参考文献只需要提供最基本的信息，不需要保留解释说明文字，一般来说也不需要具体到页码或者版面。学位论文的参考文献并不局限于前文直接或者间接引用过的文献，其他虽然没有引用但是对作者写作本文有帮助的文献亦可酌情列入。

14. 作者致谢

作者致谢不是论文结构的必备项目，但一般都会有。在期刊论文场合，通常体现在题注信息之中。在学位论文场合，一般以“致谢”的标题单独呈现。作者致谢要态度端正、真诚认真，不宜肉麻吹捧、言过其实。

五、其他相关问题

从类型到选题，从文献到论证，从标题到致谢，法学论文写作的主要章法和基本要求，前面已经分别作了介绍和梳理。接下来提示几个其他相关问题。

1. 重视规范与细节

学术规范和学术伦理的问题，怎么强调都不为过，甚至需要专门为此开设课程。这里谈一谈对学术规范的应然认识。第一，规范就是规则，是从事学术活动、进行论文写作必须遵循的“游戏规则”。第二，规范就是规训，是通过学术规则对学术共同体成员及其潜在成员的持续训练。第三，规范就是素养，对学术规范的理解、掌握和运用情况能够反映出论文作者的学术素养。第四，规范就是伦理，学术规范看似琐碎无聊，实际上包含着学术伦理的基本要求。第五，规范就是学术，这个说法意味着规范是学术的外化，如果不遵守形式规范，实质学术也做不好。最后，也许有人会说规范的异化问题，即规范也许会成为学术创造力的制约因素，但对初学者而言需要考虑的不是这个问题，而是熟练掌握运用规范的问题。与规范相关的是细节。细节是第一个学术印象，细节是外化的学术素养。细节无处不在，包括学术交往的细节、学术训练的细节、学术写作的细节等，都需要认真对待，妥善处理，避免因小失大。

2. 关注“活的文献”

关于文献及其综述的问题，前面已经说了很多，但主要是就“文”的方面来说的，至于“献”的维度说得比较少。重视“献”的维度，就是要关注“活的文献”。法学研究固然以规范分析为最常见的方法，但是法学本质上是一门社会科学，鲜活生动的社会实践无时无刻不在为我们提供新的命题和素材。就此而言，在进行文献搜集和观点论证的时候，调查研究“活的文献”不可或缺。当然，围绕什么是法学研究中的实证调查，为什么要进行实证调查，如何进行实证调查，足以单独开设一门课程或者写一本书。这里只是对这个问题的重要性予以强调，特别是对于初学者而言，不宜过早地把自己限制在著作论文所建构的“信息茧房”之中，而是要时刻保持对经验事实的敏锐性，因此，注重调查研究，直接抵达法治实践的现实问题，从“行动中的法”中去寻求活的实证“文献”。

3. 持之以恒的训练

法学论文写作没有速成方法，所有的论文写作方法都是授人以渔，绝知此事要躬行。总结起来说，法学论文要有命题观点，要有创新之处，要有篇幅结构，要有规范格式。法学论文运用法学方法，体现法学思维，遵循法治逻辑，表达法治观点，使用法言法语，合乎法学规范。一般来说，读书笔记、一般书评、文献综述、学术随笔、法治时评、法规解读，都不是严格意义上的法学论文。但法学论文写作要入门，必须持之以恒地遵循前述要求，通过前述方式严格自我训练。在日常学习生活中，面对一个个法律现象、法治实践、法学问题，初学者要时刻保持思维训练并及时将思想火花写下来，哪怕是稚嫩粗浅的学术习作，也是自身成长的阶梯，也是论文写作的开端。

思考题

1. 如何认识法律方法的重要性？
2. 法律解释为什么是必要的？
3. 法律方法和法学方法之间的区别是什么？

参考文献

[1] 张文显：《在新的历史起点上推进中国特色法学体系构建》，《中国社会科学》2019年第10期。
[2] 舒国滢：《法学的知识谱系》，商务印书馆2021年版。
[3] [德]拉德布鲁赫：《法学导论》，米健译，商务印书馆2013年版。
[4] 吕世伦主编：《西方法律思潮源流论》，中国人民大学出版社2008年版。
[5] 张乃根：《西方法哲学史纲》（增补本），中国政法大学出版社2008年版。
[6] 刘星：《法律是什么》，中国政法大学出版社2009年版。
[7] [英]H. L. A. 哈特：《法律的概念》（第三版），许家馨、李冠宜译，法律出版社2018年版。
[8] [美]罗纳德·德沃金：《法律帝国》，许杨勇译，上海三联书店2016年版。
[9] [美]罗斯科·庞德：《通过法律的社会控制》，沈宗灵译，商务印书馆2010年版。
[10] [美]富勒：《法律的道德性》，郑戈译，商务印书馆2005年版。
[11] 王健：《中国近代的法律教育》，中国政法大学出版社2001年版。
[12] 管晓立：《清末民国时期中国法学教育的近代化研究》，中国政法大学出版社2018年版。
[13] 霍宪丹：《中国法学教育的发展与转型（1978—1998）》，法律出版社2004年版。
[14] 朱景文主编：《中国人民大学中国法律发展报告2013·法学教育与研究》，中国人民大学出版社2014年版。
[15] [英]F.H.劳森：《圣殿：1850年至1965年的牛津法学教育》，黎敏译，法律出版社2010年版。
[16] [美]罗伯特·史蒂文斯：《法学院：美国法学教育百年史——19世纪50年代至20世纪80年代》，李立丰译，北京大学出版社2017年版。
[17] [日]森际康友编：《司法伦理》，于晓琪、沈军译，商务印书馆2010年版。
[18] 梁启超：《中国法理学发达史论》，范忠信选编：《梁启超法学文集》，中国政法大学出版社2004年修订版。
[19] [德]拉德布鲁赫：《法学导论》，米健、朱林译，中国大百科全书出版社1997年版。
[20] 卓泽渊：《法律价值论》（第二版），法律出版社2006年版。
[21] [英]约翰·奥斯丁：《法理学的范围》，刘星译，北京大学出版社2013年版。

[22] [英]约瑟夫·拉兹:《法律体系的概念》,吴玉章译,中国法制出版社 2003 年版。
[23] 中共中央宣传部、中央全面依法治国委员会办公室:《习近平法治思想学习纲要》,人民出版社、学习出版社 2021 年版。
[24] 周旺生:《立法学》(第二版),法律出版社 2009 年版。
[25] 季卫东:《法治秩序的建构》(增补版),商务印书馆 2018 年版。
[26] [美]约翰·亨利·梅利曼、[委]罗格里奥·佩雷斯·佩尔多莫:《大陆法系》(第三版),顾培东、吴荻枫译,法律出版社 2021 年版。
[27] [美]H.C.A.哈特:《惩罚与责任》,王勇等译,华夏出版社 1989 年版。
[28] [美]霍菲尔德:《基本法律概念》,张书友编译,中国法制出版社 2009 年版。
[29] [德]卡尔·拉伦茨:《法学方法论》,陈爱娥译,商务印书馆 2003 年版。
[30] 王利明:《法学方法论》(第二版),中国人民大学出版社 2021 年版。
[31] 何海波:《法学论文写作》,北京大学出版社 2014 年版。
[32] 高利红主编:《法学研究与文献检索》,北京大学出版社 2017 年版。

后　记

本教材是龚廷泰教授主持的南京师范大学立项的重点教材、并于2014年列入江苏省高等学校重点教材立项建设项目“法学专业导论”的最终成果，是法学院理论法学教研室几位教师共同组成写作组，通过分工协作而成的学术劳动产品。

习近平法治思想不仅为法治中国建设提供了思想指导和理论基础，也为当代中国法学理论体系、法学学科体系、法学教学体系和法学教材体系建设提供了理论指引和根本遵循。马克思主义理论研究和建设工程重点教材《法理学》已经在我院法学专业教学中全面使用，在此背景下，我们对本书适用对象的定位是：为大一（上）新生提供法理学入门的教学参考书，为法科学生进入高年级深入学习法理学课程打好知识基础，同时为他们学习部门法学相关专业知识提供基本的法学理论导引。

在撰写本教材的过程中，我们确立了以下原则：第一，坚持通识性原则。它是低年级全体法科学生通识性的教科书。根据这一原则，我们在写作过程中，特别注意它的教学内容与高年级法理学内容的区别、联系与衔接。通过对这门课程的学习，学生能够产生学习法理学和法学知识的专业兴趣。第二，坚持简明性原则。为了让没有法学知识基础的青年学生能够迅速地成长为一个合格的法律人，大一阶段的法理学入门教育就显得尤为重要。为达此目的，本教材内容繁简恰当、难易适中，与低年级学生在中学阶段所积累的知识基础和达到的认知水平基本相适应。第三，坚持能力导向原则。法学教育的目标是把法学院的学生从普通“社会人”培养成为专业“法律人”，这是一个系统性工程。因此，法学教育必须坚持正确的政治方向、坚持立德树人的根本原则，同时，注重学生的法律思维能力、法治思维方法的训练，提升他们的法律识别能力、法律运用能力、法学研究能力和法治实践能力，尽早使他们掌握法学论文的基本写作方法就显得尤为重要。因此，本教材专设一章主要讲述法律方法、法学文献检索与论文写作，以便他们尽快地掌握和提升自己分析法律现象和研究法治实践中问题的基本能力，这也是本书的一大特色和亮点。

本教材在内容结构形式上，为了便于学生对相关教学内容的理解，在各章节的主文之外，插配了帮助学生理解的文献材料，材料形式包括以下类型：“经典著作”——马克思主义经典作家关于法治理论的重要论述；“重要文献”——指党的全国代表大会政治报告，中共中央的重要决定，习近平总书记关于法治的重要论述；“典型案例”——在立法、执法、司法、守法过程中出现的有重要法治影响力的案例；“延展阅读”——包括但不限于西方法学经典名著的重要观点和警句名言。这些安排，有利于学生作进一步的延伸研习。

本教材由龚廷泰教授任主编，孙文恺教授、张镭教授任副主编，理论法学教研室诸位同仁分工协作完成。具体分工如下：序言、第一章第一节、第四章由孙文恺教授撰写；第一章第二、三节，第五章由汤善鹏教授撰写；第二章第一节、第三节，第三章由张镭教授撰写；第二章第二节由方乐教授撰写；第六章由方乐教授、姚远副教授和吴欢副教授撰写。在初稿完成之后，写作组先后召开了三次集体通稿会，进行了五轮修改完善，在此基础上，由龚廷泰教授对全书进行了统稿、定稿。

囿于我们的水平，本教材难免存在着一些疏漏和缺憾，恳请法学界同仁不吝赐教，也欢迎广大读者提出批评建议。

本教材得以出版，我们衷心感谢江苏省教育厅高教处、南京师范大学教务处对本教材的立项支持，感谢南京师范大学法学院立项资助，感谢法学院教学秘书黄学琴老师、南京师范大学出版社社长张志刚先生、总编辑徐蕾女士和责任编辑董蕙敏女士为本书出版所给予的鼎力相助和付出的辛勤劳动！也真诚地感谢一切关心、支持和帮助我们的各位同仁和朋友！

《法理学入门》编写组

2022年6月2日